Educação Corporativa
Como Implementar Projetos de Aprendizagem nas Organizações

O GEN | Grupo Editorial Nacional reúne as editoras Guanabara Koogan, Santos, Roca, AC Farmacêutica, Forense, Método, LTC, E.P.U. e Forense Universitária, que publicam nas áreas científica, técnica e profissional.

Essas empresas, respeitadas no mercado editorial, construíram catálogos inigualáveis, com obras que têm sido decisivas na formação acadêmica e no aperfeiçoamento de várias gerações de profissionais e de estudantes de Administração, Direito, Enfermagem, Engenharia, Fisioterapia, Medicina, Odontologia, Educação Física e muitas outras ciências, tendo se tornado sinônimo de seriedade e respeito.

Nossa missão é prover o melhor conteúdo científico e distribuí-lo de maneira flexível e conveniente, a preços justos, gerando benefícios e servindo a autores, docentes, livreiros, funcionários, colaboradores e acionistas.

Nosso comportamento ético incondicional e nossa responsabilidade social e ambiental são reforçados pela natureza educacional de nossa atividade, sem comprometer o crescimento contínuo e a rentabilidade do grupo.

Organização
Andrea Ramal

Educação Corporativa
Como Implementar Projetos de Aprendizagem nas Organizações

Ana Maria Rodrigues
Andrea Cherman
Andrea Ramal (Org.)
Bruno Malheiros
Cristina Palmeira
Hugo Motta Bacêllo Mósca
Leonel Tractenberg
Patricia Itala Ferreira
Raimundo Ramos
Régis Tractenberg
Renata Kurtz
Roberta Lima

Os autores e a editora empenharam-se para citar adequadamente e dar o devido crédito a todos os detentores dos direitos autorais de qualquer material utilizado neste livro, dispondo-se a possíveis acertos caso, inadvertidamente, a identificação de algum deles tenha sido omitida.

Não é responsabilidade da editora nem dos autores a ocorrência de eventuais perdas ou danos a pessoas ou bens que tenham origem no uso desta publicação.

Apesar dos melhores esforços dos autores, do editor e dos revisores, é inevitável que surjam erros no texto. Assim, são bem-vindas as comunicações de usuários sobre correções ou sugestões referentes ao conteúdo ou ao nível pedagógico que auxiliem o aprimoramento de edições futuras. Os comentários dos leitores podem ser encaminhados à **LTC – Livros Técnicos e Científicos Editora** pelo e-mail ltc@grupogen.com.br.

Direitos exclusivos para a língua portuguesa
Copyright © 2012 by
LTC – Livros Técnicos e Científicos Editora Ltda.
Uma editora integrante do GEN | Grupo Editorial Nacional

Reservados todos os direitos. É proibida a duplicação ou reprodução deste volume, no todo ou em parte, sob quaisquer formas ou por quaisquer meios (eletrônico, mecânico, gravação, fotocópia, distribuição na internet ou outros), sem permissão expressa da editora.

Travessa do Ouvidor, 11
Rio de Janeiro, RJ — CEP 20040-040
Tels.: 21-3543-0770 / 11-5080-0770
Fax: 21-3543-0896
ltc@grupogen.com.br
www.ltceditora.com.br

Capa: Máquina Voadora DG
Editoração Eletrônica: Máquina Voadora DG

CIP-BRASIL. CATALOGAÇÃO-NA-FONTE
SINDICATO NACIONAL DOS EDITORES DE LIVROS, RJ

E26

Educação corporativa : como implementar projetos de aprendizagem nas organizações / organização Andrea Ramal. - Rio de Janeiro : LTC, 2012.
il. ; 23 cm.   (Educação)

Inclui bibliografia e índice
ISBN 978-85-216-2131-7

1. Aprendizagem organizacional. 2. Pessoal - Treinamento. 3. Responsabilidade dos empregadores na educação. 4. Qualificações profissionais. I. Ramal, Andrea. II. Série.

12-4585.	CDD: 658.3124
	CDU: 005.963.1

Apresentação da série

Os livros da série Educação, da LTC Editora, trazem, em seus volumes, o conjunto de conteúdos essenciais das disciplinas do currículo de Pedagogia, licenciaturas e cursos afins.

Com uma didática diferenciada, que leva o aluno a construir o conhecimento e a refletir sobre o que lê, intercalando exercícios práticos, estudos de caso e outros recursos, os livros são especialmente modelados para servir como referência para a elaboração e implementação dos planos de aula e o acompanhamento organizado e sistemático dos conteúdos básicos de cada curso.

Nos últimos anos, o número de alunos das graduações de Pedagogia e afins tem aumentado em proporção bem maior do que carreiras tradicionalmente muito procuradas, como Medicina e outras. Isso se explica, em grande parte, por que educação é uma das áreas do futuro.

Vivemos em uma sociedade em que o bem mais valioso é o conhecimento. Ora, quem pode ser mais especialista na transmissão, gestão e avaliação de conhecimento do que um bom educador, um professor competente, um pedagogo qualificado?

Países que hoje são referência pela qualidade dos sistemas educacionais, como Coreia do Sul e Finlândia, já mostraram que a qualificação e a valorização dos educadores estão diretamente associadas ao desenvolvimento social e econômico. O Brasil, que ganha posições importantes no ranking das economias mundiais, cedo ou tarde terá que reformar o seu sistema de ensino e, nesse movimento, a qualificação dos educadores (gestores escolares, coordenadores pedagógicos, professores e demais profissões ligadas ao ensino) será um passo decisivo. Nosso país precisa correr contra o tempo para atingir a meta, até 2020, de zerar o déficit de professores nas salas de aula de todas as regiões brasileiras.

A proposta desta série é atender à demanda de formação e atualização dos milhares de alunos de Pedagogia e áreas afins, assim como das licenciaturas. Os professores encontram, nestes livros, um material didático de qualidade, com aplicação direta na sala de aula, com linguagem acessível e didática contemporânea.

Os autores dos livros desta série têm plena certeza de que, com este material, darão uma contribuição significativa para elevar o ensino nos cursos de Pedagogia e formação de professores. E, por consequência, encorajarão todos aqueles que optaram pela educação a seguir trilhando, com excelência, esse caminho tão gratificante e tão decisivo para o crescimento social e econômico sustentável do país.

Profª Andrea Ramal
Doutora em Educação pela PUC-Rio

Prefácio

Conhecimento é o fator crítico de sucesso das organizações de hoje e será o diferencial daquelas que continuarem a crescer, mesmo em cenários de incerteza.

O conhecimento está nas pessoas. Por isso, elas representam um dos principais, senão o principal ativo das empresas. Ora, para aumentar o valor, a excelência e a competitividade das organizações, é preciso aumentar o valor das pessoas: ampliar seu capital intelectual para potencializar a sua *performance*.

É necessário, ao mesmo tempo, transformar o conhecimento em algo que possa ser registrado, compartilhado e multiplicado. As pessoas podem aprender mais, melhor e de forma dinâmica e cooperativa, atualizando permanentemente o que sabem conforme a evolução dos mercados.

Para atender aos desafios de competitividade e sustentabilidade do cenário corporativo atual são necessários processos estruturados de educação e desenvolvimento, alinhados aos objetivos estratégicos das empresas, com a cultura e os valores da organização e, claro, com as demais iniciativas de gestão de pessoas. Afinal, capacitar hoje é um fator importante de atração e retenção de talentos, bem como um diferencial competitivo em relação à concorrência.

Como se faz isso na prática? Como se garante que o conhecimento localizado em alguns realmente circule na organização, seja potencializado e se transforme em valor e resultado para o negócio? Como se planejam, implementam e avaliam ações de educação corporativa e desenvolvimento de pessoas, não só no que tange a altas e médias lideranças, mas sobretudo às áreas técnicas e de operação dos mais diversos setores produtivos – inclusive medindo o retorno do investimento realizado?

Essas metodologias raramente são estudadas nos cursos universitários, o que faz com que, muitas vezes, os profissionais que atuam nessa área aprendam seu trabalho no dia a dia, nem sempre com o referencial teórico que deveria sustentar e otimizar a prática, nem aproveitando todos os recursos que a comunicação e as tecnologias de hoje oferecem à aprendizagem organizacional. *Educação Corporativa – Como Implementar Projetos de Aprendizagem nas Organizações* objetiva proporcionar exatamente essa ligação entre teoria e prática.

Os autores são professores das principais universidades do país e gestores de Treinamento e Desenvolvimento (T&D) em grandes empresas, com larga experiência na área de aprendizagem organizacional e currículo repleto de casos de sucesso.

Por meio de textos com linguagem acessível, exemplos concretos e exercícios de aplicação, estudantes de graduação e pós-graduação encontram nesta obra os conhecimentos de que precisam para trabalhar em processos de desenvolvimento de pessoas e equipes – alinhados com os princípios da educação contemporânea e da gestão por competências – e voltados para resultados efetivos.

Andrea Ramal

Sobre os autores

Ana Maria Rodrigues
Mestre em Psicologia (Universidade Gama Filho), Especialista em Mediação Pedagógica em EAD (PUC-Rio) e em Educação com aplicação da Informática (UERJ), Pedagoga e Psicóloga (UFRJ). Atua como mediadora em cursos de pós-graduação a distância na área de educação e trabalha com planejamento e desenvolvimento de projetos educacionais em instituições de ensino e empresas. Exerceu cargos de desenhista instrucional, coordenadora pedagógica e gerente de Educação Corporativa.

Andrea Cherman
Doutoranda em Administração de Empresas pela PUC-Rio, Mestre em Administração de Empresas pela PUC-Rio, pós-graduada em Gestão Empresarial e pós-graduada em Marketing pelo IAG PUC-Rio e graduada em Comunicação Social pela ECO/UFRJ. Professora do Departamento de Administração de Empresas da PUC-Rio para os cursos de graduação e de pós-graduação, abertos e *in-company*. Possui 24 anos de experiência profissional em Gestão Empresarial, Planejamento Estratégico, Inteligência e Gestão de Marketing em empresas multinacionais de grande porte. Experiência em área de estudo e pesquisa em Conhecimento Organizacional; Construção das Identidades e Valoração do Conhecimento nas Organizações; e Processos de Aprendizagem Contínua nas Organizações.

Andrea Ramal
Doutora em Educação pela Pontifícia Universidade Católica do Rio de Janeiro (PUC-Rio), estuda os processos de aprendizagem nas organizações a partir dos novos ambientes de comunicação e educação. É consultora na concepção, desenvolvimento, implementação e gestão de projetos educacionais que envolvem redes de aprendizagem cooperativa e a articulação entre educação e as TIC (Tecnologias da Informação e da Comunicação). Diretora da ID Projetos Educacionais, atua na consultoria de projetos para empresas como Volkswagen, Grupo Pão de Açúcar, BNDES, Petrobras, Supergasbras, Fundação Roberto Marinho e Usiminas, além de algumas Secretarias Estaduais de Educação. Autora de diversos livros na área pedagógica, entre eles *Depende de você – como fazer de seu filho uma história de sucesso* (LTC). Tem livros publicados no Brasil, Colômbia, Equador, Chile e Itália. É autora (com Silvina Ramal) dos livros didáticos do programa Telecurso TEC (Rede Globo). É comentarista de Educação da Rede Globo, no telejornal *Bom Dia Rio*.

Bruno Malheiros
Pedagogo (UNIRIO), Psicopedagogo e Orientador Educacional (UFRRJ), MBA em Gestão de RH (UVA), Mestre em Administração (PUC-Rio). É professor em cursos de graduação e pós-graduação nas áreas de Educação e Recursos Humanos. Trabalhou com Educação de Jovens e Adultos em diversos municípios. Exerceu cargos de coordenador e gerente de educação corporativa. É autor do livro *Metodologia da pesquisa em educação* (LTC, 2011).

Cristina Palmeira
Autora de *ROI de treinamento, capacitação e formação profissional* (em sua 2ª edição, revisada e ampliada) e do capítulo sobre "Avaliação de resultados", do Manual da Associação Brasileira de Treinamento e Desenvolvimento (ABTD), tem mais de 15 anos de experiência nas áreas de Educação Corporativa e Recursos Humanos. Administradora pela UFRJ e Mestre em Administração pela PUC-Rio, é consultora, palestrante e professora de Gestão de Pessoas em cursos de graduação e pós-graduação como o MBA de Gestão de RH na UFF. Trabalhou em empresas como Esso, Minasgás e foi gerente de um projeto estratégico, na área de Educação e Treinamento para o setor de Petróleo e Gás, do governo britânico e do British Council no Brasil e na América Latina, antes de ingressar na Petrobras, onde atuou na Universidade Petrobras em estratégias e processos de avaliação da educação corporativa (2006-2010). Desde janeiro de 2011, é Coordenadora de Desenvolvimento e Ambiência da Petrobras Biocombustível.

Hugo Motta Bacêllo Mósca
Mestre em Administração de Empresas (ênfase em Organizações) pela PUC-Rio (2007), possui MBE em Economia e Gestão da Sustentabilidade pela UFRJ (2010) e é Bacharel em Administração de Empresas pela PUC-Rio (1997). Professor convidado pela PUC-Rio para cursos de Educação a Distância, ministra os módulos de Gestão de Pessoas e Responsabilidade Socioambiental. Com 17 anos de experiência em projetos, foi consultor da PwC e é Gerente de Consultoria da IBM Brasil, atuando em dezenas de empresas como Vale, Bradesco, Petrobras, Eletropaulo, Gerdau, Bunge, ALGAR, Oi e Coca-Cola.

Leonel Tractenberg
Doutor em Educação pela UFRJ, MSc em Design de Sistemas Educacionais e de Treinamento pela Universiteit Twente (2000), Psicólogo e Matemático pela UFRJ. É professor da graduação em Administração da EBAPE/FGV, do curso de especialização em Educação com Aplicação da Informática da UERJ e consultor da Livre-Docência Tecnologia Educacional.

Patricia Itala Ferreira
Mestre em Administração de Empresas e Psicóloga (PUC-Rio). Atua como professora universitária em cursos de graduação e de pós-graduação, presenciais e a distância, em instituições

como PUC-Rio e FGV, nas áreas de Educação Corporativa e de Gestão de Pessoas. Trabalha com planejamento e desenvolvimento de projetos educacionais e com mapeamento de competências. Possui experiência generalista na área de gestão de pessoas, tendo atuado em todos os seus subsistemas, em empresas de diversos segmentos e portes, onde ocupou cargos como especialista e gestora.

Raimundo Ramos
Experiência de 23 anos em quatro grandes organizações nos ramos Petroquímico e Químico (Dow Química), Telecomunicações (Motorola e Brasil Telecom) e Automotiva (Volkswagen). Formado em Psicologia pela Universidade Federal da Bahia. MBA executivo pelo COPPEAD (UFRJ). Especialização em Administração de Empresas pela FIA-USP e Fundação Getulio Vargas. Especialização em Recursos Humanos pela Universidade de Michigan (EUA) e Master in Project Management pela The George Washington University (EUA).

Em recursos humanos esteve responsável por projetos de reestruturação e desenvolvimento de cultura e performance organizacional, estratégia corporativa baseado no Balanced Score Card, além de ser especialista na área de treinamento e desenvolvimento. Atualmente é gerente executivo de recursos humanos na Volkswagen do Brasil e professor convidado da FIA-USP na disciplina Liderança, no programa de Pós-Graduação em Consultoria Empresarial.

Régis Tractenberg
Mestre em Telemática Aplicada a Educação e Treinamento pela Universiteit Twente na Holanda e Psicólogo pela UFRJ. É diretor e professor da Livre-Docência Tecnologia Educacional e professor da Pós-Graduação em Tecnologias da Informação Aplicadas à Educação do Núcleo de Computação e Eletrônica da UFRJ. Desde 2004, orientou em seus cursos mais de 1.700 professores e gestores de RH quanto ao planejamento de projetos educacionais.

Renata Kurtz
Psicóloga, graduada pela UFRJ, com MBA em Gestão e RH pela PUC-Rio, é Mestre em Administração de Empresas pela PUC-Rio (área de pesquisa: Conhecimento e Aprendizagem Organizacional). Sócia-gerente da Livre-Docência Tecnologia Educacional, autora e professora do curso "Teoria e Prática da Docência Online", em que tem capacitado desde fevereiro de 2009 professores e funcionários de empresas públicas e privadas para o exercício da Educação Online. Foi professora em cursos de graduação, pós-graduação e extensão e mentora de novos professores do Programa FGV Online, da Fundação Getulio Vargas e pesquisadora na área de Gestão de Pessoas pelo TecGraf/PUC-Rio. Atualmente, é professora em cursos de graduação e pós-graduação e supervisora das disciplinas da área de Organizações do Departamento de Administração/IAG, da PUC-Rio. Consultora de Recursos Humanos, com experiência em Seleção, Treinamento e Desenvolvimento, tem atuado na concepção e

coordenação de projetos educacionais corporativos presenciais e/ou a distância para instituições como Petrobras, Secretaria de Educação do Estado do Rio de Janeiro, Vale, Sul América, Oi e Banco do Brasil.

Roberta Lima
Pós-Graduada em Gestão de Recursos Humanos e psicóloga pela Saint Edwards University (Austin, Texas - EUA). Possui experiência em desenvolvimento organizacional, atuando no desenho e na gestão de projetos educacionais em empresas de grande porte (Vale, Ambev, Grupo Pão de Açúcar, Volkswagen e Petrobras). Experiência na área de consultoria interna de recursos humanos em empresas multinacionais (Broadwing Communications, Laboratórios B. Braun, MCI WorldCom, Mariner Health Care e Omni Hotel).

Sumário

Parte I   Gestão de Pessoas na Organização Contemporânea 1

Capítulo 1   Gestão de Pessoas na Organização Contemporânea 3
Contextualização 3
Conceitos para entender a prática 4
   A essência da gestão de pessoas 4
   Liderança 8
   Mudança organizacional 13
   Aprendizagem organizacional 20
   Fundamentos da organização de aprendizagem 22
   A organização de aprendizagem (OA) 22
Economia de comunhão 23
   Considerações finais 28
Resumo executivo 29
Teste seu conhecimento 31
Bibliografia 32

Capítulo 2   Gestão por Competências 34
Contextualização 34
Estudo de caso 35
Conceitos para entender a prática 35
   O que é competência? 35
   Gestão por competências 42
   Gestão de pessoas por competências 49
   Considerações finais 54
Resumo executivo 55
Teste seu conhecimento 55
Bibliografia 56

Capítulo 3   Gestão do Conhecimento 58
Contextualização 58
Estudo de caso 59
Conceitos para entender a prática 60
   Gestão do conhecimento: definição e origem 60

Os ativos intangíveis	*61*
Os focos da gestão do conhecimento	*63*
Um modelo de transferência e compartilhamento de conhecimento	*65*
Ferramentas e iniciativas para a gestão do conhecimento	*68*
Condições organizacionais facilitadoras e barreiras à gestão do conhecimento	*77*
Educação corporativa e gestão do conhecimento	*80*
O papel dos educadores internos na disseminação do conhecimento na organização	*82*
Resumo executivo	83
Teste seu conhecimento	85
Bibliografia	87

Parte II Educação Corporativa — 91

Capítulo 4 Fundamentos da Educação no Século XXI — 93

Contextualização	93
Estudo de caso	94
Conceitos para entender a prática	94
Crise na educação: um assunto novo?	*95*
Os quatro pilares da educação do século XXI segundo a Unesco	*97*
Teorias clássicas de ensino e aprendizagem	*102*
Concepções modernas sobre ensinar e aprender	*107*
Educação e multiculturalidade	*113*
Educação e inclusão	*116*
Educação, cidadania e responsabilidade socioambiental	*118*
Resumo executivo	120
Teste seu conhecimento	121
Bibliografia	121

Capítulo 5 Metodologias de Ensino-Aprendizagem na Educação Corporativa — 123

Contextualização	123
Estudo de caso	124
Conceitos para entender a prática	125
Como os adultos aprendem: andragogia	*125*
Processo de aprendizagem na empresa	*127*
Estratégias de aprendizagem na educação corporativa	*139*

Desenvolvimento de materiais de apoio	*150*
Avaliação	*152*
Resumo executivo	154
Teste seu conhecimento	156
Bibliografia	157

Parte III Instrumental — 159

Capítulo 6 *Design* Instrucional na Educação Corporativa — 161
Contextualização	161
Estudo de caso	162
Conceitos para entender a prática	164
O que é design instrucional	*164*
Fase de análise	*170*
Fase de planejamento	*178*
Fase de desenvolvimento	*192*
Fase de implementação	*196*
Fase de avaliação	*196*
Considerações finais	*199*
Resumo executivo	199
Teste seu conhecimento	200
Bibliografia	200

Capítulo 7 Gestão de Aprendizagem *On-line* na Educação Corporativa — 202
Contextualização	202
Estudo de caso	203
Conceitos para entender a prática	203
Aprendizagem no contexto do trabalho: de que aprendizagem estamos falando?	*203*
Contextualização da aprendizagem na empresa e na equipe	*206*
Organização da equipe do programa de EC e cronograma de trabalho	*207*
Aplicação prática	*209*
Capacitação dos professores	*214*
Capacitação dos monitores	*216*
Preparação do ambiente virtual e seleção de ferramentas	*218*
Comunidades de prática	*225*
Apoio ao planejamento do professor	*226*

Resumo executivo 229
Teste seu conhecimento 230
Bibliografia 230

Capítulo 8   Avaliação de Resultados em Educação Corporativa **232**
Contextualização 232
Estudo de caso 233
Conceitos para entender a prática 235
   A importância de gerenciar resultados na aprendizagem organizacional *235*
   Metodologias de mensuração e avaliação de resultados *235*
   Avaliação da eficácia do treinamento *241*
   Indicadores *250*
   Balanced scorecard e gestão de resultados *256*
Resumo executivo 259
Teste seu conhecimento 259
Bibliografia 260

Capítulo 9   Relato de Caso Prático: Programa de Formação dos Líderes
          de Célula da Volkswagen **261**
Introdução 261
   A educação corporativa na Volkswagen do Brasil *261*
   O programa de formação dos líderes de célula *261*
   Público-alvo *263*
   Modalidades *264*
   Metodologia aplicada ao programa *265*
   Organização curricular *266*
Trilha de desenvolvimento do programa 266
Conteúdo e carga horária 268
Ferramentas e metodologia de avaliação de aprendizagem 271
Materiais didáticos e recursos de apoio à aprendizagem 271
Recursos instrucionais 273
Algumas constatações 275
Bibliografia 276

Índice **278**

Parte I
Gestão de Pessoas na Organização Contemporânea

Capítulo 1

Gestão de Pessoas na Organização Contemporânea

Hugo Motta Bacêllo Mósca

Contextualização

Há pouquíssimas décadas, a gestão de pessoas era uma mera associação com as rotinas de manutenção de um contrato de trabalho: recrutamento, seleção, remuneração, plano de cargos e salários, benefícios, entre outros. Verificamos, desde então, uma evolução nesse pensamento para um contexto das organizações no qual as pessoas deixam de ser vistas simplesmente como mão de obra para serem percebidas como parceiras, com as quais é preciso contar de modo autêntico. Como indica o professor José Roberto Gomes (2002), mais do que a gestão de um contrato, a Gestão de Pessoas precisa ser vista, então, como a gestão de uma relação, de uma história construída em comum, de um processo contínuo de criação de valores, de compartilhamento de responsabilidades. As rotinas de pessoal continuam sendo importantes, mas são só uma parte formal dessa relação.

Dessa forma, veremos que o estudo de Gestão de Pessoas não é um capítulo sobre práticas de Recursos Humanos ou de Departamento de Pessoal – como esses temas usualmente se apresentam aos leitores ou mesmo funcionários de uma empresa. Naturalmente, há temas tangenciais entre esses tópicos, mas aqui vamos abordar aqueles mais relevantes para que um gestor consiga gerir essa relação – cada vez mais importante no contexto das organizações. Temas como "Seleção", "Avaliação de Desempenho" e "Remuneração" serão abordados neste livro sob a ótica da Gestão de Competências, em capítulo específico.

A essência de uma boa Gestão de Pessoas é compreender com o que você está lidando. E então... percebe-se o quanto isso é difícil. Nós somos indivíduos complexos, com processos de formação, aprendizagem, escolhas, culturas, educação distintas. E quando introduzimos a complexidade humana a essa grande invenção humana – as organizações – observa-se que a tarefa fica ainda mais árdua.

Qualquer livro de gestão, qualquer discurso empresarial politicamente correto, vai falar da importância dos indivíduos nas organizações como diferencial competitivo. Não necessariamente porque tais atores sejam bonzinhos ou porque essas ações façam parte de uma estratégia de marketing em busca da melhoria da imagem da organização, mas porque há estudos que comprovam que onde há bem-estar há produtividade – e o lucro é o objetivo de qualquer empresa. Portanto, os discursos de que todo gerente deve saber motivar, liderar, trabalhar em equipes, gerenciar conflitos, estabelecer comunicações sem ruídos, ser um agente de mudanças, são denominadores comuns de muitos fóruns acadêmicos e empresariais. Dessa forma, o ideal é que elas façam parte da nossa bagagem de conhecimento.

Assim, já comentamos que a Gestão de Pessoas, e tudo que a envolve, é complexa, bem como de grande importância. Então... como um bom gestor de pessoas deve agir?

Todos nós somos estudantes e práticos da gestão de pessoas e do comportamento humano no dia a dia das nossas vidas pessoais e profissionais. Convivendo em sociedade, aprendemos a avaliar o comportamento das pessoas que nos rodeiam e suas consequências, buscamos antecipar suas ações futuras e, assim, tomar decisões no presente. É grande, assim, a importância da compreensão do aprendizado: como as pessoas aprendem? Como elas moldam seu caráter? Qual é a essência que fundamenta suas ações? E, como Gestor, como lidar com isso?

Abordaremos esses temas nas seções seguintes, mas neste ponto é fundamental observar uma importante premissa: os indivíduos que compõem uma organização – todos eles – já possuem experiência, qualquer que seja, com pessoas. Portanto, é comum encontrar quem ache que já possui as respostas para as questões que emergem do tema.

Todavia, é importante ressaltar que as últimas décadas foram particularmente ricas em estudos sobre a gestão de pessoas nas empresas. Ainda há muita discussão no mundo acadêmico, correntes de pensamento distintas, antagônicas ou não, e, se por um lado não existem métodos únicos perfeitos, por outro a teoria nos ajuda a tomar as decisões certas.

Este capítulo se propõe a dois objetivos maiores: discutir a importância de valores essenciais para a Gestão de Pessoas, bem como fornecer material ferramental, teórico e de reflexão para facilitar o processo decisório relacionado às pessoas da organização.

Conceitos para entender a prática

A essência da gestão de pessoas

Antes de iniciarmos uma revisão dos tópicos mais instrumentais que abordam a Gestão de Pessoas, é importante buscarmos a compreensão do sujeito principal do assunto.

Iniciemos por uma revisão pessoal. Convido-o, assim, a refletir sobre as questões que seguem:

> **Para refletir e debater**
> - Você cumprimentou seu vizinho hoje de manhã ao encontrá-lo no elevador?
> - Desejou bom dia ao porteiro quando cruzou com ele na portaria de seu prédio de manhã?
> - Preocupou-se em manobrar mais adequadamente para colocar seu carro em uma vaga, pensando em deixar mais espaço para outro carro que possa ocupar a vaga ao lado?
> - Quando um colega ou amigo estava falando, esperou completamente ele terminar de falar antes de dar a sua opinião? Ou não conseguiu resistir à incrível e ocidental tentação de falar ao mesmo tempo?

Se em qualquer caso anterior a resposta foi negativa, saiba que, além de poder estar agindo de forma mal-educada, há estudos que indicam que você pode estar fazendo mal à sua própria saúde – e às pessoas que o cercam!

O pesquisador Piero Ferruci (2004) comenta que pesquisas científicas confirmam que pessoas gentis são mais saudáveis e vivem mais, são mais amadas e produtivas, têm mais sucesso nos negócios e são mais felizes. Por outro lado, a "não gentileza" gera sentimentos negativos, atrapalha as relações e pode até deixar a pessoa doente, já que, quando alguém é alvo de grosseria, de falta de educação, o sistema nervoso reage liberando hormônios como a adrenalina, que desequilibram o organismo. Até a musculatura é afetada e reage à falta de gentileza se contraindo, deixando o corpo cada vez mais tenso.

O que a ciência comprova vai ao encontro do que o profeta Gentileza passou grande parte da vida pregando e escrevendo nos 55 murais que criou sob o viaduto do Gasômetro, no Rio de Janeiro. Sua mensagem, que muitos passaram a conhecer através de música gravada pela cantora brasileira Marisa Monte, pode ser resumida na frase símbolo: "Gentileza gera gentileza."

Um dos ambientes em que a falta de gentileza se manifesta comumente é o local de trabalho. Muitas vezes, pessoas confundem relação profissional com frieza e rispidez, ou relação hierárquica com grosseria e um passe livre para deixar a educação de lado.

Isso não é correto. Essa conclusão parece óbvia, mas, todavia, na rotina das organizações, é observada diariamente. E é aqui que deve preceder um tema essencial à Gestão de Pessoas. Nas seções a seguir veremos fundamentação teórica para diversos tópicos de grande importância para essa gestão, mas a essência da questão passa por temas intrínsecos ao desenvolvimento humano, como o cuidado, a gentileza, a compreensão e o amor.

Esse amor, no caso, não é o amor a que estamos acostumados a ouvir falar em nosso dia a dia. É a emoção geradora dos sentimentos de igualdade e de altruísmo, comportamentos aceitos pela biologia cognitiva como inerentes a todo ser humano. Segundo o pesquisador Sergio Proença Leitão (2011), isso foi uma descoberta muito recente da neurofisiologia, mas não propriamente vinculada ao amor, dado seu caráter reducionista que tudo separa e reduz à menor parte qualquer fenômeno. É claro que fica difícil assumir a ideia de igualdade (entre os humanos) e de altruísmo de uma perspectiva egoica, pois o ego é o oposto disso.

E se a ciência diz agora que é uma função cerebral, fica a clara sugestão de que o egocentrismo pode ser uma questão psicossociocultural, mas não biológica. Você, por exemplo, já teve um chefe que só pensasse nele mesmo? Pois é... Ele não nasceu assim. Por isso, é psicossocial, e não biológico. E, se é assim, é produto do meio, e não nasceu na essência.

Leonardo Boff chama a atenção para um componente que considera essencial para a vida humana: o cuidado.

> *"É o cuidado que enlaça todas as coisas; é o cuidado que traz o céu para dentro da terra e coloca a terra dentro do céu; (...). É o cuidado que confere força para buscar a paz no meio dos conflitos de toda a ordem. Sem o cuidado que resgata a dignidade da humanidade condenada à exclusão, não se inaugurará um novo paradigma de convivência"* (BOFF, 1999).

Cabe, então, à organização tratar a causa da visão egoica, em prol de um resultado coletivo. Leana e Van Buren III (1999) observam que o capital social organizacional é um atributo do coletivo, e maior que a soma das conexões sociais de cada indivíduo. Eles identificaram dois componentes primários desse capital, como a Associabilidade, que veremos na seção sobre "Motivação", e Confiança, um conceito oriundo da emoção geradora dos sentimentos de igualdade – o amor. A confiança é necessária para as pessoas trabalharem juntas em projetos comuns, mesmo se somente alguns dos envolvidos acreditem que serão totalmente recompensados e a tempo previsto. Mas a confiança é também um subproduto de uma ação coletiva de sucesso: grupos de trabalho que completam um projeto com sucesso têm mais tendência a exibir maior confiança mútua, o que faz possíveis esforços futuros para projetos ainda mais complexos.

Assim, com amor e confiança, elementos presentes no altruísmo e na busca por igualdade, conclui-se que há maior chance de os resultados corporativos serem eficientes. Uma forma de gestão que engloba todos esses aspectos, trazendo resultados financeiros para a organização, é o projeto Economia de Comunhão (EdC), que veremos em uma seção específica adiante.

Um estudo de 2006, publicado na *Proceedings of The National Academy of Sciences*, mapeou por ressonância magnética o cérebro de 19 pessoas, e concluiu que foi achada no cérebro a origem do comportamento altruísta, observando que fazer o bem ao outro foi uma importante estratégia evolutiva para a expansão do ser humano neste planeta – o que Leitão (2011) observa que é uma visão tipicamente funcionalista. Por outro lado, continua o pesquisador, em 2010, cientistas do Instituto Californiano de Tecnologia e do Trinity College, de Dublin, descobriram, a partir também de imagens de ressonância magnética, que a desigualdade praticada entre os homens não é fruto de uma função cerebral. Ao contrário, o cérebro reage favoravelmente aos estímulos relacionados à igualdade.

A biologia cognitiva – que tem base em neurociências – já havia assinalado, especialmente através dos estudos de Maturana e Varela (1995 e outros), a importância da igualdade e do altruísmo como altamente relevantes nos contatos interpessoais para a sobrevivência e evolução dos grupos sociais, como grupos de funcionários de uma empresa. Maturana lembra os processos sociais de insetos para afirmar que todas as comunidades atuais de insetos sociais, colmeia, cupinzeiro, formigueiro, qualquer que seja sua complexidade, são o presente de uma história de conservação de relações de aceitação mútua entre seus membros. As formigas que constituem um formigueiro, por exemplo, não se atacam mutuamente – mas combinam forças para expulsar um invasor. Maturana vai além, dizendo que relações humanas que não estão fundamentadas no amor não são relações sociais. Portanto, nem todas as relações seriam sociais.

> **Para refletir e debater**
> As relações corporativas que ocorrem entre as pessoas da sua empresa são relações sociais? Por quê?

Altruísmo e gestos de amor, entre os humanos, envolvem também – e especialmente – pequenos gestos do dia a dia. Cumprimentar o porteiro, deixar o colega terminar de falar antes de dar a sua opinião, respeitar a fila, manobrar seu carro com mais cuidado, em um estacionamento, para deixar espaço para os outros. Não são apenas os grandes sacrifícios, mas pequenos gestos de renúncia que tornam a vida coletiva mais fácil. Altruísmo é uma forma de renúncia que envolve ceder espaço físico ou psicológico para o outro, tornando a vida coletiva possível (LEITÃO, 2011).

Fica aqui, então, introduzida a ideia de que o amor – e derivados como a compreensão, a gentileza e o cuidado – é a emoção fundamental nas relações interpessoais e entre organizações, pelo conjunto de comportamentos e atitudes a ele associado. Isso está deixando de ser uma crença religiosa para ser uma questão científica, e com isso passa a ser mais facilmente aceito pela corrente corporativa contemporânea. Sem esses elementos, possivelmente as ferramentas e conceitos que veremos nas demais seções deste capítulo não serão de grande utilidade em um contexto de Gestão de Pessoas.

Liderança

Nicolau Maquiavel, em seu texto histórico *O príncipe*, comenta: *"Não existe nada mais difícil de segurar nas mãos, mais perigoso de conduzir ou de sucesso mais duvidoso do que assumir a liderança na introdução de uma nova ordem das coisas."*

Maquiavel é considerado por alguns o campeão da liderança baseada na sagacidade e na intriga, no **triunfo** da força sobre a razão. Em empresas dependentes da política interna, Maquiavel apresenta-se como um mártir para muitas formas de liderança que atualmente habitam as organizações, com seu estilo ditatorial e impessoal.

Mas, felizmente, esta época maquiavélica caminha para o seu esgotamento. Já há um reconhecimento no mercado de que hoje as organizações têm outros propósitos além da maximização do lucro. Muito foi publicado pela Academia ao longo das últimas décadas com o intuito de apresentar as características de um grande líder – e então a maior parte dessas fazia invariavelmente referências a modelos militares, retratando o líder da empresa como um marechal de campo.

A teorização sobre liderança se confunde com as origens da Teoria da Administração em sua fase gerencialista. Com a transformação dos Estados Unidos em potência industrial, especialmente após as duas guerras mundiais nas décadas de 1910 e 1930/40, com a produção em massa e linha de montagem estabelecida por Henry Ford, com o crescimento exponencial da indústria de petróleo ao longo do século XX, as indústrias se fortaleceram. E, se a produção em massa exige um número considerável de trabalhadores, exige, também, um bom número de administradores que planejem, coordenem, dirijam e controlem suas atividades.

> **Intertexto**
> Uma excelente ilustração dessa época vem do filme *Tempos Modernos*, de Charles Chaplin. Veja o filme e reflita:
> - Quais habilidades eram mais importantes para um gestor das indústrias da primeira metade do século XX?
> - Em sua opinião, o gestor, então, é visto mais como um Líder ou como um Gerente?
> - Em quais condições isso seria possível?

No entanto, a perspectiva contemporânea de gestor apresenta outra visão. Omar Aktouf, em 1996, já entendia o processo de mudança de perfil de modo pioneiro, observando que o gestor atual deve ser alguém que se baseia num máximo de saberes (científicos ou tirados da reflexão sobre a experiência) para conseguir perceber a situação que se apresenta e melhor fundar as intuições que o guiarão no exercício de sua atividade – ressaltando assim a importância da emoção, usualmente sobrepujada por características racionais.

Consequentemente, entende que se trata mais de uma forma de sabedoria (mais relacionada à dimensão emocional) do que de um conjunto de técnicas (racionais). Essa sabedoria consiste não só em planejar, organizar, dirigir, controlar, como habitualmente se vê nos processos de administração rotineiros, mas também em procurar responder às mil solicitações pontuais e dificuldades de sua organização e de seu meio. Mas, afinal, o que é liderança?

O que é liderança?

Como veremos no capítulo de Fundamentos da Educação, uma das características importantes de um líder deve ser a capacidade de olhar para o passado para planejar o futuro e em seguida estruturar essa visão de futuro. Mas com qual base se deve estabelecer essa estrutura?

Pesquisadores observam que o que é relevante considerar, no estudo da liderança, é sua relação com o aspecto de motivação dos trabalhadores. O líder deve proporcionar ao seu liderado o apoio necessário à motivação no trabalho. A motivação para o alcance do objetivo deve ser intrínseca ao trabalhador. Ao líder cabe o papel de facilitador. No entanto, encontrar uma equipe sempre motivada é privilégio de poucos líderes; nesses casos, ele precisa saber criar um ambiente no qual o trabalhador possa despertar o seu potencial motivacional. É certo, contudo, que essa tarefa é muito mais difícil do que apenas manter o trabalhador motivado. Você já teve que motivar um funcionário desmotivado? Pois é... Por isso, todo esforço no sentido de não desmotivar um trabalhador é fundamental no processo de liderança.

Existe uma grande quantidade de definições sobre o que constitui um líder e sobre as principais características da liderança. Na prática, nenhuma delas se tornou universal nem amplamente aceita (CRAINER, 2000).

Queiroz (1996), por exemplo, conceitua Liderança como "a capacidade de acionar e manter a motivação dos trabalhadores para o alcance dos objetivos propostos pela organização". Esse autor aponta ainda um resumo das habilidades necessárias de um líder. Veja a seguir.

Liderança	Capacidade de comunicar-se com clareza e transparência com a equipe; saber orientá-la e encorajá-la.
Criatividade	Capacidade de inovar e implantar as novas ideias.
Versatilidade	Capacidade de adotar diferentes condutas.
Carreira	Capacidade de escolher e decidir seu futuro profissional.
Resultados	Capacidade de integrar o específico em um conjunto harmônico.
Informática	Capacidade de utilizar plenamente os recursos disponíveis.
Atualização	Capacidade de manter um alto nível de aperfeiçoamento. Repudiar a "forma final".
Atitude	Capacidade de assumir riscos e implantar mudanças.
Idiomas	Capacidade de obter fluência em, ao menos, inglês e espanhol.

Liderança e gerência

Liderança e gerência são habitualmente confundidas. É importante para um líder propor uma grande visão, mas isso se torna redundante se ele não souber como a gerenciar e transformar em uma realização concreta. Embora as visões tradicionais de liderança tendam a se concentrar em visão e carisma, hoje a mensagem parece ser que o carisma já não é mais suficiente para sustentar os grandes líderes. Na verdade, para Crainer (2000), "os líderes com personalidades fortes têm grandes chances de serem malogrados pela empresa".

Alguns autores observam a diferença entre líder e gerente da forma abaixo:
> - O gerenciamento lida com a complexidade, a qual requer a preservação da ordem e da consistência.
> - A liderança se relaciona com as mudanças em um mundo competitivo, rapidamente mutante.

O escritor e pensador da administração moderna Warren Bennis observa que a liderança é uma habilidade que pode ser aprendida pelo gerente disposto a empreender esforço substancial. Para ele, os líderes conquistam o contexto – condições que giram em torno da liderança, voláteis, turbulentas e ambíguas –, enquanto os gerentes se rendem a essas condições.

Bennis lista as diferenças entre os dois, que resumimos no quadro a seguir:

Líder	Gerente
Concentra-se nas pessoas	Concentra-se em estruturas, sistemas e processos
Pergunta o quê e o por quê	Pergunta como e quando
Recorre à intuição	Preocupa-se com a lógica
Possui poder de influência (carisma)	Possui poder outorgado pela organização (autoridade)
Inova	Administra
Desenvolve	Mantém
Está preparado para lidar com mudanças	Está atento para administrar a estabilidade

A liderança afeta os gerentes em todos os níveis, e não apenas nos altos escalões da gerência. Crainer (2000) ressalta o que diz Leonard Sayles, autor de *The Working Leader* (O líder que trabalha), que sugere que a liderança afeta os gerentes em todos os níveis, e não apenas nos escalões da gerência: "Trata-se da liderança baseada em questões de trabalho, e não em questões humanas, e é muito diferente do método e do estilo gerencial que evoluíram de nossos princípios gerenciais tradicionais", diz.

Vamos praticar?

Você conhece grandes líderes da história mundial? E grandes gerentes? Pense em grandes personagens da história, como Gandhi; Alexandre O Grande; Bernardinho; Henry Ford; Madre Teresa de Calcutá; Napoleão Bonaparte; Cleópatra; e tantos outros. Preencha o quadro a seguir dividindo-os entre líderes e gerentes.

Personagens	Líderes	Gerentes

Estilos gerenciais

Rensis Likert, psicólogo e pesquisador, identificou quatro tipos de estilos gerenciais:
- **Autoritário explorador:** gerência baseada no medo.
- **Autocrata benevolente:** hierárquica, com mais ênfase na cenoura que na vara.
- **Consultivo:** comunicação tanto para cima quanto para baixo, com a maioria das decisões vindas do topo.
- **Participativo:** processo decisório em grupos de trabalho que se comunicam entre si via indivíduos que ligam componentes, líderes de equipe ou outros que também fazem parte de um ou mais grupos.

As organizações, no mundo atual, como dito anteriormente, caminham para um modo de gestão mais participativo, ou, em muitos casos, até além disso, como veremos na seção destinada a Economia de Comunhão. Existem também, no entanto, inúmeros exemplos corporativos que praticam os três tipos anteriores. Mais ainda, não é fora de cogitação afirmar que possivelmente a maior parcela de gestão aplicada atualmente é a do tipo "Autoritário explorador". Pensemos em minas de carvão ou de outros minérios na China, América Latina ou África; plantações e demais agronegócios, especialmente em modelos exercidos nas regiões Norte e Nordeste do Brasil; ou mesmo em modelos políticos ditatoriais ainda existentes em muitos países do planeta. Embora estejamos no século XXI, nesses modelos ainda há a presença de escravidão, de falta de liberdade, de opressão à vida – bem como casos de fatalidade.

Os modelos contemporâneos de gestão, aliados às novas características exigidas de um líder moderno, como vimos, possuem uma forte tendência de alterar esse panorama. É possível aprender suas bases, e é interessante transportá-los para o contexto da sua empresa.

Mas atenção: relembremos o que foi dito no início do capítulo. A teoria que vimos aqui pode não valer como base fundamentada, se não houver essência. Ou, como diz o pesquisador Sergio Proença Leitão (2011):

> "Não adianta tentar enganar ninguém, porque todo mundo vai sentir a hipocrisia dos falsos líderes. Líder é aquilo que a gente sabe, você pode treiná-lo para tal, mas se ele não tiver certas habilidades pessoais não adianta. Não é por acaso que livros como O monge e o executivo fazem sucesso" (LEITÃO, 2011).

Mudança organizacional

> *"Não há nada permanente, somente a Mudança."*
> (Heráclito)

> *"Apenas os extremamente sábios e os abissalmente ignorantes não mudam."*
> (Confúcio)

Um dos livros mais antigos de que se tem notícia é chinês, e chama-se *O livro das mutações*. Tanto o taoísmo como o confucionismo, as duas linhas da filosofia chinesa, evoluíram com fundamentos desse livro. Essa obra propõe 64 circunstâncias distintas, disseca-as com surpreendente lucidez e recomenda medidas para que se atinja o benefício máximo ou a dificuldade mínima. De certa forma, trata-se de um livro de magia, mas, mais do que isso, representa a primeira grande tentativa feita pelo ser humano de desenvolver a ciência da mudança, por meio de virtudes como atenção, flexibilidade, perseverança e mesmo a percepção da posição dos outros em uma circunstância.

A ciência de administração da mudança e implementação de melhorias significativas em grandes organizações encontra-se em franca expansão. Em decorrência das enormes pressões sofridas pelas empresas desde os primórdios da década de 1990 até os dias atuais, muitos raciocínios sobre a arte de mudar têm sido elaborados. E esses raciocínios têm tido reflexo no mundo corporativo. Basta observar que há apenas alguns anos as grandes empresas começaram a contratar ou a desenvolver internamente serviços específicos de consultoria de gerenciamento de mudança, ou *change management*.

Atualmente, a mudança é endêmica no mundo, e atinge vários aspectos/atividades da vida corporativa:

> - **Tecnologia:** a mais dinâmica das dimensões, acolhe atualmente uma onda de mudanças nos sistemas de gestão integrada.
> - **Organizações:** novas estruturas organizacionais estão surgindo, enfatizando e permitindo velocidade de resposta. O modelo de centro de serviços compartilhados pode ser um exemplo, o conceito de células integradas, outro.
> - **Indivíduos:** as pessoas precisam manter-se sempre atualizadas e em conexão com as mudanças, tanto corporativas quanto pessoais.
> - **Sociedade:** o papel das organizações na sociedade, por intermédio de uma discussão ética, está cada vez mais em voga.

> **Consumidores e mercados:** estão se tornando mais exigentes e mudando mais rapidamente.

Com isso, pode-se confirmar Heráclito e Confúcio. Em um mundo de mudanças cada vez mais frequentes, sabe-se apenas uma coisa: o que é hoje deixará de ser amanhã. A mudança é permanente, e por isso deve-se sempre estar atento aos seus diversos aspectos. Há, assim, grande quantidade de literatura específica sobre o tema (DEMERS, 1999). A literatura de mudança organizacional, apesar de sua rica contribuição, "ainda está em sua infância; não há teoria *all-embracing*, largamente aceita, sobre mudança organizacional, tampouco concordância sobre linhas gerais a serem seguidas para a ação de agentes da mudança" (KETS DE VRIES e BALAZS, 1999).

Todavia, como afirmam Silva e Vergara (2003), "diversos textos sobre gestão da mudança organizacional abordam o tema quase exclusivamente sob a ótica do planejamento, procurando fornecer respostas sobre como fazer com que a organização tenha sucesso na estratégia de mudança intencional (...). Pouca atenção tem sido dedicada aos sentimentos dos indivíduos, aos significados que eles atribuem às mudanças e às chances de que eles se constituam como sujeitos nesse contexto". Por exemplo: ao estudarem resistência à mudança, pesquisadores buscam formas de vencer essa resistência – mas não de atacar a causa, ou seja, entender, junto aos indivíduos, a essência da resistência, e desconstruí-la, e não apenas saber como vencê-la (HERNANDEZ e CALDAS, 2001; SILVA e VERGARA, 2003).

De uma forma geral, entende-se que a mudança deve ser analisada e gerenciada, e para isso há propostas de metodologias a adotar. Mas, de uma forma geral, para que a mudança funcione, é preciso que envolva e altere as percepções e o comportamento das pessoas. A extensa lista de programas de mudança fracassados é uma prova de que as pessoas, de uma forma geral, negligenciam o lado humano dessas iniciativas, e, quando o identificam, as organizações não conseguem lidar com ele.

Mas, então, como promover a mudança?

"Deve-se ter em mente que nada é mais difícil de organizar, tem sucesso mais duvidoso e é mais perigoso do que iniciar mudanças em uma constituição do Estado. O inovador transforma em inimigos todos os que prosperavam na antiga ordem e só consegue apoio, mesmo assim sem muito entusiasmo, dos que podem prosperar na nova ordem."

(Nicolau Maquiavel)

Mudar é muito arriscado. E requer coragem. Esse problema é visto no dia a dia das organizações, e afeta inclusive decisões imediatas e corriqueiras quanto à estratégia empresarial. Se há um ambiente de equilíbrio, por que incentivar a mudança? Há teorias que explicam a necessidade dessa atitude, como a Teoria do Caos, que veremos adiante.

De qualquer forma, há uma discussão acerca de a mudança ser menos uma atitude e mais um "último recurso". Na visão de um líder capaz, deve haver a capacidade de gerenciamento dos riscos de estagnação, e, quando este chega a um ponto crítico é hora de incentivar a mudança. Mas esse movimento faz com que empregados sentados nos cargos de suas cadeiras não colaborem e criem resistências; criam-se inimigos; na prática, boatos podem ser lançados, com vistas a abalar mesmo o início do processo. A máxima de Maquiavel não é apenas verdade para uma constituição de Estado; vale também para as organizações.

O medo da mudança é compreensível. Esta cria um senso de ambiguidade que abrange definições de cargos, responsabilidades, expectativas que, aliadas à percepção individual de cada agente e ator, criam uma gama de sentimentos que não pode ser ignorada pelo líder.

Adicionalmente, em projetos de mudança de amplo alcance as variáveis são muito complexas, de forma que mesmo que seja bem gerenciada a mudança pode, e deverá, apresentar pontos negativos. Deve-se saber lidar com esses aparentes tropeços. Para evitá-los, devem-se tratar algumas situações esperadas de antemão. A lista a seguir corresponde a alguns exemplos do que é atualmente adotado em modelos de consultoria de *change management*.

> **Não oferecer resultados tangíveis no princípio:** se isso ocorrer, o que é bastante comum, certamente o líder será alvo dos opositores à mudança. Deve-se estar preparado para entregar alguns "produtos" da mudança com agilidade, de forma a satisfazer os algozes da mudança.
> **Exagerar nos detalhes ao discutir soluções inovadoras:** é comum escutar retóricas inflamadas a respeito de inovações. No entanto, o desenvolvimento prático pode deixar a desejar. Deve-se ter os pés no chão.
> **Considerar tudo prioridade absoluta:** assim como a própria vida é recheada de escolhas, a equipe de mudanças também deve fazer escolhas. Os projetos falham quando as prioridades não são estabelecidas no início e aprimoradas no decorrer do esforço.
> **Tratamento de *stakeholders*:** ponto fundamental na questão. Por *stakeholder* entende-se qualquer agente ou ator do processo de mudança que tem ou pode exercer influência nesse processo. Ou seja, pode tanto ser o dirigente quanto um funcionário. Eles devem ser ouvidos – e também ouvir –, e sua influência deve ser monitorada.

Pela experiência prática, podem-se tomar algumas precauções na lida com as mudanças e suas ameaças. Mas, dentre todas, é fundamental saber entender o que realmente se pretende com a mudança – ou, ainda, a quem ela afetará com maior intensidade.

Ainda assim, sempre existirão os arautos do apocalipse, praguejando contra o sucesso de qualquer mudança. Para vencer os medos porventura incutidos no seio do ambiente corporativo, uma característica é inevitável para a liderança: coragem. Um consultor foi questionado uma vez sobre o que ele queria dizer em relação a "gestão da mudança", e sua resposta foi: gerir a coragem.

Boa parte da administração de mudanças pode ser resultante da gestão da coragem: reunida dentro de si, em todos à sua volta e nos executivos seniores da organização. Sem coragem dos agentes e atores, não se pode esperar o resultado positivo exigido pelo ambiente de negócios muito mais competitivo de nossos dias.

Com o intuito de categorizar o conjunto de teorias que têm sido desenvolvidas na literatura sobre mudança nas organizações, Van de Ven & Poole (1995) identificam quatro diferentes teorias com as quais a questão da mudança tem sido tratada: teoria do ciclo de vida, teoria teleológica, teoria dialética e teoria evolucionária. Novaes (2004) apresenta-as desta forma:

> - **Teoria do ciclo de vida:** a mudança é vista como um processo sequencial de eventos que ocorrem em uma ordem lógica, previsível e convergente. Sob essa ótica, a mudança é vista como algo iminente, que conduz a organização de um determinado ponto de partida até um ponto final.
> - **Teoria teleológica:** a mudança é socialmente construída em torno da existência de metas comuns, que fazem com que o grupo de indivíduos em uma dada organização esteja sempre se mobilizando, de forma harmônica e coletiva. Nesse caso, não existe a previsibilidade da mudança, uma vez que os resultados do processo são construídos passo a passo, por meio do aprendizado sobre os eventos da realidade.
> - **Teoria dialética:** vê a mudança como um processo de síntese entre as teses e antíteses geradas pela existência de entidades oponentes. A mudança também é vista como um processo socialmente construído, porém com um foco não harmônico, partindo da visão de que a entidade organizacional existe em um mundo pluralista de eventos e forças oponentes ou de valores contraditórios, que competem entre si por dominação e controle.
> - **Teoria evolucionária:** percebe a mudança como um processo evolutivo e acumulativo de mudanças menores que vão ocorrendo nos processos de variação, seleção e retenção, os quais modificam a configuração do ambiente.

Teoria do caos

Como um exemplo prático, vamos rever a Teoria do Caos, que busca estudar sistemas de *feedback* não lineares – como, por exemplo, os ecossistemas. Um dos conceitos-chave dessa teoria, como afirma Paiva (2001), é "a demonstração da impossibilidade de se fazer previsões que não sejam no curto prazo, pois o comportamento dos sistemas dinâmicos

> **Intertexto**
> Como exemplo prático, o filme *O Efeito Borboleta* (1994; Direção: Eric Bress, J. Mackye Gruber) é um interessante experimento dos efeitos dessa teoria. Assista-o, pesquise sobre o tema e responda:
> > Você acha possível efetuar previsões que não sejam de curto prazo?
> > Em quais condições isso seria possível?

é extremamente sensível às suas condições iniciais. A Teoria do Caos apresenta uma nova forma de pensar e lidar com o futuro, especialmente no contexto das organizações". Entretanto, Cambel (1993) observa que ainda não está totalmente claro se e como a Teoria do Caos poderá prover soluções para os problemas de previsão de sistemas complexos. E a maioria dos fenômenos que observamos na natureza e no comportamento humano tem, de um lado, características de ordem e estabilidade e, de outro, desordem e irregularidade – mudanças abruptas no clima, reações bioquímicas complexas, movimentos irregulares no preço das ações e nas taxas de câmbio (PAIVA, 2001).

Paiva (2001) conclui que um dos estados de equilíbrio de uma organização é seu isolamento do mercado. O outro é sua completa adaptação ao mercado. Organizações que estão perto ou nesses estados de equilíbrio são incapazes de lidar com as rápidas mudanças. No primeiro caso, porque estão engessadas por regras formais e estruturas complexas, e no segundo, pela total falta de cooperação e sinergia entre suas unidades.

> **Para refletir e debater**
> Em qual tipo de teoria você entende que é possível tipificarmos a Teoria do Caos: Teoria do Ciclo de Vida, Teoria Teológica, Teoria Dialética ou Teoria Evolucionária?

Dimensões e tipos de mudança

Em seguida, Tomei (BB) apresenta as dimensões da mudança, bem como sua tipificação, conforme o estudo de Giroux (1990).

Segundo Silva (2001), quando uma mudança organizacional é analisada, deve-se levar em consideração quatro dimensões: natureza, compatibilidade, tempo da mudança e processo.

> Natureza:
> - pode ser parcial ou total, conforme a superfície de impacto;
> - pode ser superficial, afetando apenas o nível das práticas; ou profunda, afetando os postulados de base da estratégia;
> - pode ser marginal ou radical, conforme as diferenças entre os estágios sucessivos.
>
> Compatibilidade ou a possibilidade de articulação com a estratégia atual:
> - compatível;
> - incompatível.
>
> Tempo da mudança:
> - no que diz respeito ao ritmo: pode ser lento ou rápido;
> - no que diz respeito à duração dos impactos: pode ser permanente ou temporária;
> - no que diz respeito à urgência: pode possuir uma urgência percebida ou uma urgência não percebida.
>
> Quanto ao processo de mudança:
> - deliberada;
> - emergente.

Giroux (1990), conforme Silva (2001), tipifica uma mudança da seguinte forma, ainda conforme indicação de Tomei (BB):

> **Ruptura:** tipo de mudança revolucionária, profunda e radical, de implementação incompatível com a estratégia atual, urgente e deliberada. Esse tipo de mudança implica uma transformação substancial da empresa, seja em resposta a uma crise interna, seja em resposta a uma descontinuidade no ambiente. O caráter crucial e a urgência da situação exigem ação imediata e enérgica, o que pode resultar em uma mudança fortemente deliberada, imposta por novos dirigentes recrutados.
>
> **Sobressalto:** refere-se a uma mudança parcial, superficial, de implementação compatível com a estratégia atual, urgente, temporária e deliberada. Possui característica transitória, que é marcada por uma transformação momentânea das atividades para adaptar a organização a uma variação pontual de seu ambiente. A margem de tempo estreita para a sua realização faz com que a tomada de decisão tenda a ser centralizada.
>
> **Erosão:** tipo de mudança total, profunda e marginal, de implementação compatível com a estratégia atual, lenta e emergente, que produz, a longo prazo, transformação global e radical, por acumulação de mudanças marginais. Trata-se de uma mudança involuntária, ou mesmo inconsciente, influenciada por grandes variações

no ambiente e que tende a transformar a identidade, o domínio e as práticas organizacionais.
> **Elaboração:** é uma mudança evolutiva, gradual, durável, de implementação compatível com a estratégia atual, que pode ser de natureza parcial ou total, radical ou marginal, e que pode ser tanto emergente quanto deliberada. Em geral, representa um refinamento da estratégia atual, podendo afetar os seus mais diferentes níveis. Esse tipo de mudança é justificado pela necessidade de descoberta e aprendizado à medida que emergem as exigências constantemente renovadas do ambiente em transformação. Pode ser dirigida pelo topo da organização, ou pode emergir da base, ou pode ainda ser simultaneamente fruto dos dois movimentos.

Uma vez indicados a dimensão e o tipo da mudança, a organização está com bases mais fundamentadas para tratá-la. Crainer (2000) indica sete habilidades para administrar um processo de mudança:
> **Gerenciar o conflito:** os gerentes não estão acostumados com o questionamento incessante e rigoroso que acompanha a verdadeira mudança. A mudança gera o conflito, e o conflito gera uma obrigação de sair da posição de conforto. Questões controversas são, assim, evitadas, e podem terminar não sendo resolvidas, o que pode culminar com uma eterna resistência à mudança.
> **Habilidades interpessoais:** os gerentes passam de supervisores a treinadores. Precisam fornecer recursos, responder perguntas e buscar o desenvolvimento profissional a longo prazo de cada indivíduo. A forma como lidam com as pessoas é fundamental no dia a dia.
> **Habilidades de gestão de projeto:** muitos aspectos de mudança podem ser administrados como projetos independentes. A gestão de projetos não é uma função bastante comum nas organizações atualmente.
> **Liderança e flexibilidade:** os gerentes precisam orientar seus funcionários a lhes conceder autoridade para que se sintam proprietários dos vários processos. Isso exige um estilo flexível de gerência.
> **Gestão de processos:** a orientação funcional está sendo substituída pela orientação baseada em processos. Na maioria das empresas baseadas em processos, cabe aos gerentes melhorar continuamente seus processos de negócio.
> **Gestão de estratégia:** os gerentes também precisam saber como seus processos se alinham às metas estratégicas e avaliações de desempenho.
> **Gestão do próprio desenvolvimento:** os gerentes precisam desenvolver habilidades genéricas que lhes permitam responder com flexibilidade às necessidades organizacionais.

Executar uma mudança organizacional demanda esforço contínuo, uma vez que à mudança é intrínseca a natureza conservadora do comportamento humano. Mesmo quando antigas resistências começam a ceder, outras novas emergem. A Gestão de Pessoas, então, deve cuidar para que as pessoas envolvidas entendam a dinâmica das mudanças, e as tremendas oportunidades inerentes superam largamente a sensação de desconforto que acompanha o processo. Esses serão os vencedores neste mundo de descontinuidade (VRIES e BALAZS, 1999). Afinal, nada é permanente, somente a mudança.

Aprendizagem organizacional

Ao longo de outros capítulos deste livro, entraremos de forma mais detalhada em diversas teorias que abordam o processo de ensino e de aprendizagem dentro ou fora das organizações. O intuito desta seção, aqui no capítulo de Gestão de Pessoas, é buscar apresentar uma visão alternativa da importância desse processo para as pessoas que povoam as organizações.

Como comentado no capítulo de Gestão por Competências, por exemplo, não é de hoje que ouvimos falar que, na era do conhecimento, as pessoas são o bem mais valioso. Gerir pessoas e conhecimento é ação-chave para potencializar o capital intelectual da empresa. Para alcançar esse objetivo, deve-se, entre outras medidas, instalar uma mentalidade de aprendizagem contínua na organização, promovendo processos de aprendizagem eficazes.

Pois o processo de aprendizagem, para os seres sociais, é tudo (BEHNCKE, 1995). Não nascemos nem amando nem odiando ninguém em particular. Como então aprendemos isso? O pesquisador Rolf Behncke (1995) afirma que para a compreensão desse processo deveriam convergir todas as forças e interesses das ciências sociais. Mais ainda: dada a importância do processo de aprendizagem social na evolução cultural de uma sociedade, essa matéria deveria ser tema obrigatório de debate acadêmico na formação curricular de todo profissional. A partir da compreensão do aprendizado, começamos a formar uma base para lidar com a sociedade – e com as pessoas que a compõem.

Há algumas décadas, a maior parte das organizações não possuía esse tipo de preocupação. No entanto, hoje já existem empresas que têm como meta o bem-estar dos seus funcionários – não porque sejam boazinhas, mas porque descobriram que onde há bem-estar há produtividade, pois as pessoas trabalham felizes.

Mas, no início, o aprendizado e o desenvolvimento simplesmente aconteciam. Os executivos aprendiam tudo com a prática – até pela inexistência de cursos de administração.

Observa-se, com isso, que o processo de desenvolvimento profissional das organizações ainda está em sua infância. Nessa linha, Pedro Demo, PhD em Sociologia pela Universidade de Saarbrücken (Alemanha) (2000), em seu livro *Conhecer & aprender*, observa que, embora o mundo esteja repleto de faculdades de administração, o desenvolvimento gerencial é uma ciência relativamente nova. Ele lembra que nos Estados Unidos, locomotiva principal dos trabalhos acadêmicos da área, a Universidade de Chicago fundou sua faculdade de administração em 1898; Amos Tuck, no Dartmouth College em New Hampshire, fundada em 1900, foi a primeira faculdade de administração do mundo, e Harvard ofereceu seu primeiro curso de mestrado em administração em 1908. Depois criou sua faculdade de administração em 1919. Do outro lado do Atlântico, o Insead ofereceu o primeiro curso europeu de mestrado em administração somente em 1959, e apenas em 1965 foram abertas as duas primeiras faculdades de administração pública no Reino Unido (em Manchester e em Londres).

É evidente que esse histórico é imaterial perto dos séculos dedicados à formação de advogados, clérigos, soldados, professores e médicos em instituições formais e reconhecidas. E por isso entende-se que a aprendizagem organizacional orientada pelas academias de administração está em sua infância.

Essa infância, entretanto, foi marcada pelo seguimento do modelo norte-americano com a ênfase tradicional em finanças e estratégia. E, agora, o pequeno adolescente começa a sofrer críticas cada vez mais frequentes ao seu modelo de vida. A educação profissional e a aprendizagem vêm sendo doutrinadas como obtenção de conhecimentos prévios e definitivos. O livro de Pedro Demo discute a aprendizagem como forma de sabedoria, como formação de competência humana, como desafio aos limites. Sua proposta é de aprender a conviver com esses limites, aprender a superá-los, aprender a viver na incerteza, aprender a ver que a educação é na essência algo político, dado que possui um evidente parentesco com o poder, mais do que técnico.

A relevância do tema é gritante. Vivemos atualmente em uma sociedade em que a ordem econômica dita todas as outras, como a política, a religiosa e a social. E na essência da ordem econômica, naturalmente, estão as organizações e seus administradores. Omar Aktouf, em seu livro *A administração entre a tradição e a renovação* (1996) discute uma das questões primordiais que se coloca na atualidade: saber se atualmente e no futuro o administrador pode permanecer estimulado por essa mentalidade individualista, desprezando o conhecimento e preocupações mais globais, mais fundamentais, mais ecológicas e mais sociais e humanas. Essa mentalidade é a que é atualmente mais reproduzida nas faculdades de administração. A razão substantiva está esquecida (DEMO, 2000; MOTTA, 2003; HENDERSON, 2007; LEITÃO, 2011). E o formato atual de ensino e aprendizagem é, em muitos casos, uma ferramenta utilizada pelo poder para se perpetuar e reproduzir.

O atual modelo de ensino e aprendizado na escola e na academia tem sido criticado dentro das organizações. Mal a academia desenvolve pesquisas aparentemente interessantes, já parte o grupo dos consultores para implementá-las sem o embasamento necessário. Felizmente, diversos pesquisadores estão buscando formas alternativas e novas ideias sobre conhecimento e aprendizagem. Destacamos dois deles aqui.

Fundamentos da organização de aprendizagem

Chris Argyris (1978, 1991 apud Crainer, 2000) lembra que a pesquisa sempre andou lado a lado com o magistério e a consultoria, e os três elementos se apoiam. Seu trabalho se baseia na crença de que, se as organizações permitem e encorajam os indivíduos a desenvolver todo o seu potencial, os resultados são mutuamente benéficos. Ele afirma que "qualquer empresa que aspire ao sucesso no difícil ambiente de negócios da década de 90 deve primeiro resolver um dilema básico: o sucesso no mercado depende cada vez mais do aprendizado, embora a maioria das pessoas não saiba como aprender". Segundo Crainer (1998), seu trabalho deu origem ao fundamento da aprendizagem organizacional que posteriormente Peter Senge (1990, 1995) desenvolveu para uma organização de aprendizagem. Com Donald Schoan, Argyris desenvolveu o conceito de aprendizado em *loop* único e duplo. Nesse conceito, o aprendizado ocorre em duas condições: primeiro, quando uma organização alcança o que pretende, ou seja, existe correspondência entre o seu plano de ação e o resultado geral; segundo, quando um hiato entre o objetivo e o resultado é identificado e corrigido, ou seja, transformado em correspondência. O aprendizado em *loop* único ocorre quando são criadas correspondências ou quando defasagens são corrigidas, modificando ações. O *loop* duplo, quando defasagens são corrigidas primeiro por meio da análise e da mudança das variáveis determinantes (quebra de premissas!) e, em seguida, por intermédio das ações. A aprendizagem dentro das organizações, atualmente, é em grande maioria do tipo *loop* único.

A organização de aprendizagem (OA)

A organização de aprendizagem de Senge é um marco na história do tema. Senge procura desenvolver uma relação participativa de todos os indivíduos dentro de uma organização com o fim do aprendizado contínuo, e indica que para isso quatro disciplinas devem ser perseguidas à luz de uma quinta, que engloba e atravessa as outras, representada pelo raciocínio sistêmico. Esse trabalho representa uma mudança estrutural, e deve ser aprofundado através, por exemplo, de seu livro *A quinta disciplina*. Mas é importante apontar os principais obstáculos à criação da organização de aprendizagem, que abrigam importantes questões a serem discutidas.

Primeiro, os gerentes não gostam de abrir mão do poder, algo essencial nas OA, em favor dos funcionários. Segundo, o aprendizado exige flexibilidade, além da predisposição para correr o risco de pensar em algo novo e se sentir autorizado a experimentá-lo. Como disseram Argyris e Demo, o erro é algo que hoje deve ser escondido embaixo do tapete corporativo, em vez de ser trazido à tona para se aprender. Terceiro, lidar com a incerteza, objetivo do aprendizado indicado por Demo, não é a prioridade dos gerentes. As OAs criam incertezas em áreas anteriormente claras. Quarto, aceitar a responsabilidade, algo difícil para qualquer ser humano em sua vida cotidiana, que dirá dentro de uma organização. Quinto, os funcionários devem desenvolver a habilidade de ouvir, algo típico do modelo oriental, mas esquecido do lado de cá do meridiano de Greenwich. Sexto, acostumados a agir em função de regras de controle, os gerentes têm dificuldades de confiar nas pessoas. E uma última dificuldade é apontada: a de aprender com a experiência. As empresas são extremamente incapazes de aprender com a experiência.

Cabe ainda citar as experiências e trabalhos realizados sob a égide das empresas de economia de comunhão, apresentadas mais detalhadamente em seção específica neste capítulo, ou outras formas alternativas que alertam para a questão.

Segundo Harman e Hormann (1990), o conceito básico subjacente à "sociedade de aprendizagem" é que o aprender, em seu mais amplo sentido, como educação, pesquisa, investigação e desenvolvimento da autocompreensão, e a participação numa comunidade de cidadãos envolvidos com a escolha de um futuro melhor, contribui para o aperfeiçoamento e realização humanos. Essas atividades são humanísticas, não poluidoras e não embrutecedoras. Nessa sociedade, a motivação para o aprendizado e o trabalho criativo é intrínseca às pessoas. O conceito atual de que as pessoas são motivadas tão somente pelo desejo de um ganho econômico faz parte do paradigma industrial do Ocidente; e parece verdadeiro porque fomos condicionados a acreditar nele. A ordem econômica que habita as organizações do planeta influencia os métodos de ensino e se perpetua ao longo das últimas décadas. Naturalmente, a renovação que não ocorre nas empresas também não ocorre onde seria seu seio principal: a escola.

Enquanto as escolas atuais de administração formulam seus currículos em grades de cursos como contabilidade, economia, matemática, informática e derivações destas, deixando pouco ou nenhum espaço para as ciências humanas, ano após ano os novos administradores já se tornam velhos mesmo antes de sair do *campus*. Atualmente já vemos um movimento dentro das escolas no sentido de observar questões humanas, como a inclusão de tópicos sobre a necessidade de responsabilidade social e ecológica e o que está por trás dessa ideia. Demo, todavia, não apresenta o conteúdo das escolas como uma de suas preocupações principais; mas a aprendizagem, ou melhor, os métodos de aprendizagem e ensino hoje vigentes.

A alteração ou revisão do conteúdo não é, efetivamente, uma mudança estrutural na escola, mas representa uma grande evolução em relação ao que temos atualmente, e é algo que pode ser efetuado em um curto prazo. A organização de aprendizagem cultivada por Peter Senge em seu livro *A quinta disciplina* (1990) leva a cabo uma mudança muito mais profunda, mas que pode levar vários anos, e só pode ser sentida no longo prazo.

Indubitavelmente, porém, é tema que deve estar presente na pauta da organização moderna.

Economia de comunhão

Nesta seção, apresento um estudo de um projeto alternativo de fazer negócios baseado essencialmente na Gestão de Pessoas – todas as demais funções organizacionais vêm a reboque do que é feito nessa gestão. Esse projeto é fundamentado na essência humana, em ideários que são apresentados por muitas religiões ou apenas por pessoas que colocam a razão substantiva à frente da lógica instrumental, funcionalista e da maximização do lucro. A seção é baseada em diversos artigos e pesquisas de Sergio Proença Leitão, pesquisador também dedicado ao estudo da Economia de Comunhão (EdC).

Mas, afinal, o que é a EdC? Bem, conforme nos diz Leitão (2011), "micro, pequeno e médio empresários – os grandes são poucos – do projeto empresarial e econômico chamado 'Economia de Comunhão' (EdC) vêm demonstrando que o mundo dos negócios pode ter uma maior aproximação com princípios morais e espirituais do que se imagina. A lógica é simples: Deus não criou os negócios, mas criou os seres humanos, que são criaturas de Deus, e se estes agirem em acordo com a orientação divina, de suas religiões, os negócios acabam, mesmo indiretamente, tendo a ver com Deus. É uma forma aproximativa e adaptativa de retomar a Sua memória em um ambiente frequentemente hostil a ela. EdC é uma mudança de visão do instrumentalismo puro para a substantividade no mundo dos negócios".

O projeto nasceu no Brasil, em São Paulo, em 1991, a partir do ideário gerado pela italiana Chiara Lubich e suas amigas, fundadoras do Movimento dos Focolares, em 1943, em Trento, Itália, durante os bombardeios aliados na Segunda Guerra Mundial. Chiara, que, na época, junto com suas amigas, entre elas Gineta Caliari, ajudava as vítimas da destruição, discutia com elas – todas entre 20 e 30 anos de idade –, nas horas vagas, uma forma de acabar com a miséria e as guerras. Fazia isso em torno de uma fogueira, nas ruínas de sua casa, daí o nome italiano "*focolare*". Dessas conversas surgiu o movimento, que vive o ecumenismo e prega, entre outros valores, a unidade. E, mais tarde, surgiu a EdC, a maneira de viabilizar, na prática, mudanças na forma dominante de conduzir os negócios e a economia, fontes geradoras de riqueza, mas também de miséria, em face das leis impessoais do mercado.

Atualmente, o movimento está presente em 182 países, com aproximadamente 150 mil membros que, somados aos simpatizantes, formam um contingente de quatro milhões de pessoas, sendo a maioria leigos, embora não se exclua a participação de religiosos (MARQUES, MELO e NAGANO, 2007).

No livro *Economia de comunhão, empresas para um capitalismo transformado*, editado pela FGV-Rio, os pesquisadores Sergio Proença Leitão e Mario Pinto mostram como a qualidade dos relacionamentos interpessoais leva ao aumento da produtividade da mão de obra, da fidelização dos clientes e da redução do giro de pessoal nas empresas mais avançadas do projeto de Economia de Comunhão (EdC). Este é somente um exemplo de como uma Gestão de Pessoas levada à sua essência pode resultar em um projeto empresarial lucrativo. Entenda-se por empresas mais avançadas aquelas que melhor puseram em prática o ideário, a visão geral de Chiara sobre EdC. Ela dava os princípios gerais, e os empresários os implantavam operacionalmente, com razoáveis graus de liberdade.

A diferença entre essas empresas e as demais, conforme Leitão (2011; 2001; 2002), não está no conhecimento técnico da produção, ou nas práticas de gestão comuns ao porte dessas empresas. Está na gestão das pessoas e nas lideranças, em uma fusão de negócios e espiritualidade. "Elas geravam um tipo de clima e, sobretudo, de cultura organizacionais bem diferenciados da competitividade interna, da dureza e frieza no trato interpessoal das empresas tradicionais, que todos nós conhecemos muito bem. Esse aspecto dos relacionamentos foi se tornando cada vez mais valorizado nos últimos 10 anos, a ponto de começarem a fazer listagens das empresas consideradas melhores para se trabalhar, mas ainda com uma visão bem limitada do problema do bem-estar no trabalho. Ainda há muita gente por aí sofrendo por causa do emprego que possui." Você concorda?

O ambiente humano nas empresas do projeto era diferente, variando conforme o grau de progresso no projeto, conforme concluíram Leitão e o pesquisador Marcelo Almeida, quando examinaram a presença da substantividade nas decisões das gerências em três dessas empresas. A realização do ser humano em comunidades era um elemento central na formação de suas culturas organizacionais. O ambiente humano era diferente, mais humanizado, mais sensível ao outro, todos com experiência de trabalho em diferentes tipos de empresas. Mas quem falava sobre essa diferença eram seus próprios funcionários e operários. As empresas estudadas estavam no extremo oposto de empresas denunciadas nos jornais por causa das más condições de trabalho, inclusive com casos de suicídio.

Nas entrevistas com funcionários e operários, a esmagadora maioria alegava que só pretendia deixar a empresa na aposentadoria. Alguns as haviam deixado, geralmente por demissão em épocas de crise, mas haviam retornado. Há um caso de um operário que, durante os três anos em que esteve preso, sua família recebeu seu salário, só não recebeu a participação nos resultados. E, quando ele saiu da prisão, teve sua vaga recuperada. A ideia de igualdade, de comunhão, de solidariedade, ou de ver o outro como um ser legítimo na convivência, vem sendo posta em prática pela maioria dos gestores de EdC. Outros, no projeto, ainda estão aprendendo isso, pois não é um aprendizado nada fácil.

Leitão conviveu por quatro dias com o pessoal da Femaq, metalúrgica de Piracicaba fornecedora das grandes montadoras de automóveis, e percebeu um tipo de relação amorosa nas manifestações de solidariedade, companheirismo e respeito à pessoa. Não existe nela, como em outras, o lema corporativo do "vestir a camisa", transmitido, como ele observa, "de cima para baixo na cabeça dos funcionários" de empresas que usam tal "técnica" artificial de motivação. Se, em empresas convencionais, chamar a atenção do funcionário de forma pública, exagerada e repetitiva pode ser um fato corriqueiro, acerca do estudo na Femaq Leitão observa:

> *"Quando perguntei aos operários e funcionários da Femaq como era a 'bronca' das chefias, todos responderam que ali só havia conversa (termo usado pelos operários), ou diálogo (termo usado pelos dirigentes). Meus alunos e eu constatamos coisas desse tipo também na La Túnica, na Prodiet, na Policlínica Ágape, na Granja Piu Piu, na KNE/Rotogine e outras. (...) Os clientes entrevistados indicavam diversas vantagens competitivas que se traduziam em resultados econômicos: pela confiança que essas empresas lhes despertavam, a não existência de mentiras, facilidade nas trocas de mercadorias, garantia de entrega, chegando, por vezes, a abrir mão do preço melhor de algum concorrente. Os fornecedores, por sua vez, enfatizavam essa confiança no recebimento das faturas, a não aceitação de práticas antiéticas nas concorrências. Nessas concorrências, conforme relatos, podiam perder alguns negócios, mas ganhavam outros no longo prazo, porque a fama de serem éticos acabava ficando conhecida no mercado. E isso inspira confiança"* (LEITÃO, 2011).

Não foram encontradas, durante as pesquisas, queixas entre seus *stakeholders*.

Responsabilidade social e preocupação ambiental eram outros pontos observados nessas empresas, que tinham três objetivos centrais na distribuição de seus lucros, conforme proposto por Chiara: reinvestimento no próprio negócio, desenvolvimento de funcionários com uma nova mentalidade e auxílio à pobreza. Algumas também oferecem participação nos resultados. Esses três objetivos constituem o ponto de partida para uma "cultura da partilha" (LEITÃO, 2011).

Pesquisa de MARQUES, MELO e NAGANO (2007) também atesta resultados semelhantes: funcionários tornam-se mais motivados, e pode-se, inclusive, atrair a benevolência de clientes, fornecedores ou financiadores. Segundo esses autores, o projeto de EdC pode ser caracterizado pela presença de relações do tipo ganha-ganha. As potencialidades desses tipos de relações foram demonstradas por Nash (1950) e sua Teoria dos Jogos. Segundo o autor, em situações de tomada de decisão e negociação usualmente não se espera que as partes cooperem entre si, e cada uma delas busca maximizar seu resultado desejado. Porém, se houvesse cooperação, os resultados seriam mais benéficos para ambas as partes.

Nos estudos de Leitão, além das diferenças dessas empresas na gestão das pessoas – que é a questão crucial da corrente humanista na administração –, ele também encontrou habilidade para aprendizagem, particularmente nas pesquisas que realizou em parceria com seus alunos Beatriz Villardi, Marcelo Sampaio e Renata Kurtz, específicas sobre o tema gestão por aprendizagem. Possivelmente porque no esforço para aprender o que significava ser uma empresa EdC, acabavam por favorecer uma mentalidade voltada para o aprender em geral, embora a maioria não conhecesse essa nova técnica de gestão – surgia de forma espontânea.

A gestão por aprendizagem, que veremos ainda neste capítulo, é na realidade muito mais ajustada a empresas voltadas para a comunhão do que as tradicionais formas de orientação autoritária e centralizada que preferem o planejamento e a administração estratégica. Elas são também empresas que se ajustam ao conceito de "organizações substantivas", as quais têm a visão ética comandando suas estratégias, muito preocupadas, portanto, com a finalidade última de suas práticas, seja no mercado, seja no meio social e no ambiental – coisas que, aliás, não se separam.

Além dos benefícios intrínsecos, são claros também os benefícios materiais do projeto. É importante ressaltar que as empresas participantes do EdC, assim como as demais empresas de mercado, visam ao lucro. E conseguem proporcionar aos seus acionistas um retorno financeiro, dentro do ambiente proposto. Zamagni (2002, p.10, apud MARQUES, MELO e NAGANO, 2007) lembra que na economia contemporânea existem custos implícitos que por vezes passam despercebidos, mas que interferem em todo o negócio. Ele os classifica em três tipos: custos ligados à falta de confiança, custos de transação e custos de monitoração.

Os custos de transação são os custos de uso no mercado e, em particular, os custos relativos à manutenção das relações entre empresas diversas. Os custos de monitoração são os custos que o empreendedor utiliza para garantir que os seus trabalhadores não deixem de realizar todas as tarefas que lhes são exigidas. Quanto aos custos de falta de confiança, ele afirma: "quando no interior de empresas e entre empresas e instituições econômicas como os bancos não existem fortes relações de confiança, os custos aumentam". Estes, ainda de acordo com Zamagni (2002), são alguns dos fatores que concedem maior solidez às empresas de Economia de Comunhão com relação às empresas tradicionais: os custos de transação, de monitoração e aqueles relacionados à falta de confiança seriam menores do que o habitual (MARQUES, MELO e NAGANO, 2007).

Vamos praticar?
Liste alguns custos que poderiam ser reduzidos ou eliminados quando há enorme confiança entre os atores participantes de um negócio. Algumas dicas:
> Redução ou eliminação de prejuízo por inadimplência de clientes.
> Equilíbrio nas horas de trabalho de funcionários (que reduzem ou compensam as paradas para o cafezinho ou o cigarro, tão corriqueiras nas empresas brasileiras).
> Barganha de compras com fornecedores, que podem retirar taxas de contingência por ausência de risco de negócio.
> Maior esforço e motivação dos funcionários que podem levar a ganhos financeiros, pela confiança destes em que o resultado da empresa será bem distribuído.

Embora a EdC tenha sua vinculação inicial com o Movimento Focolare e a Igreja católica, empresários de outras afinidades religiosas vêm se filiando ao projeto, unidos pela identidade comum de um pensar substantivo, essencialmente moral e crítico quanto às formas dominantes de conduzir os negócios e a economia. Alguns nem são religiosos. Um empresário ateu pode se filiar à EdC desde que tenha uma profunda visão ética da vida.

A EdC constitui-se, assim, em um interessante movimento alternativo, baseado essencialmente na Gestão de Pessoas (estejam elas dentro ou fora da organização). Embora ainda apresente uma abrangência limitada, já é utilizada por um número crescente de empresas, e mostra-se com um bom potencial de crescimento.

Considerações finais

A dimensão afetiva é central no desenvolvimento de todo ser humano, assim como na formação de um grupo (CHANLAT, 2000). Todavia, ao longo dos anos, essa dimensão vem sendo suprimida por uma gestão mais racional, funcionalista e instrumental, que indica que somente o que traz resultados financeiros maximizados é o que importa.

Há estudos e práticas de gestão contemporâneos que divergem da ordem econômica vigente. O modelo de economia de comunhão, por exemplo, apresenta resultados produtivos baseados em uma política de pessoal e em princípios cristãos. Sua pretensão é mudar pressupostos em que se fundamentam a prática dos negócios, o sistema de produção e distribuição de riqueza, em uma economia de mercado. O fluxo lógico de mudança pretendida é mudança das pessoas, das empresas, e com um efeito multiplicador que leva a mudança na economia mundial. Constituem um esforço de integração entre a gestão de empresas e os princípios contidos em uma das grandes tradições religiosas, para transformar o modelo econômico dominante, considerado socialmente injusto. Não se trata, como vimos, de um simples caso de filantropia ou de participação nos lucros (LEITÃO e GONÇALVES, 2001, p. 2). Omar Aktouf (1996) também sugere alguns outros modelos que tenham preocupação em não apresentar as mazelas da visão econômica instrumentalista vigente, mas que não deixem, por isso, de apresentar alto desempenho, como os modelos sueco e sul-coreano.

Dessa forma, é factível pensar que uma organização possa ser gerida de forma profissional, sem com isso necessariamente apresentar as consequências negativas de um modelo de gestão tecnocrata e instrumentalista, que vise apenas o bem-estar de seus acionistas e não da sociedade como um todo. Visando também o bem-estar das pessoas que compõem a organização, certamente é possível fazer com que o papel do gestor de pessoas não seja mais somente o do responsável pelo departamento de pessoal, ou pela área de Recursos Humanos. Qualquer gestor, ou mesmo qualquer funcionário da empresa, tem seu papel na gestão de pessoas de uma empresa.

A transição de uma organização maquiavélica, como vimos na seção "Liderança", para uma empresa que aprende e integra não somente seus funcionários como também os *stakeholders* da empresa, é positiva – e traz consigo ótimos resultados financeiros.

Resumo executivo

- Há pouquíssimas décadas, a gestão de pessoas era uma mera associação com as rotinas de manutenção de um contrato de trabalho.
- Convivendo em sociedade, aprendemos a avaliar o comportamento das pessoas que nos rodeiam e suas consequências, buscamos antecipar suas ações futuras e, assim, tomar decisões no presente.
- O capital social organizacional é um atributo do coletivo, e maior que a soma das conexões sociais de cada indivíduo.
- Grupos de trabalho que completam projetos com sucesso possuem tendência a exibir maior confiança mútua.
- Há maior chance de resultados positivos serem obtidos em corporações que permitem o surgimento de relações de confiança e amor entre os indivíduos.
- O altruísmo é uma forma de renúncia que envolve ceder espaço físico ou psicológico para o outro, tornando a vida coletiva possível (LEITÃO, 2011).
- A questão do amor e do altruísmo no contexto da gestão de pessoas está deixando de ser uma crença religiosa para se tornar uma questão científica, e com isso passa a ser mais facilmente aceita pela corrente corporativa contemporânea.
- Ainda há inúmeras organizações, no mundo contemporâneo, baseadas no estilo maquiavélico de liderança: ditatorial e impessoal.
- Já há, por outro lado, um reconhecimento no mercado de que hoje as organizações têm outros propósitos além da maximização do lucro – o que permite também uma nova visão em relação à gestão de pessoas.
- Um líder deve possuir a capacidade de acionar e manter a motivação dos trabalhadores para o alcance dos objetivos propostos pela organização.
- Segundo Likert, há líderes de quatro tipos:
  1. Autoritário explorador: gerência baseada no medo.
  2. Autocrata benevolente: hierárquica, com mais ênfase na cenoura que na vara.
  3. Consultivo: comunicação tanto para cima quanto para baixo, com a maioria das decisões vindas do topo.
  4. Participativo: processo decisório em grupos de trabalho que se comunicam entre si via indivíduos que ligam componentes, líderes de equipe ou outros que também fazem parte de um ou mais grupos.
- Os modelos contemporâneos de gestão de pessoas, aliados às novas características exigidas de um líder moderno, possuem uma forte tendência de alterar o panorama calcado no autoritarismo presente em muitas organizações.
- Virtudes como atenção, flexibilidade, perseverança e mesmo a percepção da posição dos outros em determinada circunstância são essenciais para a condução de um processo de mudança organizacional.

- A ciência de administração da mudança e implementação de melhorias significativas em grandes organizações encontra-se em franca expansão.
- Um líder competente deve ter a capacidade de gerenciamento dos riscos de estagnação, e, quando esta chega a pontos críticos, é hora de incentivar a mudança.
- A Teoria do Caos busca estudar conceitos e respostas de *feedbacks* não lineares, e indica a enorme dificuldade de previsão de resultados que não sejam a curto prazo.
- Executar uma mudança organizacional demanda esforço contínuo, uma vez que à mudança é intrínseca a natureza conservadora do comportamento humano.
- Gerir pessoas e conhecimento são ações-chave para potencializar o capital intelectual da empresa. Para alcançar esse objetivo, deve-se, entre outras medidas, instalar uma mentalidade de aprendizagem contínua na organização.
- Em um passado recente, os executivos aprendiam tudo com a prática – até pela inexistência de cursos de Administração. Por isso, é possível afirmar que o processo de desenvolvimento profissional das organizações ainda está em sua infância.
- As organizações de aprendizagem necessitam de uma relação participativa de todos os indivíduos com o fim do aprendizado contínuo. Essa relação vai, todavia, de encontro a aspectos sólidos das organizações tradicionais tais como a dinâmica de poder, a flexibilidade em relação ao erro e às incertezas e os questionamentos naturais da aprendizagem contínua.
- A ordem econômica que habita as organizações do planeta influencia os métodos de ensino e se perpetuou ao longo das últimas décadas. Naturalmente, a renovação que não ocorre nas empresas também não ocorre onde seria seu seio principal: a escola.
- O conceito atual de que as pessoas são motivadas tão somente pelo desejo de um ganho econômico faz parte do paradigma industrial do Ocidente, e parece verdadeiro, porque fomos condicionados a acreditar nele.
- A Economia de Comunhão (EdC) vem demonstrando que o mundo dos negócios pode ter uma maior aproximação com princípios morais e espirituais do que se imagina.
- As empresas participantes do EdC assimilam valores de altruísmo e integração entre os colaboradores; mas, assim como as demais empresas de mercado, visam ao lucro. E conseguem proporcionar aos seus acionistas um retorno financeiro esperado, dentro do ambiente mais harmonioso proposto.
- A EdC constitui-se, assim, em um interessante movimento alternativo, baseado essencialmente na Gestão de Pessoas (estejam elas dentro ou fora da organização).

Teste seu conhecimento

Liderança
- Você se considera um líder? Faça um exercício comparativo:
  - Pense em dois grandes líderes da história.
  - Analise a tabela de habilidades necessárias a um líder descrita anteriormente e atribua uma nota de 1 a 3 a cada habilidade de cada um dos líderes, em que "1" representa uma habilidade altamente demonstrada e "3", uma pouco demonstrada.
  - Repita o exercício se autoavaliando, atribuindo-se notas a cada habilidade da tabela.
  - Compare os resultados.

Gestão de mudança
- Assinale, dentre as alternativas a seguir, a que apresente um conceito válido sobre como lidar com o processo de mudança em uma organização.
  - Em ambientes de equilíbrio, incentivar a mudança sempre se mostra um erro que pode trazer graves consequências para a organização.
  - As mudanças em ambientes empresariais complexos, quando bem gerenciadas, transcorrem de forma satisfatória e não geram pontos negativos.
  - Agentes e atores da organização, com sorte, podem esperar que o resultado positivo da mudança seja obtido naturalmente pelo ambiente de negócios competitivo da organização.
  - De forma geral, para que a mudança funcione, é preciso que envolva e altere as percepções e o comportamento das pessoas.
  - A mudança pode ser abordada exclusivamente sob a ótica do planejamento, procurando avaliar o mercado e as finanças para, então, decidir a estratégia de mudança intencional.

Mudança organizacional
- Todos já passamos por grandes mudanças na vida – pessoais ou profissionais, ou ambas. Pense em alguma grande mudança proposta em sua empresa ou mesmo na sua vida, efetivada ou não, e classifique-a quanto às quatro dimensões da mudança e quanto ao tipo de mudança.

  Em seguida, procure identificar quais das sete habilidades de gestão de mudança citadas por Crainer foram mais utilizadas nesse processo – ou, caso a mudança não tenha sido efetivada, como você, na qualidade de Gestor de Mudança da organização, a teria promovido?

Economia de comunhão
> O projeto da Economia de Comunhão apresenta-se como uma alternativa ao atual modelo de gestão de pessoas posto em prática pelas organizações. Essa teoria:
- busca maximizar os lucros e aplicá-los na aprendizagem;
- prega o abandono do lucro em prol das causas sociais;
- é uma espécie de religião dos administradores, e visa catequizar os funcionários em benefício dos resultados da empresa;
- promove uma aproximação da gestão das empresas com princípios morais e espirituais essenciais, reduzindo custos de desconfiança e aumentando a produtividade;
- visa ao bem-estar no trabalho em comunhão com as remunerações mais altas.

Bibliografia

AKTOUF, O.A. **Administração entre a tradição e a renovação**. São Paulo: Atlas, 1996.

ALMEIDA, M.; LEITÃO, S.P. Empresas de economia de comunhão e razão substantiva. **RAP – Revista de Administração Pública**, v. 37, n. 6, p. 1145-1170, nov./dez. 2003.

BEHNCKE, R. Ao pé da árvore. Prefácio in: MATURANA, Humberto; VARELA, Fernando. **A árvore do conhecimento**. Editora Psy, 1995.

BOFF, L. **Saber cuidar**: Ética do humano – compaixão pela Terra. Petrópolis: Vozes, 2006.

CAMBEL, A.B. **Applied chaos theory** - A paradigm for complexity. Academic Press, Inc: 2003.

CRAINER, S. **Grandes pensadores da administração**. Tradução: Priscila Martins Celeste. São Paulo: Futura, 2000.

CREMA, R. **Liderança em tempo de transformação**. Brasília: Letrativa, 2001.

DEMERS, C. De la gestion du changement à la capacitè de changer: l'évolution de la recherché sur le changement organisationnel. **Gestion – Revue International de Gestion**. Montréal: HEC – École des Hautes Études Commerciales. v. 24, n. 3, Automne 1999.

DEMO, P. **Conhecer e aprender**: Sabedoria dos limites e desafios. Porto Alegre: Artes Médicas Sul, 2000.

FERRUCI, P. A arte da gentileza. Ed. Alegro, 2004.

GONÇALVES, H.H.; LEITÃO, S.P. Empresas de economia de comunhão. **RAP – Revista de Administração Pública**, v. 35, n. 6, 2002.

HARMAN, W.; HORMANN, J. O trabalho criativo. São Paulo: Cultrix, 1990.

HENDERSON, H. **Mercado ético**: a força de um novo paradigma empresarial. Tradução: Henrique A.R. Monteiro. São Paulo: Cultrix, 2007.

HERNANDEZ, J.M.; CALDAS, M. Resistência à mudança: Uma revisão crítica. **RAE – Revistas de Administração de Empresas**, v. 41, n. 2. abr./jun. 2001.

LEANA, C.R.; VAN BUREN III, J. **Organization social capital and employment practices.** Academy of Management Review, v. 24, i. 3, 1999.

LEITÃO, S.P. Sobre o conhecimento do humano e do divino: reflexões e reminiscências. 2011: Não editado.

MACHIAVELLI, N. **The prince** (O príncipe). Londres: Penguin, 1967.

MARQUES, D.S.P.; MERLO, E.M.; NAGANO, M.S. Economia de comunhão e redes de empresas: estudo de caso e análise de conteúdo. **Rev. FAE**, Curitiba, v. 10, n. 2, p.115-129, jul./dez. 2007.

MATURANA, H. **Emoções e a linguagem na educação e na política.** Belo Horizonte: Editora UFMG, 2001.

MATURANA, H.; VARELA, F. **A árvore do conhecimento.** Editora Psy: 1995.

MOTTA, F.C. Prestes. **Teoria das organizações:** evolução e crítica. 2. edição revista e ampliada. São Paulo: Pioneira Thomson Learning, 2003.

NOVAES, L.C. **A relação cultura e desempenho na Embratel antes e após a privatização:** um estudo de caso. Dissertação de Mestrado. Orientadora: Patrícia Amélia Tomei. Rio de Janeiro: PUC-Rio, Departamento de Administração, 2004.

QUEIROZ, S.H. **Motivação dos quadros operacionais para a qualidade sob o enfoque da liderança situacional.** Dissertação de Mestrado. Orientador: Prof. Édson Pacheco Paladini. Centro Tecnológico, Universidade Federal de Santa Catarina: Florianópolis, 1996.

SENGE, P. **The fifth discipline** (A quinta disciplina). Nova York: Doubleday, 1990.

SILVA, J.R.G. da. **Comunicação e mudança em organizações brasileiras:** desvendando um quadro de referência sob a ótica do sujeito e da reconstrução de identidades. Rio de Janeiro: PUC-Rio, 2001. Tese de Doutorado.

SILVA, J.R.G. da; VERGARA, S. Sentimentos, subjetividade e supostas resistências à mudança organizacional. **RAE – Revistas de Administração de Empresas**, v. 43, n. 3. jul./set. 2003.

VILLARDI, B.Q.; LEITÃO, S.P. Organização de aprendizagem e mudança organizacional. **RAP**, v. 34, n. 3, maio/jun. 2000.

VRIES, K. de; BALAZS, K. Transforming the mind-set of the organization – A clinical perspective. **Administration & Society**, v. 30, n. 6, , pp. 640-675. January 1999.

Website:

http://www.edc-online.org/ [acesso em: set. 2011].

Capítulo 2

Gestão por Competências

Patricia Itala Ferreira

Contextualização

O conceito de competência, e como implementar a gestão por competências, tem sido um dos temas mais discutidos tanto no ambiente acadêmico como no empresarial. O "apagão de mão de obra" é discurso comum em congressos, seminários, na mídia e em nossos próprios locais de atuação. Quem não tem ou teve uma vaga em aberto e não conseguiu preenchê-la (ou demorou muito tempo para fazê-lo) por falta de profissionais com perfil adequado? Esse cenário pode ser encontrado em empresas de diferentes portes e segmentos e em inúmeras localidades. Uma situação assim já aconteceu com você?

Frente a esse cenário, os departamentos de gestão de pessoas estão tendo que mudar, ampliar o foco de sua atuação. Além de mapear, contratar, reter e remunerar talentos, faz-se também necessário identificar, desenvolver e analisar ações educacionais (ou ações de treinamento e desenvolvimento) adequadas às necessidades dos cargos, focando a estratégia da organização ("O que a empresa faz?", "Qual seu objetivo?", "Para onde a empresa quer ir?"). No passado, as ações educacionais eram voltadas, quase que exclusivamente, às necessidades individuais dos cargos. Atualmente, contudo, as ações tendem a estar cada vez mais vinculadas à estratégia da organização. A figura a seguir apresenta essa transição.

Necessidade de treinamento *versus* estratégia da organização

Não é de hoje que ouvimos falar que, na era do conhecimento, as pessoas são o bem mais valioso. Identificar e gerir bem os talentos, organizar e disseminar o conhecimento, identificar, desenvolver e gerenciar as competências críticas são ações-chave para potencializar o capital intelectual da empresa. Para alcançar esse objetivo, deve-se, entre outras medidas, instalar uma mentalidade de aprendizagem contínua na organização, promovendo processos de aprendizagem eficazes.

Estudo de caso

> Verônica acabou de ser contratada para coordenar a área de Gestão de Pessoas de uma empresa de prestação de serviços que manifestou seu interesse na implantação da gestão por competências.
>
> Apesar de já ter ouvido falar sobre o assunto, Verônica nunca havia trabalhado com o conceito de competências, e algumas questões que logo apareceram foram: "O que é competência?", "Para que serve?", "É possível desenvolvê-la ou é algo inato?", "Que tipos de competência existem?", "Como identificar as competências?", "Como atuar em Gestão de Pessoas utilizando o conceito de competência?", "Por onde começar?".

A seguir, vamos apresentar algumas informações e exemplos que talvez ajudem Verônica nesse desafio.

Conceitos para entender a prática

O que é competência?

Competência é a capacidade de mobilizar um conjunto de recursos cognitivos (saberes, capacidades, informações etc.) para solucionar adequadamente uma série de problemas. Reflete os conhecimentos, as habilidades e as atitudes que precisam ser colocados em prática para se atingir um determinado objetivo.

Como exemplos, podemos citar:
- Orientar-se em uma cidade desconhecida: mobiliza as habilidades de ler um mapa, a atitude de pedir informações ou conselhos e os conhecimentos de escala, referências geográficas etc.
- Dirigir veículo: mobiliza as habilidades de manuseio de freio, embreagem, volante e espelhos, além dos conhecimentos sobre legislação de trânsito e a atitude de pegar o carro para dirigir.

Em ambos os exemplos, são fundamentais tanto os conhecimentos quanto as habilidades e as atitudes que são postas em ação para o atingimento de uma determinada meta ou objetivo. Sempre que falamos em competência, devemos lembrar:

O que é competência?

Tentando entender um pouco melhor o conceito de competência, voltemos ao exemplo sobre direção de veículo:

Para refletir e debater
Imagine um casal passeando de carro em uma cidade desconhecida. O marido está ao volante. Por estarem muito acostumados a esse tipo de aventura, conseguem interpretar os mapas das estradas perfeitamente, sabem acompanhar referências geográficas, porém não conseguem chegar a seu destino. Como podemos verificar, eles possuem o conhecimento e a habilidade necessários para atingir o objetivo desejado, mas não conseguem e estão perdidos. Por quê?

Talvez porque lhes falte um componente muito importante da competência, que é a atitude de parar e pedir informações, orientações sobre como chegar ao destino.

Uma competência não é apenas um saber, um conhecimento, nem é apenas uma habilidade, um saber fazer; nem apenas uma atitude, uma vontade de querer fazer. Uma competência é um somatório do conhecimento, da habilidade e da atitude, e considera a agregação de valor e a entrega que o profissional faz para a empresa. É o famoso CHA (Conhecimento, Habilidade e Atitude). Ficou claro o conceito? Vamos explicá-lo de outra forma.

Segundo autores como Bloom *et al*. (1979) e Davis & Botkin (1994), o conhecimento refere-se a informações que são reconhecidas e integradas pela pessoa em sua memória, causando impacto sobre julgamentos ou comportamentos. É a "bagagem" que a pessoa acumulou ao longo da vida, lembranças de conceitos, ideias ou situações. Já a habilidade é a aplicação do conhecimento, a capacidade da pessoa de acionar conhecimentos armazenados na memória e utilizá-los em uma ação; podem ser classificadas de várias formas, como intelectuais, quando abrangem processos mentais (organização e reorganização de informações), ou motoras ou manipulativas, quando exigem, fundamentalmente, uma coordenação neuromuscular. A atitude, por sua vez, refere-se a aspectos sociais e afetivos; são sentimentos ou predisposições que orientam a conduta em relação aos outros, a situações e a trabalhos.

Qual o valor de uma competência?
Outro ponto muito discutido é como mensurar o valor de uma competência. King, Fowler e Zeithaml (2002) sugerem quatro aspectos que podem auxiliar a determinar o valor de uma competência como fonte de vantagem competitiva sustentável: o caráter tácito, a robustez, a fixação e o consenso. Ao analisar esses aspectos, é possível obter uma visão da força das competências existentes na empresa e identificar os principais pontos de vulnerabilidade.

Como determinar o valor de uma competência como frente de vantagem competitiva sustentável? Veja a seguir:
> Carater tácito;
> Robustez;
> Fixação;
> Consenso.

Vamos entender cada um desses itens.
O caráter tácito reflete até que ponto uma competência se refere a um conhecimento que resiste à codificação e à divulgação. As competências se encontram em algum ponto entre o explícito e o tácito. Mas o que isso quer dizer? As competências explícitas podem ser divididas em partes ou codificadas e podem ser divulgadas verbalmente ou na forma escrita. As competências tácitas baseiam-se em conhecimentos mais intuitivos, de mais difícil transmissão, e são importantes para a vantagem competitiva porque são específicas em relação ao contexto, sendo mais difíceis de ser imitadas pelos concorrentes. As competências explícitas, por outro lado, podem ser reproduzidas com facilidade, inclusive em outros ambientes, e apresentam pouca ou nenhuma vantagem competitiva. Entender os conceitos de conhecimento tático e explícito pode ajudar a melhor compreender o assunto.

Vale saber
Conhecimento tácito: advém da experiência. É físico, subjetivo, pessoal e complexo; origina-se da experiência e tem uma dimensão contextual. Costuma ser desenvolvido e interiorizado ao longo de muito tempo de aprendizado.

> **Conhecimento explícito:** formal e sistemático, expresso por números e palavras, facilmente comunicado e compartilhado em dados, informações e modelos. É facilmente registrado, armazenado e transmitido em textos, livros e apostilas.

A robustez é o quão suscetível a competência é às mudanças no ambiente. Competências robustas possuem mais chances de manter seu valor diante de mudanças no ambiente externo, enquanto competências vulneráveis tendem à desvalorização em situações tais como mudanças tecnológicas, econômicas e políticas. A robustez aumenta o valor das competências, conferindo-lhes maior durabilidade, e contribuem para tornar sustentável a vantagem competitiva de uma empresa.

Leonard-Barton (1992) considera que a fixação de uma competência compreende a possibilidade de sua transferência para outra empresa. As competências podem estar associadas ao conhecimento e às habilidades de funcionários-chave, aos sistemas gerenciais (programas de incentivo e estruturas de premiação), aos sistemas físicos (bancos de dados, equipamentos e *softwares*) ou à missão, à cultura e a valores da empresa, que promovem e incentivam certos tipos de conhecimento.

Devido à mobilidade dos empregados, as competências ligadas ao seu conhecimento e às suas habilidades são as mais móveis, podendo, inclusive, desaparecer com o desligamento desses empregados. Já as competências vinculadas à missão, à cultura e aos valores empresariais são mais fixas. É importante que as competências vinculadas aos funcionários sejam registradas, codificadas e disseminadas.

As competências dos funcionários ou as localizadas nos sistemas físicos são de mais fácil cópia em relação às localizadas nos sistemas gerenciais ou na cultura organizacional, porém é importante que a empresa tenha formas de registrar e disseminar tanto os conhecimentos explícitos como os tácitos. Uma vez que o aprendizado ocorre pela combinação e transformação dos conhecimentos tácitos e explícitos, por meio de socialização, externalização, combinação e internalização, a empresa deve identificar as competências críticas e investir em seu registro e disseminação.

> **Para refletir e debater**
>
> Na empresa em que atua, ou em que familiares e amigos atuam, existe essa preocupação com a socialização, externalização, combinação e internalização dos conhecimentos? Existem conhecimentos críticos ao negócio que precisam de uma atenção especial? Muitas empresas já identificaram conhecimentos críticos e dão, cada vez mais, atenção à gestão do conhecimento organizacional. Vale a pena pesquisar esse assunto que ganha cada vez mais importância no cenário corporativo.

O consenso reflete o entendimento compartilhado ou as percepções comuns dentro de um grupo, ou seja, é quando existe um compartilhamento de opinião sobre a vantagem competitiva da empresa no que diz respeito ao conhecimento e às qualificações relevantes.

É possível encontrar várias tipologias e possibilidades de classificação das competências, como, por exemplo, humanas ou profissionais (aquelas relacionadas a indivíduos ou pequenas equipes de trabalho) e organizacionais (aquelas inerentes à organização como um todo ou a uma de suas unidades produtivas). São as competências humanas, aliadas a outros recursos e processos, que irão dar origem e sustentação às competências organizacionais, de acordo com Brandão & Guimarães (2001).

A natureza do papel ocupacional desempenhado pelas pessoas (ou do cargo por elas ocupado) permite outro tipo de classificação das competências humanas, como técnicas e gerenciais, segundo Cockerrill (1994). Em razão de sua singularidade, as competências organizacionais podem ser classificadas como básicas (representam atributos necessários ao funcionamento da organização, mas não distintivos em relação à concorrência) e essenciais (diferenciam a organização das demais, relacionadas à vantagem competitiva), conforme sugere Nisembaum (2000). Quanto à relevância ao longo do tempo, conforme proposto por Sparrow & Bognanno (1993), as competências podem ser classificadas como emergentes (o grau de importância tende a crescer no futuro), declinantes (o grau de importância tende a diminuir no futuro), estáveis (permanecem relevantes ao longo do tempo) e transitórias (são importantes em momentos críticos).

Para fins desse artigo, consideraremos a seguinte tipologia: competências organizacionais (essenciais e básicas) e humanas (técnicas e comportamentais). Vamos entender melhor esses conceitos?

Competências organizacionais: básicas e essenciais

As competências organizacionais requerem aprendizagem coletiva, envolvimento e comprometimento das áreas estratégicas do negócio. Afinal de contas, quando dizemos que uma organização "aprende", queremos dizer que os profissionais que nela atuam são capazes de aprender, desenvolvendo e colocando em prática novas competências. As competências organizacionais podem ser classificadas em básicas e essenciais.

As competências básicas representam as condições necessárias, mas não suficientes, para que uma empresa possa alcançar liderança e diferenciação no mercado. São importantes, mas não representam um diferencial competitivo. Se todos os concorrentes de uma empresa apresentam excelência em seus serviços, esta competência é básica para essa empresa, ou seja, ela precisa possuí-la, mas apenas a iguala à concorrência. As competências básicas variam de acordo com o setor de atuação e se constituem em pré-requisitos para a atuação em um determinado segmento do mercado.

Uma competência pode ser considerada essencial quando tem valor percebido pelos clientes, aumenta a capacidade de expansão e contribui para a diferenciação em relação à concorrência.

> **Vale saber**
> Qual a diferença então entre as competências básicas e as essenciais? Enquanto as primeiras representam as condições mínimas necessárias para a existência da empresa, as últimas representam os diferenciais competitivos em relação à concorrência.

Além das competências organizacionais, existem outras, ligadas ao quadro funcional. Vamos conhecer um pouco mais sobre esse assunto.

Competências humanas: técnicas e comportamentais

Apesar de haver uma diferenciação entre competências organizacionais e as humanas ou individuais, é importante ressaltar que estas estão inter-relacionadas, pois são as competências humanas que darão sustentação às competências da organização.

Muitas são as definições de competência humana, ou individual. De uma forma geral, podemos dizer que representa uma característica fundamental de um indivíduo, diretamente relacionada a um critério de eficácia ou *performance* superior num trabalho ou situação.

Devem levar em conta as mudanças nos locais de trabalho e as necessidades da empresa. Devem, ainda, incluir a capacidade de aplicar habilidades, conhecimentos e comportamentos a novas situações e a mudanças na organização do trabalho, em vez de refletir apenas as tarefas desempenhadas no momento atual, ou seja, o cargo ocupado pelo profissional.

As competências humanas devem ser específicas para cada empresa, área, processo ou cargo. O processo de aquisição e desenvolvimento das competências individuais deve ser compreendido como um processo de aprendizagem, que evolui visando ao alcance de um melhor desempenho, com base em objetivos pessoais e/ou organizacionais assumidos de forma compromissada.

Para que um profissional desempenhe suas atividades da melhor forma possível, precisa possuir uma série de competências, tanto técnicas como comportamentais.

As competências humanas são descritas por alguns autores, como Santos (2001) e Whiddett & Hollyforde (1999), considerando referenciais de desempenho, ou seja, o profissional demonstra deter uma dada competência por meio da adoção de certos comportamentos passíveis de observação no trabalho. Veja o exemplo da competência Orientação para resultado.

> Orientação para resultado:
- elabora planejamento e acompanha indicadores de desempenho para os projetos;
- acompanha e propõe alternativas para controle de custos do projeto.

Outros autores (BRANDÃO *et al.*, 2001; BRUNO FARIA & BRANDÃO, 2003) descrevem os conhecimentos, as habilidades e atitudes necessários para que a pessoa apresente esse determinado desempenho no trabalho. Retomando o exemplo Orientação para Resultado, teremos:

- Orientação para resultado:
  - conhecimentos: matemática financeira, controle de custos e gestão de projetos;
  - habilidades: utilização de *softwares* de gestão de projetos e planilhas eletrônicas;
  - atitudes: liderança, atenção concentrada, iniciativa.

Na dependência do uso que se pretende dar à descrição da competência, pode-se adotar um ou outro critério. Quando utilizadas em instrumentos de avaliação de desempenho, por exemplo, as competências costumam ser descritas como comportamentos passíveis de observação. Quando o objetivo é identificar e desenvolver ações de treinamento, faz-se necessário identificar os conhecimentos, as habilidades e as atitudes necessárias à manifestação de determinados tipos de desempenho.

Até o momento temos abordado competências humanas ou individuais. Mas o que seria uma competência técnica? Uma competência técnica reflete aquilo que a pessoa deve ser capaz de fazer no exercício de sua função, considerando sua área de atuação. Exemplificando:

- Um médico tem que ser capaz de diagnosticar adequadamente seus pacientes.
- Um piloto de corrida tem que ser capaz de conduzir seu carro com segurança e velocidade.
- Um digitador tem que ser capaz de digitar o que lhe foi solicitado com rapidez e sem erros.

Vamos praticar?

Liste as competências técnicas que você precisa desenvolver em sua área de atuação.

Competências técnicas

Além das competências técnicas, é necessário ainda que os profissionais possuam competências comportamentais para serem capazes de desempenhar adequadamente suas atividades. Competências comportamentais, como o próprio nome diz, estão relacionadas ao comportamento dos profissionais, ou seja, a sua conduta.

Vamos praticar?

Complete o quadro abaixo citando uma competência comportamental necessária aos médicos, pilotos de corrida e digitadores.

Profissão	Competência técnica	Competência comportamental
Médico	Diagnóstico de pacientes	
Piloto de corrida	Condução de veículo em alta velocidade	
Digitador	Digitação de dados	

Algumas das respostas possíveis seriam:
> **Médico:** iniciativa, proatividade, organização.
> **Piloto de corrida:** assertividade, ousadia, dinamismo.
> **Digitador:** atenção concentrada, organização, discrição.

Gestão por competências

O mapeamento e o desenvolvimento de competências, organizacionais ou humanas, devem ser direcionados pelas aspirações estratégicas da empresa, ou seja, aonde ela quer chegar. Devem responder a seguinte pergunta: quais são os conhecimentos, as habilidades e as atitudes que a empresa precisa ter, desenvolver, avaliar e reforçar para competir no mercado em que atua ou pretende atuar?

Além de auxiliar a empresa no processo de crescimento futuro, as competências também precisam ser identificadas e desenvolvidas a fim de suprir algum eventual *gap* que exista em termos de atingimento dos objetivos de curto prazo.

O desenvolvimento de competências associado à estratégia da empresa ultrapassa o curto e o médio prazo e abrange o futuro que a empresa quer construir. Quando abordamos competências sob esse ponto de vista, estamos falando sobre o processo de Gestão por Competências, que deve perpassar todos os subsistemas de gestão de pessoas.

A gestão por competências propõe-se a alinhar esforços para que as competências humanas possam gerar e sustentar as competências organizacionais necessárias à consecução dos objetivos estratégicos da organização (dimensão de curto, médio e longo prazos).

Muitas empresas têm adotado a gestão por competências como modelo de gestão, visando orientar seus esforços para planejar, captar, desenvolver a avaliar as competências necessárias à consecução de seus objetivos.

O ponto de partida deve ser a formulação da estratégia organizacional, a definição de sua missão, visão e objetivos. Em seguida, parte-se para a identificação das competências organizacionais necessárias à consecução dos objetivos estabelecidos. São também definidos indicadores de desempenho, medidas da eficiência ou da eficácia das ações que devem ser postas em prática a fim de concretizar a visão de futuro.

É também necessário realizar um diagnóstico das competências humanas, identificar o *gap* entre as competências necessárias à consecução dos objetivos estratégicos e as disponíveis na organização. Com base no resultado do diagnóstico são tomadas decisões de investimento no desenvolvimento e/ou na captação de competências. Ações de captação consistem na identificação e aquisição e integração de competências de fora da empresa tanto em nível individual (recrutamento e seleção de pessoas, por exemplo) como organizacional (*joint-ventures* ou alianças estratégicas, por exemplo). Ações de desenvolvimento ou de treinamento visam ao aprimoramento das competências já disponíveis na organização, tanto em nível individual (treinamento) como em nível organizacional (investimentos em pesquisa e desenvolvimento).

Depois da realização e utilização do diagnóstico para a tomada de decisão, podem ser formulados planos operacionais e de gestão e os respectivos indicadores de desempenho e de remuneração. A fim de controlar o processo, é necessário haver um acompanhamento e uma avaliação que possibilite comparar os resultados alcançados com os esperados (previsto *versus* realizado). A figura a seguir resume esse processo.

Estratégia empresarial e gestão por competências

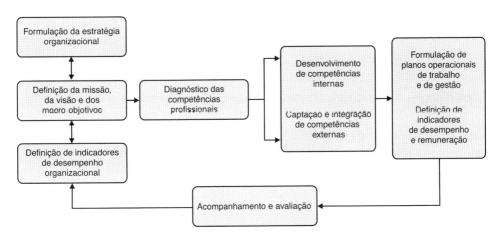

Fonte: Adaptado de Guimarães *et al.* (2001, p.4).

O processo de mapeamento de competências

Até o momento temos abordado e enfatizado a importância das competências. Algumas perguntas que você pode estar fazendo são: "Como podemos mapeá-las?", "Como as competências podem ser identificadas?" Nessa seção vamos apresentar algumas possibilidades de ação nesse sentido.

Na literatura, podemos destacar três abordagens para a identificação de competências humanas: a voltada para a análise das tarefas, a do incidente crítico e a situacional.

Na abordagem voltada para a análise de tarefas, as competências são relacionadas com as tarefas e atividades de cada cargo. Essa abordagem baseia-se no conceito de descrição de cargo. O trabalho é dividido, fragmentado em pequenas partes, como numa linha de montagem. Está relacionada às tarefas mais mecânicas e repetitivas em um ambiente normalmente estável e sem grandes mudanças.

A abordagem do incidente crítico consiste na identificação de características pessoais críticas, comportamentos e qualificações, que distinguem um profissional de alta *performance* de um outro com desempenho apenas mediano. As competências são identificadas por meio da análise de um profissional com alto potencial. A partir dessa análise são identificadas as competências necessárias para o desenvolvimento de uma determinada função. A principal desvantagem nesta metodologia é a criação de um modelo estático e com foco em um desempenho passado.

A abordagem situacional consiste na identificação dos resultados esperados que servem de base para o mapeamento de competências. Este trabalho de identificação pode ser feito por consultores externos, porém é fundamental a participação de especialistas da própria organização. Possui como base o modelo flexível de trabalho e leva em consideração as características do ambiente econômico e empresarial, o desenho e os resultados do trabalho e as competências necessárias a um desempenho extraordinário.

Vamos agora detalhar um exemplo prático de como o processo de mapeamento de competências técnicas pode ocorrer, tendo como base o trabalho que temos realizado em empresas de diversos segmentos e portes. O exemplo que apresentaremos é de mapeamento de competências por processo, porém, também é comum que o mapeamento ocorra considerando a estrutura organizacional da empresa e seus cargos e funções.

Mapeamento de competências técnicas: exemplo

É comum que o mapeamento de competências seja realizado por consultores externos à organização, em parceria com os profissionais da empresa. Durante um período determinado, os consultores fazem uma imersão na empresa e estudam documentos e aspectos da cultura organizacional. Podem ainda ser realizadas entrevistas com profissionais de diversas áreas da empresa. O material coletado é então analisado e consolidado e utilizado para então se construir o Mapa de Competências da organização. Muitos são os nomes que esse trabalho recebe: Mapa de Desenvolvimento, Matrizes de Capacitação e Trilhas de Desenvolvimento são alguns dos mais recorrentes.

Para mapear competências, é necessário um planejamento bem organizado, composto de etapas predefinidas. A seguir, apresentamos uma sugestão de etapas para mapeamento de competências técnicas em uma organização que optou por organizá-las por processo e não por cargo, tendo como base nossa experiência de cinco anos realizando projetos dessa natureza. A opção de realizar o mapeamento por cargo ou função, considerando a área em que o cargo está posicionado no organograma da empresa, também é muito frequente.

Etapa 1 – Alinhamento

O primeiro passo necessário para mapear competências técnicas é um realizar estudo detalhado sobre a empresa, identificando: história, missão, visão e valores; organograma; negócio em que atua; cultura organizacional, entre outras.

Essas informações podem ser obtidas de diversas formas, como por exemplo: acesso ao *site* da empresa; análise de documentos internos e reuniões com profissionais da empresa.

Após a análise das informações inicialmente obtidas, a empresa é dividida em áreas de atuação.

> **Vale saber**
> Áreas de atuação: podem ser áreas de negócio ou áreas de apoio. Cada área reflete conhecimentos estratégicos importantes.
> Exemplos de áreas de atuação:
> - Recursos Humanos
> - Comercial
> - Comunicação
> - Produção

É muito difícil fazer com que os profissionais "saiam" de sua rotina do dia a dia. Isso só se torna possível a partir do momento em que eles se sensibilizam e compreendem a necessidade do trabalho que está sendo desenvolvido. Por isso, é aconselhável que haja uma ampla divulgação dos objetivos e resultados de um processo de mapeamento de competências. Várias são as formas pelas quais essa comunicação pode ser feita, como, por exemplo, por meio de palestras, *e-mails*, boletins e jornais internos, murais e qualquer tipo de mídia que atinja os profissionais da empresa. É importante que a empresa elabore um Plano de Comunicação para o projeto. Mas o que seria isso?

> **Vamos praticar?**
> Liste algumas perguntas que você acha que devem ser respondidas pelo Plano de Comunicação.
>
> | Plano de comunicação - perguntas |
> |---|
> | |
> | |
> | |
> | |

Algumas delas seguem abaixo:
- Como será feita a divulgação inicial do trabalho?
- Como os gestores serão abordados?
- Como será feita a convocação dos profissionais que colaborarão no mapeamento de competências?
- Como serão divulgados os resultados parciais?
- Como será divulgado o resultado final?
- Como será feito o lançamento do produto final do trabalho?
- Como será disponibilizado o catálogo de competências da empresa?
- Como os resultados e ganhos do trabalho serão comunicados à empresa?

O Plano de Comunicação deve considerar a necessidade de haver parceria com os gestores das áreas que serão mapeadas. É preciso conquistar patrocinadores em cada área de negócio, que incentivarão a colaboração dos demais profissionais e reforçarão a importância do projeto.

É importante que o trabalho inicie com um mapeamento preliminar dos processos daquela área, que pode ser feito com o patrocinador ou com qualquer profissional que tenha profundo conhecimento sobre aquela área de atuação.

> **Vale saber**
> Processos: conjunto sequencial de tarefas com o objetivo de atingir uma meta, um resultado concreto. Possuem entradas (*inputs*) que são processadas e saídas (*outputs*) e geram resultados para o negócio.

O mapeamento preliminar dos processos tem como objetivo fazer com que a indicação dos profissionais que irão compor o comitê técnico seja representativa para aquela área de atuação. O gestor deve ser orientado a escolher mais de um profissional de cada processo, para que diferentes visões possam ser consideradas. A participação dos profissionais no processo de construção se dá por meio de entrevistas individuais ou coletivas, fornecimento de materiais e validação de informações e registros.

> **Para refletir e debater**
> Será que o mapeamento de competências por processo é o mais indicado para a empresa em que atua? Ou seria melhor realizar um mapeamento por cargo ou por função? Não existe uma resposta certa, tudo depende das características de cada empresa e dos objetivos do trabalho de mapeamento.

Etapa 2 – Planejamento e realização das sessões de trabalho
As sessões de trabalho para levantamento de informações podem ser individuais (entrevistas) ou coletivas (sessões de trabalho ou comitês).

É aconselhável que sejam bem planejadas para evitar improvisos. O Quadro a seguir apresenta um exemplo de planejamento.

Atividade	Objetivo	Estratégia	Recursos	Duração	Avaliação
Apresentação dos participantes	Fazer com que todos se conheçam	Solicitar que todos se apresentem seguindo roteiro preestabelecido no *slide* projetado no telão	Apresentação em PowerPoint	30 min	Observar se todos se apresentaram
Exibição de vídeo	Estimular o debate sobre a importância do trabalho na empresa	Exibir o vídeo e, em seguida, dirigir o debate do grupo a partir de perguntas projetadas no *slide*	Vídeo Apresentação em PowerPoint	20 min	Verificar se todos participaram esgotando o assunto em questão

A boa condução de uma sessão de trabalho é vital para a obtenção das informações necessárias para o mapeamento das competências técnicas. Na sessão de trabalho, individual ou coletiva, são validados os processos, identificadas as competências e redigidas suas descrições.

É na sessão de trabalho que também são sugeridos os treinamentos para o desenvolvimento ou aperfeiçoamento de cada uma das competências mapeadas. Um treinamento pode desenvolver mais de uma competência.

O nome das competências, bem como a descrição de cada uma delas, deve seguir um padrão, a ser estabelecido de acordo com a realidade de cada empresa.

A competência técnica deve expressar uma ação concreta que represente comportamentos passíveis de observação no ambiente de trabalho. São exemplos de competências:

- Gestão de pessoas
- Elaboração de orçamento
- Gestão de projetos
- Operação de ponte rolante

Etapa 3 – Organização e validação do catálogo de competências e ações de treinamento

Nessa etapa devem ser consolidadas e organizadas as informações levantadas nas sessões de trabalho. As ações de treinamento sugeridas devem ser analisadas a fim de verificar sua pertinência e viabilidade; outras poderão ser acrescentadas ao catálogo.

Ao final da consolidação, o catálogo deve ser enviado para validação dos gestores.

Etapa 4 – Divulgação do catálogo de competências e ações

Após todo o trabalho de construção e validação, é importante que haja uma divulgação, a publicação do Catálogo de Competências e Ações de Treinamento. O catálogo deve ficar disponível para todos os profissionais da empresa, e isso pode ser realizado de formas distintas.

É muito importante que seja dada uma atenção especial aos profissionais de Gestão de Pessoas, que deverão entender o conteúdo do catálogo para que possam orientar os demais. Eles são, inclusive, os responsáveis por divulgar a publicação e esclarecer sobre sua importância.

O catálogo de competências e ações de treinamento é a base para a construção de itinerários de formação, que podem estar relacionados aos cargos ou aos processos de trabalho. O itinerário de formação apresenta as ações de treinamento que devem ser realizadas pelos profissionais para o desenvolvimento ou aperfeiçoamento de seu trabalho em determinada função ou área de atuação. A seguir é apresentado um exemplo de itinerário para um profissional de Recursos Humanos que precisa desenvolver a competência técnica Gestão de Pessoas.

O desenho do itinerário, as modalidades de treinamentos possíveis e suas respectivas cargas horárias devem estar em consonância com as políticas e práticas de gestão de pessoas de cada organização.

Exemplo de intinerário de formação para o desenvolvimento da competência Gestão de Pessoas

Um catálogo construído com seriedade e comprometimento é a base para profissionais bem formados e capacitados para o exercício de suas atividades de forma competente e eficaz. Ele pode ser utilizado como base para uma série de atividades de gestão de pessoas, como por exemplo recrutamento e seleção, treinamento e desenvolvimento, cargos e salários, avaliação de desempenho e carreira e sucessão.

Gestão de pessoas por competências

É importante, em um processo de gestão por competências, que todos os subsistemas e atividades de gestão de pessoas sejam estruturados em torno da aplicação do conceito de competência. Vamos detalhar um pouco como isso pode ser feito considerando seleção, avaliação de desempenho, remuneração e educação corporativa.

Seleção

A seleção por competências é cada vez mais usual, apesar de não haver um consenso conceitual e prático sobre o assunto.

Para que a seleção por competências possa acontecer, é fundamental que a empresa já tenha mapeado suas competências organizacionais e aquelas que constituem os perfis de cargo ou função ou dos processos de trabalho. Estas últimas podem ser subdivididas em técnicas (normalmente relacionadas a conhecimentos e habilidades) e comportamentais (relacionadas às atitudes necessárias para o ocupante do cargo).

Para identificar e mensurar as competências necessárias para determinada oportunidade em aberto, segundo Rabaglio (2008), a fonte principal deve ser a descrição do cargo.

As competências técnicas (conhecimentos e habilidades demandados pelo cargo) são aquelas normalmente já trabalhadas nos processos seletivos, por isso detalharemos aqui a seleção por competências comportamentais e a entrevista comportamental.

A entrevista comportamental com foco em competências é uma técnica para identificar, no perfil dos candidatos, comportamentos específicos que são pré-requisitos para ocupar de forma adequada a vaga em aberto.

As perguntas comportamentais devem ser abertas, específicas, situacionais e relacionadas a fatos passados (exemplos: "Relate algum fato que..."; "Conte alguma situação em que você tenha..."; "Dê um exemplo de uma situação em que..."). O objetivo deste tipo de pergunta é viabilizar respostas com um SAC completo (Situação, Ação e Consequências).

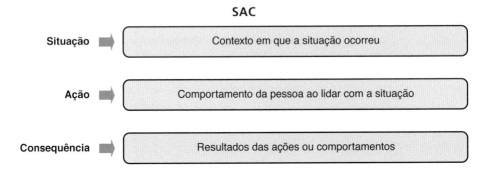

Fonte: Rabaglio, 2008.

É possível encontrar autores, como Leme (2007), que fazem referência a outra sigla: CAR (Contexto, Ação e Resultado) em vez de SAC, atribuindo, contudo, o mesmo sentido.

Vamos verificar um exemplo de pergunta comportamental que pode ser formulada e a resposta do candidato, a fim de identificar a presença ou não da competência Orientação para Resultados. A pergunta é: "Como você fez para cumprir as atividades planejadas para atingir um determinado objetivo fora de sua rotina normal de trabalho?"

A resposta do candidato, que concorre a uma vaga de Analista de Recrutamento e Seleção, segue na figura da página seguinte.

É importante que as perguntas comportamentais obtenham SACs relacionados às competências relevantes para a vaga em aberto. Nas respostas, deve-se verificar se os verbos relacionados à ação estão na primeira pessoa do singular (eu). Caso contrário, é necessário investigar a real participação da pessoa na ação relatada.

Um dos pontos fundamentais da entrevista comportamental é a mensuração das respostas. Caso o entrevistador perceba que a resposta do candidato apresentou a quantidade mínima do comportamento investigado, atribuirá o grau 1 a sua resposta; caso perceba a quantidade máxima, o grau 4 deverá ser atribuído; para posições medianas, tendendo para menos, o grau 2, e, caso tenda para mais, o grau mais adequado para a resposta do candidato é o 3.

Resposta do Candidato

Situação

A empresa duplicou a quantidade de vagas de mecânico, passou de 20 para 40 vagas, com um curto período de tempo para preenchimento.

Ação

Recorri a todas as fontes de recrutamento que conhecia: amigos, lista de vagas, parceria com instituições de ensino, *sites* de divulgação e utilização do mural da empresa.

Consequência

Conseguimos preencher 30 das 40 vagas em aberto.

Este mesmo procedimento de atribuição de graus às respostas dos candidatos deve se repetir para cada pergunta formulada, pois todas as respostas devem ser mensuradas.

Considerando que foram feitas a um determinado candidato quatro perguntas relacionadas às competências do grupo Orientação para Resultados e o candidato tirou 1, 2, 3 e 4, sua nota final será 2,5 (1+2+3+4)/4.

Supondo, ainda, que o grau requerido para este tipo de competência para o cargo em questão é 4, concluímos que o candidato apresenta deficiências (*gaps*) comportamentais que podem interferir no desempenho do cargo. No caso, talvez ele não seja a melhor pessoa para ocupar a vaga em aberto.

Avaliação de desempenho

Ao utilizarmos o conceito de gestão por competência, verificamos que a própria avaliação de desempenho deve ser feita tendo como base as competências necessárias para o atingimento dos objetivos organizacionais. Além do desempenho atual, o foco passa a ser também o desempenho futuro, o potencial que a pessoa terá que desenvolver.

Para identificar a lacuna de competências, alguns autores como Brandão & Guimarães (2001) defendem a utilização de avaliações de desempenho, pois, uma vez que o desempenho é a aplicação das competências no trabalho, a deficiência no desempenho representa uma lacuna de competências. Outros autores sugerem a utilização de instrumentos de avaliação por meio dos quais empregados e superiores hierárquicos manifestam sua percepção sobre o grau de domínio que os primeiros possuem em relação a determinadas competências, indicando, assim, suas prioridades de desenvolvimento profissional.

É cada vez mais comum ouvirmos falar sobre certificação de competências. Trata-se de um processo de avaliação de competências humanas por meio do qual as organizações buscam reconhecer e atestar até que ponto pessoas ou equipes de trabalho possuem determinadas competências. É feita uma comparação entre o trabalho realizado pelas pessoas e padrões de desempenho previamente definidos (BRANDÃO e GUIMARÃES, 2001). Apesar de haver a atuação de entidades certificadoras, a maioria das organizações adota sistemas próprios para certificar as competências de seus funcionários, utilizando, geralmente, instrumentos de avaliação do desempenho ou de avaliação de aprendizagem.

Além das avaliações já conhecidas para a avaliação do desempenho profissional – por exemplo, o *balanced scorecard*, a avaliação por metas ou objetivos e a avaliação 360° – pode-se avaliar as competências humanas por meio da utilização de instrumentos de autoavaliação, nos quais o próprio profissional indica o nível de importância das competências para a ocupação de seu papel profissional, assim como o grau em que ele domina ou expressa tais competências.

Essas avaliações são realizadas com o objetivo de minimizar lacunas de competências, orientando e estimulando os profissionais a eliminar as discrepâncias entre o que eles são capazes de fazer (competências atuais) e o que a organização espera que eles façam (competências desejadas).

A área de gestão de pessoas possui papel fundamental nesse processo, na medida em que seus diversos subsistemas (identificação e alocação de talentos, avaliação de desempenho, remuneração e benefícios, entre outros) podem promover ou induzir o desenvolvimento profissional e, por conseguinte, a eliminação de *gaps* ou lacunas de competências.

A partir da estratégia organizacional, a área de gestão de pessoas deve orientar suas políticas, planos táticos e ações, integrando todos os seus subsistemas em torno da aquisição das competências necessárias à consecução dos objetivos organizacionais.

Remuneração

Quando falamos em remuneração, devemos entender tudo aquilo que recebemos da empresa por nosso trabalho. A remuneração pode ser direta ou indireta: salário fixo, bônus, premiações, participação nos lucros e resultados, previdência privada e benefícios em geral.

A gestão da remuneração sempre foi considerada aspecto crítico para as organizações. Embora todas tenham como objetivo reconhecer a contribuição dada pelas pessoas, a dificuldade se encontra justamente em estabelecer uma medida capaz de "capturar" esse valor agregado de uma forma "justa". Nos sistemas usuais, é o conjunto de atividades (compreendidas em um cargo) que normalmente serve de base para a definição da remuneração.

No novo cenário empresarial, contudo, não se espera dos profissionais apenas a reprodução de atividades prescritas em seu cargo. Pelo contrário, deseja-se que extrapolem esses limites, assumindo proativamente atribuições e dando respostas a problemas não especificados anteriormente. O desafio, então, passa a ser encontrar modelos alternativos de gestão que considerem a crescente transformação do mundo e essa nova dinâmica de atuação dos profissionais.

As formas de recompensa que surgem devem, portanto, ser capazes de reconhecer as diferenças individuais e os diversos ritmos que os profissionais têm em assumir responsabilidades, uma vez que estes aspectos acabam por traduzir diferentes contribuições para com a organização. Devem ser buscados critérios flexíveis que acompanhem as mudanças que ocorrem tanto na empresa como no mercado.

A revisão da remuneração vem apontando cada vez mais para uma diminuição do salário fixo (estabelecido de acordo com cada cargo) e um aumento da parcela variável como forma de reconhecer a contribuição individual. A remuneração por competências é uma alternativa que vem ganhando destaque desde a década de 1970.

Aqueles que defendem a remuneração por competências reforçam sua capacidade de estimular o contínuo desenvolvimento das pessoas e atribuem a esse desenvolvimento papel fundamental na capacidade competitiva das empresas.

Percebe-se uma evolução do conceito de competências, que deixa de ser visto apenas como o acúmulo de conhecimentos, habilidades ou atitudes individuais, passando a representar também a "entrega", a "contribuição" resultante da mobilização desse conjunto de conhecimentos, habilidades e atitudes. Esta mudança traz importantes implicações na medida em que aproxima as competências do principal elemento que se quer reconhecer com a prática de recompensas: a contribuição dos profissionais.

Aprendizagem

Tanto as competências individuais como as organizacionais precisam ser identificadas e desenvolvidas, o que significa um processo de aprendizagem organizacional. Estas ações de aprendizagem devem ser integradas em um processo de educação corporativa mais amplo.

A educação corporativa deve ter como objetivo orientar e direcionar todas as ações educacionais, respondendo às demandas de curto, médio e longo prazos. Os modelos de desenvolvimento das empresas normalmente focam apenas o desempenho passado, porém é muito importante também considerar o futuro e a real contribuição de cada pessoa aos resultados.

Cada vez mais, podemos observar os departamentos de treinamento, que possuíam ações muitas vezes isoladas e não orientadas à realização da estratégia da empresa, sendo substituídos pelas universidades corporativas, com o objetivo de estabelecer um processo de educação continuada em resposta às necessidades estratégicas da empresa.

O mapeamento de competência é o primeiro passo para a construção de um catálogo de ações de treinamento que registre o portfólio de ofertas de uma universidade corporativa, bem como os itinerários de formação para cada processo, cargo ou área de atuação. Esses catálogos podem ser utilizados tanto para formar profissionais, ou seja, como um currículo a ser realizado por qualquer profissional novo que ingresse na empresa em determinado cargo ou processo, como para ajudar profissionais a suprir eventuais *gaps* de desempenho, considerando as entregas dele esperadas pela organização.

Vamos praticar?

Voltemos à Verônica e ao enorme desafio que ela tem pela frente. Depois de todas as informações que acumulou, é hora de colocar em prática a teoria e elaborar um plano de ação. Vamos ajudá-la nessa tarefa? Liste 10 pontos que devem constar no plano de ação de Verônica, considerando sua meta de implantar um sistema de gestão por competência na empresa em que atua.

Plano de ação

Considerações finais

Muito se tem ouvido e lido sobre competências e gestão por competências. Apesar de muita teoria, a prática sobre o assunto ainda não é uniforme. Longe de tentar esgotar tão rico e controverso tema, o objetivo desse trabalho foi contribuir com a discussão sobre o tema e apresentar como temos tratado, empiricamente, o processo de mapeamento de competências técnicas ao longo de cinco anos de trabalho em empresas altamente especializadas que não encontram profissionais "prontos" no mercado de trabalho.

Ao longo de nossa atuação consultiva, temos percebido iniciativas no sentido da implantação da gestão por competências, porém, na maior parte das vezes, é possível encontrar apenas algumas atividades orientadas pelo conceito de competências, sendo as demais ainda executadas da forma tradicional, sem foco no resultado ou no que é crítico para a empresa.

Muito já se evolui, se considerarmos a origem da área de Gestão de Pessoas, primeiro como um Departamento de Relações Industriais, passando para um Departamento de Pessoal, evoluindo para áreas de Recursos Humanos e depois para setores de Gestão de Pessoas. Quem sabe, daqui a algum tempo, não encontraremos também outras nomenclaturas, tais como departamentos de Gestão por Competências, Universidades Corporativas e Áreas de Gestão do Conhecimento? Mais do que um jogo de palavras, essas alterações demonstram como o ser humano vem sendo tratado e considerado pelas organizações ao longo do tempo.

Resumo executivo

> - Competência: é composta por conhecimentos, habilidades e atitudes. Considera a entrega que o indivíduo aporta para a organização.
> - Existem várias tipologias para classificação das competências:
>   - competências organizacionais = básicas + essenciais
>   - competências humanas = técnicas + comportamentais
> - O valor da competência enquanto vantagem competitiva pode ser determinado considerando seu caráter tácito, sua robustez, sua fixação e o consenso sobre sua importância.
> - A gestão por competências propõe-se a alinhar esforços para que as competências humanas possam gerar e sustentar as competências organizacionais necessárias à consecução dos objetivos estratégicos da organização.
> - Etapas de um processo de mapeamento de competências técnicas: alinhamento, planejamento e realização da sessão de trabalho, organização e validação do catálogo e divulgação.
> - Seleção por competências: devem ser realizadas perguntas que viabilizem respostas com um SAC completo (Situação, Ação e Consequências).
> - Avaliação de desempenho e remuneração por competências: devem considerar a entrega realizada pelo empregado *versus* aquela esperada pela organização. Eventuais *gaps* de desempenho podem ser resolvidos por meio do desenvolvimento das competências críticas.

Teste seu conhecimento

> - O que é uma competência?
> - O que você acha de o processo de desenvolvimento dos profissionais ser orientado por competências? Na empresa em que atua (ou seus amigos e familiares), como o processo de desenvolvimento de profissionais ocorre?
> - Em que a seleção por competências difere de outras formas de seleção?
> - O que você acha de os profissionais serem remunerados por suas competências?
> - A legislação trabalhista em vigor pode ser considerada uma barreira para a adoção da remuneração por competências? Faça uma pesquisa sobre o assunto.

Bibliografia

BITENCOURT, C.C. A gestão de competências gerenciais e a contribuição da aprendizagem organizacional. **Revista de Administração de Empresas**, São Paulo, v. 44, n. 1, jan./mar. 2004.

BLOOM, B.S. *et al.* **Taxonomia de objetivos educacionais:** domínio cognitivo. Porto Alegre: Globo, 1979.

BRANDÃO, H.P.; GUIMARÃES, T.A. Gestão de competências e gestão de desempenho: tecnologias distintas ou instrumentos de um mesmo constructo? **Revista de Administração de Empresas**, São Paulo, v. 41, n. 1, p. 8-15, jan./mar. 2001.

_____; _____; BORGES ANDRADE, J.E. Competências profissionais relevantes à qualidade no atendimento bancário. **Revista de Administração Pública**, Rio de Janeiro, v. 35, n. 6, p. 61-68, nov./dez. 2001.

BRUNO-FARIA, M.F.; BRANDÃO, H.P. Competências relevantes a profissionais da área de T&D de uma organização pública do Distrito Federal. **Revista de Administração Contemporânea**, Curitiba, v. 7, n. 3, jul./set. 2003.

CARBONE, P.P.; BRANDÃO, H.P.; LEITE, J.B.D. & VILHENA, R.M.P. **Gestão por competências e gestão do conhecimento**. 2. ed. Rio de Janeiro: Editora FGV, 2006.

COCKERILL, T. The king of competence for rapid change. In: C. Mabey & P. Iles (Orgs.), **Managing learning** (p. 70-76), London: Routledge, 1994.

DAVIS, S.; BOTKIN, J. The coming of knowledge-based business. **Harvard Business Review**, Boston, p. 165-170, sept./oct. 1994.

DUTRA, J.S. *et al.* (Org.). **Competências:** conceitos, métodos e experiências. São Paulo: Atlas, 2008.

FERNANDES, B.H.R.; FLEURY, M.T.L. & MILLS, J. Construindo o diálogo entre competência, recursos e desempenho organizacional. **Revista de Administração de Empresas**, São Paulo, v. 46, n. 4, out./dez. 2006.

FERREIRA, J.C.; SAID, R.A. & SEABRA, T.C. **Gestão de competências** – Um estudo de caso. III SEGeT – Simpósio de Excelência em Gestão e Tecnologia. Disponível em: http://www.aedb.br/seget/artigos06/669_GESTAO%20DE%20COMPETENCIAS%20-%20DOM%20BOSCO.pdf. Acesso em: 01 jul. 2011.

FLANNERY, T.P. *et al.* **Pessoas, desempenho e salários:** as mudanças na forma de remuneração nas empresas. São Paulo: Futura, 1997.

FLEURY, A.; FLEURY, M.T.L. **Estratégias empresariais e formação de competências:** um quebra-cabeças caleidoscópico da indústria brasileira. São Paulo: Atlas, 2000.

FLEURY, M.T.L. (Org.). **As pessoas na organização.** São Paulo: Gente, 2002.

_____; FLEURY, A. Construindo o conceito de competência. **Revista de Administração Contemporânea**, Curitiba, v. 5, p. 183-196, 2001.

GENTILE, P.; BENCINI, R. **Construindo competências**: o objetivo agora não é só passar conteúdos, mas preparar — todos — para a vida na sociedade moderna. Disponível em: http://novaescola.abril.com.br/ed/135_set00/html/fala_mestre.htm. Acesso em: 10 jun. 2007.

KING, A.W.; FOWLER, S.W. & ZEITHAML, C.P. Competências organizacionais e vantagem competitiva: o desafio da gerência Intermediária. **Revista de Administração de Empresas**, São Paulo, v. 42, n. 1, p. 36-49, jan./mar. 2002.

LACOMBE, F.J.M. **Recursos humanos:** princípios e tendências. São Paulo: Saraiva, 2005.

LEME, R. **Seleção e entrevista por competências com o inventário comportamental:** guia prático do processo seletivo para redução da subjetividade e eficácia na seleção. Rio de Janeiro: Qualitymark, 2007.

LEONARD-BARTON, D. Core capabilities and core rigidities: a paradox in managing new product development. **Strategic Management Journal**, v. 13, p. 111-125, 1992.

MARRAS, J.P. **Administração da remuneração:** remuneração tradicional e estratégica. São Paulo: Pioneira Thomson Learning, 2002.

NISEMBAUM, H. **A competência essencial**. São Paulo: Editora Infinito, 2000.

PERRENOUD, P. **Dez novas competências para uma nova profissão**. Faculdade de Psicologia e Ciências da Educação, Universidade de Genebra, Suíça, 2001. Disponível em: http://www.unige.ch/fapse/SSE/teachers/perrenoud/php_main/php_2001/2001_23.html Acesso em: 10 jun. 2007.

RABAGLIO, M.O. **Gestão por competência:** ferramentas para atração e captação de talentos humanos. Rio de Janeiro: Qualitymark, 2008.

SANTOS, A.C. O uso do método Delphi na criação de um modelo de competências. **Revista de Administração - RAUSP**, v. 36, n. 2, p. 25-32, 2001.

SPARROW, P.; BOGNANNO, M. Competency requirement forecasting: Issues for international selection and assessment. **International Journal of Selection and Assessment**, v. 1, p. 50-58, 1993.

WHIDDETT, S.; HOLLYFORDE, S. **The competencies handbook**. Londres: Institute of Personnel and Development, 1999.

WOOD, T.J.; PICARELLI, V.Fº. **Remuneração estratégica:** a nova vantagem competitiva. São Paulo: Atlas, 1999.

_____. **Remuneração por habilidades e por competências:** preparando a organização para a era de conhecimento intensivo. 2. ed. São Paulo: Atlas, 1999.

ZARAFIAN, P. **Objetivo competência:** por uma nova lógica. São Paulo: Atlas, 2001.

Capítulo 3

Gestão do Conhecimento

Andrea Cherman

Contextualização

A Gestão do Conhecimento é um movimento que vem ganhando importância na Administração nas últimas décadas, pelo fato de que ela tenta lidar de modo diferente com um tipo de desafio que as organizações vêm sendo forçadas a enfrentar de modo crescente: a incerteza. Afinal, vivemos em um mundo em transformação, no qual as mudanças de natureza política, econômica e social, aliadas a uma explosão da informação, reconfiguraram profundamente o campo da gestão. Como em todo período de grandes mudanças, todas as nossas certezas são desafiadas, e percebemos que precisamos aprender sobre uma nova realidade que se apresenta, sem, no entanto, perder a capacidade de valorizar aquilo que sabemos.

Percebemos claramente esses desafios quando, por exemplo, observamos as inúmeras dificuldades enfrentadas pelas organizações em seus processos de reestruturações, *downsizing*, fusões e mudanças de estratégia, nos quais se deparam com o risco de perder a sua memória e enfraquecer o seu conhecimento acumulado ao longo de anos. Percebemos também esses desafios quando observamos o enorme esforço que as organizações fazem para construir estratégias inovadoras em um contexto no qual parece ser cada vez mais difícil construir vantagem competitiva sustentável.

Parece haver um consenso cada vez mais claro de que, nesse contexto de grande incerteza e complexidade, o conhecimento desponta como o grande diferencial de competitividade para as empresas. Ao mesmo tempo, percebemos, entretanto, que as organizações nunca haviam tratado o seu conhecimento com a atenção devida, preocupando-se em desenvolvê-lo, mantê-lo, compartilhá-lo, aplicá-lo e transformá-lo continuamente e de modo adequado.

Mas onde está o conhecimento das organizações?

Esta é uma questão sobre a qual vamos refletir, assim como iremos pensar acerca das dificuldades inerentes ao processo de gestão desse conhecimento, bem como sobre os tipos de práticas que podem ajudar as organizações a melhor realizá-la. As pessoas ocupam um papel especial nesta discussão, assim como outras dimensões importantes da vida organizacional, tais como a cultura, a estrutura, os processos de trabalho e as estratégias.

Estudo de caso

Uma reflexão sobre a realidade organizacional brasileira

Encontramos hoje, no contexto brasileiro, uma diversidade de situações nas empresas públicas e privadas que desafiam a alta gestão, os profissionais de recursos humanos, os gestores do planejamento estratégico e do desenvolvimento organizacional. Vejamos algumas dessas situações:

> Empresas com uma lacuna geracional de profissionais, ou seja, com um quadro de profissionais muito experientes, com mais de 25, 30 anos de carreira e já próximos da aposentadoria, e de profissionais muito jovens, com menos de 10, 15 anos de experiência. Essa é uma realidade muito comum entre os profissionais da área de engenharia, por exemplo, afetando os setores de infraestrutura, gás e petróleo, energia, entre outros. Como fazer para a organização não perder o conhecimento e a memória organizacional incorporada nesses profissionais experientes? Como transformar o conhecimento individual em um conhecimento coletivo? Como fazer para que os jovens profissionais absorvam rápida e consistentemente os conhecimentos individuais e organizacionais existentes?

> Empresas com rápido crescimento em função da expansão econômica do país, incorporando grande número de novos profissionais, de diversas áreas, nos vários níveis. A questão do "apagão de mão de obra" também se insere nesse contexto. Como homogeneizar o conhecimento em uma base sólida e comum? Como aproveitar os novos conhecimentos individuais adquiridos com a incorporação de novos funcionários? Como rapidamente preparar esses profissionais para atuar na organização? Como organizar em uma memória, que se mantenha viva e atualizada, os novos conhecimentos criados, para os momentos de crise e enxugamento dos quadros?

> A realidade empresarial contemporânea, de fusões, aquisições, *joint-ventures*, desmembramentos (*spin-offs*), reestruturações, parcerias. Nos últimos anos, temos assistido a uma grande transformação na configuração de diversos setores econômicos, na concentração de alguns mercados, como o bancário e farmacêutico, assim como a criação de novos setores, especialmente ligados às novas mídias e tecnologias digitais, às telecomunicações. Como maximizar os conhecimentos existentes nas empresas isoladas e transferi-los para as novas empresas e parcerias formadas? Como não perder o capital intelectual existente?

> O comportamento das gerações Y, nascida na década de 1980, e Z, a partir dos anos 1990, que chegam ao mercado de trabalho. Mais individualistas e menos leais às organizações, mais imediatistas e menos profundas, mais multimídia e multitarefa e menos preocupadas com detalhes, são gerações que assistiram aos pais sofrendo nas ondas de desemprego das reestruturações dos anos 1980 e 1990 e ao encurtamento das carreiras. Como criar um ambiente de compartilhamento de conhecimento? Como lidar com o vazamento de conhecimento por jovens que se movimentam muito entre empresas?

Esses são apenas alguns casos presentes na realidade organizacional. Sem dúvida, eles nos ajudam a entender a importância do valor do conhecimento e da Gestão do Conhecimento organizacional. Entretanto, eles também nos desafiam a pensar em como gerir mais inteligentemente o manancial de conhecimentos de que a organização dispõe: como incorporar nas rotinas e sistemas sem matá-lo; como integrar o conhecimento distribuído em área e departamentos; como o utilizar de modo a criar novos conhecimentos; como aprender com o sucesso e o fracasso?

Ao chegar ao fim deste capítulo, teremos fornecido um conjunto de definições conceituais e ferramentas práticas, conduzidas de modo a auxiliar na análise e na construção de um programa de Gestão do Conhecimento, respondendo às questões da sua organização.

Conceitos para entender a prática

Gestão do conhecimento: definição e origem

Antes de tudo, é preciso definir: o que é conhecimento? Então, primeiro é necessário apresentar a distinção entre dado, informação e conhecimento, pois são ideias inter-relacionadas, mas não são sinônimas. Dado é um conjunto de fatos distintos e básicos, e que não possui relevância ou propósito. As organizações têm muita preocupação em armazenar seus dados, mas o fato é que devemos pensar se é possível extrair deles algum **significado**, **relevante** para nosso trabalho.

A informação é o componente que justamente possui significado, pois ela **dá forma** aos dados. A informação é composta por dados básicos, que são conjugados, processados e trabalhados para possuir **relevância** e **propósito** ao seu usuário. Os dados transformam-se em informação quando agregamos valor a eles, de vários modos: contextualizando, categorizando, calculando, corrigindo ou condensando os dados. Desse modo, houve trabalho para o dado gerar informação, o que produziu significado, trazendo relevância e propósito, uma aplicação com valor para o indivíduo.

Porém, informação, por si só, não é conhecimento. Conhecimento é mais amplo e abarca os meios pelos quais as informações se incorporam na mente dos conhecedores: uma mistura fluida da experiência prática, da informação contextual, da experimentação, da observação e da reflexão. Davenport e Prusak (1998) dizem que "o conhecimento se produz em mentes que trabalham". O processo de aprendizagem é o trabalho de transformação de informação em conhecimento. A aprendizagem é o processo responsável por gerar a internalização das informações nas mentes dos indivíduos, transformando-as em conhecimento. O processo de aprendizagem, como o próprio nome diz, é um processo: é contínuo, dinâmico, e ocorre todo o tempo para os indivíduos. Podemos mesmo dizer que é impossível não conhecer.

Nas organizações, o conhecimento se não se encontra somente em documentos, repositórios ou manuais de treinamento, mas principalmente nas rotinas, sistemas, processos, práticas, normas e cultura organizacionais. Além, é claro, de estar nos próprios indivíduos, membros da organização, e também nas relações e interações entre eles e com clientes, fornecedores e parceiros. Assim, diferentemente do que pensamos – de que o conhecimento é algo estático, concreto, explícito, e do qual temos a posse –, o conhecimento **também** é algo vivo, dinâmico e tem um componente tácito, difícil de expressar. Ele se apresenta e se renova na ação, no ato de trabalhar. Percebemos, ademais, que o conhecimento organizacional ou coletivo não é apenas o simples somatório dos conhecimentos individuais. Pelo trabalho, ação, agregação de valor, o conhecimento organizacional possui um efeito sinérgico sobre os conhecimentos individuais. O aspecto mais difícil para os gestores é saber o que a organização, como um todo único e coeso, conhece.

Começa, então, a ficar claro o que é a **Gestão do Conhecimento** organizacional: um esforço intencional e coordenado, por parte da gestão da organização, no sentido de coletar e gerenciar os ativos de conhecimento de modo a disponibilizá-los onde eles são necessários (especialmente próximo à ação, junto à tomada de decisão), utilizá-los em suas atividades e maximizá-los em sua própria recriação. Em uma definição simples, como a de Klasson (1999): "o conjunto de ações gerenciais sistematizadas que permitem usar ou renovar a informação e a experiência acumulada nas companhias, de forma eficaz para atingir objetivos vinculados aos seus negócios."

A Gestão do Conhecimento foi um movimento que emergiu por volta do fim dos anos 1990 como uma importante disciplina de gestão, com uma abordagem técnica e de intervenção prática nas empresas, voltada para criar modos de disseminar e alavancar o conteúdo de conhecimento existente com o objetivo de elevar o desempenho organizacional. A pesquisa, a consultoria e a atenção gerencial devotadas à Gestão do Conhecimento indicam uma presença visível dos esforços das empresas em criar e sustentar estratégias vencedoras, e construir organizações mais eficientes em seus recursos, eficazes em seus objetivos e efetivas em sua contribuição para a sociedade.

Os ativos intangíveis

Falamos no tópico anterior sobre ativos de conhecimento. Alguns autores como Cavalcanti e Gomes (2000), Edvinsson (1998), Stewart (1998) e Sveiby (1998) têm procurado definir a Gestão do Conhecimento como a gestão de um conjunto de capitais importantes para a organização. Entre esses capitais de conhecimento, há uma série de ativos intangíveis. Diferentemente dos ativos tangíveis de uma organização, como prédios, maquinários, estoques ou matéria-prima, por exemplo, os quais podem ser apropriados e contabilizados nos livros contábeis, esses ativos intangíveis são difíceis de ser identificados, listados, valorados ou mesmo reconhecidos como valiosos para a organização.

De modo geral, os autores destacam quatro categorias de ativos ou capitais de conhecimento:

- **Capital ambiental**: definido como o conjunto de fatores que descrevem o ambiente em que a organização está inserida. Monitorar o ambiente externo à empresa, através da Inteligência Competitiva, é, no entanto, uma condição necessária, mas insuficiente para o bom desempenho das organizações na economia do conhecimento. O conjunto ambiente externo/ambiente interno da empresa tem que estar em perfeita sintonia com os objetivos dos negócios da empresa para que esta possa ganhar, com esse monitoramento, vantagem competitiva. Esse acompanhamento só é possível se a empresa e seus integrantes estiverem cientes e comprometidos com a visão estratégica da empresa/organização.
- **Capital estrutural**: definido como um conjunto de sistemas administrativos, conceitos, modelos, rotinas, marcas, patentes e sistemas de informática que permitem à organização funcionar de maneira efetiva e eficaz. Faz parte do capital estrutural a cultura organizacional. De uma maneira mais simples, Edvinsson (1998) define o capital estrutural como tudo aquilo que fica na organização quando as pessoas deixam o escritório e vão embora para casa. De todos os ativos intangíveis, o capital estrutural é o mais fácil de ser mensurado.
- **Capital intelectual**: refere-se tanto à capacidade, habilidade e experiência quanto ao conhecimento formal que os empregados detêm e que agregam a uma empresa. O capital intelectual é um ativo intangível que pertence ao próprio indivíduo, mas que pode ser utilizado pela empresa para gerar valor quando incorporado ao conhecimento coletivo da organização. A alta rotatividade (*turnover*) de pessoal e a baixa lealdade e confiança na organização podem resultar em perda desse capital, associada a perda da memória organizacional.
- **Capital de relacionamento**: definido como a rede de relacionamentos de uma organização e de seus empregados entre si e com seus clientes, fornecedores e parceiros. É o **capital social**. É o mais difícil de ser reconhecido e valorizado pelas empresas, pois ele geralmente é construído em instâncias informais, e poucas organizações criam espaços e dão tempo para interações sociais formais. Além disso, poucas organizações têm sua rede social interna mapeada, para saber como transita e flui o conhecimento, que pessoas interligam uma área com outra, o que é central ou periférico na rede de relacionamentos.

Percebe-se que o conhecimento se encontra inserido em diversas dimensões da vida organizacional, nem sempre tão acessível e transparente, daí a necessidade de um esforço ativo em gerenciá-lo.

Os focos da gestão do conhecimento

Para começar a pensar em gerenciar os conhecimentos, precisamos analisar e identificar quais são as maiores necessidades ou dificuldades que as organizações possuem com relação aos seus ativos de conhecimento. Os vários autores no tema apresentam diferentes etapas ou papéis que se relacionam com o foco que a Gestão do Conhecimento deve prioritariamente cobrir na organização. Portanto, é muito útil conhecer essas etapas ou papéis, pois nos ajudam a identificar lacunas ou problemas existentes para a Gestão do Conhecimento organizacional. Vejamos o que apresentam os diversos autores:

Na visão de Teixeira (1999), de modo bem detalhado, as principais atividades ou papéis da Gestão do Conhecimento seriam as seguintes:
- Compartilhar o conhecimento internamente.
- Atualizar o conhecimento.
- Processar e aplicar o conhecimento para algum benefício organizacional.
- Encontrar o conhecimento internamente.
- Encontrar o conhecimento externamente.
- Adquirir conhecimento externamente.
- Reutilizar conhecimento.
- Criar novos conhecimentos.
- Compartilhar o conhecimento com a comunidade externa à empresa.

Já segundo Fahey *et al.* (2001), de modo mais sintético, a Gestão do Conhecimento organizacional deve possibilitar, suportar e encorajar os três seguintes focos inter-relacionados:
- Os processos de descoberta e criação de novos conhecimentos e de refinamento dos conhecimentos existentes: desenvolvimento dos ativos de conhecimento.
- O compartilhamento de conhecimento entre indivíduos e entre todas as fronteiras organizacionais: gestão do fluxo de conhecimento.
- O desenvolvimento e uso continuado como parte do trabalho do dia a dia dos indivíduos e como parte do processo de decisão: disponibilização do conhecimento para uso.

Probst, Raub e Romhardt (2003) desenvolveram um modelo com o objetivo de criar, capturar e gerenciar o conhecimento organizacional, composto por seis atividades denominadas processos de Gestão do Conhecimento. São eles:
- **Identificação do conhecimento:** análise e descrição do ambiente e de conhecimento da organização, identificando os conhecimentos essenciais para o processo de desenvolvimento da organização.
- **Aquisição do conhecimento:** codificação e explicitação de toda experiência e conhecimento adquiridos, a fim de que não sejam perdidos ou esquecidos, impedindo sua reutilização na organização.

> **Desenvolvimento do conhecimento:** geração de novas habilidades, produtos e processos, mais eficazes e eficientes.
> **Compartilhamento e distribuição do conhecimento:** compartilhamento e acesso ao conhecimento são os principais objetivos da Gestão do Conhecimento, aumentando o capital intelectual da organização e estimulando a inovação.
> **Utilização do conhecimento:** maximização do uso dos ativos de conhecimento valiosos e habilidades internas, a fim de gerar maior grau de aprendizado na organização.
> **Retenção de conhecimentos:** a aquisição de conhecimentos não assegura que eles estejam disponíveis para a organização, a menos que sejam retidos, fato que depende da capacidade da organização em utilizar uma série de meios de armazenagem e de rápida localização desses conhecimentos.

Para fins didáticos, Cherman (2009) propôs uma síntese das propostas anteriores, visando facilitar a identificação da necessidade de conhecimento para foco da ação organizacional em Gestão do Conhecimento:

> **Captar conhecimento,** interna e externamente: significa o processo ativo de busca e captura dos conhecimentos internos (quem sabe o quê) e a identificação dos conhecimentos que a organização não possui para captá-los externamente por meio de aquisição (patentes, *expertise* profissional, fusão e aquisição de empresas, entre outros), parceria (acordo de cooperação, alianças, *joint-venture*, subcontratação, entre outros) ou relacionamentos (com clientes, fornecedores, universidades, institutos de pesquisa, entre outros).
> **Organizar o conhecimento:** significa a retenção dos conhecimentos em ferramentas de suporte adequadas à organização e acesso. Também diz respeito à formação e manutenção viva e dinâmica da memória organizacional.
> **Compartilhar o conhecimento:** significa desenvolver as atividades, processos e ferramentas de compartilhamento e transferência, bem como o ambiente, a cultura e os sistemas de incentivo ao conhecimento compartilhado na organização.
> **Gerar novos conhecimentos:** significa a revisão e renovação dos conhecimentos inseridos em processos, em produtos e serviços e em atividades organizacionais (estratégia, desenvolvimento de produtos, operação, distribuição e logística, entre outros). Inclui-se aí a contínua reflexão sobre os sucessos e fracassos organizacionais, buscando extrair lições, validar e propor novos modos de fazer as coisas, novas tecnologias, novos produtos e serviços.

Os quatro focos apresentados representam atividades e estão interligados em um ciclo contínuo e ininterrupto de atividades de captura-organização-compartilhamento-geração de conhecimentos. Essas etapas ou papéis de Gestão do Conhecimento podem revelar uma dificuldade, do ponto de vista da organização, que pode ser resolvida com o uso de ferramentas e iniciativas de Gestão do Conhecimento (que veremos mais à frente, neste capítulo).

Por isso, um bom e efetivo programa de Gestão do Conhecimento parte da correta identificação do foco de GC para a organização. Vale ressaltar que todos esses focos são igualmente importantes, mas, dependendo da fase em que a organização se encontra no gerenciamento do seu conhecimento, do seu ciclo de vida organizacional, das condições externas do negócio, mais atenção será dada a um papel em detrimento de outro.

> **Para refletir e debater**
>
> O mais importante das classificações apresentadas anteriormente é refletir acerca de qual etapa em que a organização encontra maior dificuldade. Pense um pouco na organização onde você atua. Agora, identifique qual seria o foco principal da Gestão do Conhecimento no caso da sua empresa:
> - Captar os conhecimentos existentes?
> - Organizar e formar uma memória organizacional de suas práticas, atividades, processos, modos de fazer, das lições aprendidas dos seus sucessos e fracassos?
> - Gerar o fluxo de conhecimento, em formar uma cultura de compartilhamento?
> - Revisar a base existente e gerar novos conhecimentos sobre os já existentes?
>
> Analise também quais seriam as possíveis causas. Neste capítulo, veremos mais sobre as condições organizacionais facilitadoras e as barreiras à Gestão do Conhecimento.

Um modelo de transferência e compartilhamento de conhecimento

Um dos principais disseminadores da Gestão do Conhecimento foi o professor japonês Nonaka, que, em 1994 e 1997 (neste, com o professor Takeuchi), escreveu sobre a Empresa Criadora do Conhecimento. Embora Nonaka estivesse escrevendo sobre como se processa o conhecimento organizacional, o modelo apresentado por ele tornou tão acessíveis, compreensíveis e simples os conceitos de como gerar conhecimento nas organizações que rapidamente suas ideias foram incorporadas à Gestão do Conhecimento.

Nonaka (1994) argumenta que o desenvolvimento da capacidade de inovação deve ser a meta essencial para a construção de uma organização criadora de conhecimento. Essa capacidade de inovação seria fortalecida pela implementação de uma espiral do conhecimento, quando são criadas condições para que os conhecimentos tácitos (aqueles que estão na mente das pessoas e nos seus modos de fazer as coisas) possam ser transformados em conhecimentos explícitos (implementados de modo claro na vida da organização), os quais, uma vez compartilhados, podem propiciar o desenvolvimento de novos conhecimentos tácitos, fazendo com que o conhecimento organizacional possa estar em constante evolução, dando margem, assim, a um processo de inovação continuada.

Essas duas formas de manifestação do conhecimento são definidas pelo autor por meio da seguinte conceituação:

> **Conhecimento tácito:** o conhecimento tácito é difícil de ser visto e descrito. É altamente pessoal e difícil de formalizar, o que dificulta sua transmissão e compartilhamento com os outros. Está profundamente enraizado nas ações e experiências de um indivíduo, bem como em suas emoções, valores ou ideais. Nonaka e Takeuchi (1997) classificam esse tipo de conhecimento em duas dimensões:
> - uma dimensão **técnica**, que abrange um tipo de capacidade informal e difícil de definir, isto é, habilidades capturadas no termo "*know-how*" ou "saber como" fazer algo;
> - uma dimensão **cognitiva**, que consiste em esquemas, modelos mentais, crenças e percepções tão arraigadas que os tomamos como certos. É a dimensão que define nossa imagem de realidade e nossa visão de futuro. Apesar de esses modelos implícitos não poderem ser articulados muito facilmente, eles moldam a forma com que percebemos o mundo à nossa volta.
>
> **Conhecimento explícito:** é o conhecimento que se encontra na organização de forma mais estruturada, palpável e descritiva, o qual pode ser mais facilmente "processado" em computador, transmitido como uma informação organizada, documentado, armazenado em um banco de dados, implementado em uma tecnologia, uma regra organizacional, entre outros.

O conhecimento tácito que um indivíduo desenvolve interagindo na organização precisa ser explicitado em uma linguagem que a organização compreenda para ser comunicado, a fim de que outros indivíduos possam experimentá-lo e, a partir dessa vivência, possam desenvolver outros conhecimentos tácitos. Esse ciclo da espiral do conhecimento compreende quatro padrões básicos de compartilhamento que envolvem os conhecimentos explícitos e tácitos:

> **Transformação de conhecimentos tácitos em conhecimentos tácitos:** em uma organização, as pessoas compartilham conhecimentos tácitos umas com as outras, ou seja, aprendem por meio da socialização, sem que, necessariamente, os conhecimentos precisem ser explicitados. Ao trabalharmos com um colega no dia a dia, por exemplo, temos a sensação de aprendermos muito com ele, sem que ele jamais tenha explicado de modo estruturado aquilo que ele conhece. Nesses casos, aprendemos por meio da observação, da imitação, da prática conjunta.
>
> **Transformação de conhecimentos tácitos em conhecimentos explícitos:** é a capacidade de expressar os fundamentos do conhecimento tácito sobre como rea-

lizar algum trabalho ou atividade, permitindo o seu compartilhamento com os demais indivíduos da equipe ou da área. Alguns exemplos desse tipo de externalização são: um gerente de serviços que alimenta um banco de dados com informações sobre o perfil de comportamento de seus clientes, com base na experiência adquirida nas suas interações com eles; um profissional de contabilidade que documenta uma rotina de lançamentos que será útil a diferentes áreas da organização, construída com base em seus conhecimentos tácitos desenvolvidos nas operações do dia a dia. Incluem-se aí os "pulos do gato", as "pegadinhas", os detalhes que geralmente passam despercebidos mas que fazem toda a diferença no momento de se realizar aquela atividade.

> **Transformação de conhecimentos explícitos em conhecimentos explícitos:** o conhecimento que um indivíduo possui, de forma estruturada, definida, explícita, é trocado com os outros colegas da equipe ou da área, que podem associá-lo a outros conhecimentos explícitos que cada um possui, gerando discussões entre os membros e resultando em uma combinação desses conhecimentos.
> **Transformação de conhecimentos explícitos em conhecimentos tácitos:** à medida que um novo conhecimento explícito é compartilhado em toda a organização, outros empregados começam a utilizá-lo para ampliar, estender e reformular seus próprios conhecimentos tácitos. A internalização do conhecimento significa que o indivíduo já o incorporou ao seu banco interno de conhecimentos e o utiliza para construir novos conhecimentos.

Esse processo, chamado de Modos de Conversão SECI – socialização, externalização, combinação, internalização –, é representado de maneira mais detalha na figura a seguir. Por meio da construção de um campo de interação propício, se possibilita a socialização, ou o compartilhamento dos conhecimentos tácitos entre os indivíduos. Por meio do diálogo intenso, esse conhecimento compartilhado passa a ser externalizado ou conceitualizado, de modo a que possa ser associado aos outros conhecimentos explícitos. Essa combinação de conhecimentos explícitos permite a ampliação do conhecimento sistêmico na organização. O conhecimento sistêmico, uma vez praticado na forma de conhecimento operacional, passa a ser internalizado pelos indivíduos, dando margem ao desenvolvimento de novos conhecimentos tácitos.

Nessa espiral, o conhecimento começa num nível individual, move-se para o nível do grupo e então para o nível da organização como um todo. Na medida em que a espiral do conhecimento caminha na direção do nível organizacional, retornando ao individual de modo continuado, se observa, então, que a disposição e as condições de engajamento dos indivíduos, bem como as condições de compartilhamento nos grupos e na organização como um todo, são fundamentais para esse processo.

O processo de construção da espiral do conhecimento

	Diálogo	
Tácito ⇒ Tácito		Tácito ⇒ Explícito
Socialização		*Externalização*
Conhecimento compartilhado		Conhecimento conceitual
Internalização		*Combinação*
Conhecimento operacional		Conhecimento sistêmico
Explícito ⇒ Tácito		Explícito ⇒ Explícito
	Aprender fazendo	

(Eixo vertical esquerdo: Construção do campo de interação; eixo vertical direito: Associação do conhecimento explícito)

Fonte: Adaptado de Nonaka e Takeuchi (1997).

Ferramentas e iniciativas para a gestão do conhecimento

Dados as necessidades identificadas e os modos de conversão apresentados na espiral do conhecimento, há uma série de iniciativas (programas e projetos) e ferramentas (de apoio, suporte e info/infraestrutura) de Gestão do Conhecimento a serem utilizadas. Veremos que algumas ferramentas e iniciativas são mais adequadas a captar conhecimento, enquanto outras se destinam a melhor organizar, compartilhar ou gerar novos conhecimentos. Umas se destinam a socializar conhecimentos tácitos, ao passo que outras visam externalizar, combinar ou internalizar conhecimentos.

Os diversos autores que estudam o tema apresentaram vários tipos de ferramentas e iniciativas para a Gestão do Conhecimento. Compilamos, na relação a seguir, uma abrangente lista de atividades. Não significa que uma organização, para ter uma gestão adequada do seu conhecimento, precise utilizar todos esses recursos, mas, sim, selecionar um conjunto daqueles que são mais adequados a resolver suas dificuldades e lacunas. Por isso são tão importantes a análise e o diagnóstico anterior do foco da Gestão do Conhecimento.

Implementação de redes de informação e ferramentas de *workgroup* (ex.: Notes)
> Ferramenta de info/infraestrutura básica para gerar uma plataforma de conectividade virtual entre os indivíduos no ambiente de trabalho.
> Além da simples troca de *e-mails*, ela pode trazer acoplados bancos de dados e repositórios de acesso distribuído, *instant messaging*, entre outros recursos.

Implementação de sistemas integrados ou ERP – *Enterprise Resource Planning* (ex.: SAP, Oracle)
- > Ferramenta que interliga todos os processos de gestão entre as diversas áreas organizacionais, criando um fluxo único desde a entrada de pedido de um cliente até a produção e expedição ao cliente, passando pela cadeia de suprimento (compra, estoque) e logística, finanças (contas a pagar e a receber), contabilidade, recursos humanos (remuneração da comissão), vendas (cota do vendedor), entre outros.
- > Trata-se de uma fonte de dados e de informação gerencial para auxiliar no planejamento e na tomada de decisão, em que as informações estão numa base de dados única para toda a organização (e não em sistemas múltiplos) que provê acesso distribuído aos usuários por hierarquia.

Implantação de sistemas de gestão do relacionamento com o cliente (CRM – *Customer Relationship Management*)
- > Ferramenta de organização das informações históricas das atividades e dos contatos com os clientes, além do conhecimento (tácito) disponível capturado nas interações com eles.

Mapeamento, engenharia e gestão por processos
- > Estruturação da organização não por áreas ou departamentos, mas por seus processos organizacionais: estratégicos, intermediários, finalísticos e de suporte.
- > Inclui o mapeamento dos processos-chave da organização, das competências essenciais associadas a eles, das atribuições, atividades e habilidades existentes e necessárias e das medidas de desempenho.

Construção de banco de competências
- > Repositório de informações sobre a capacidade técnica, científica, artística e cultural dos funcionários.
- > O perfil pode ser limitado ao conhecimento obtido por meio de ensino formal e eventos de treinamento e aperfeiçoamento reconhecidos pela instituição, ou pode mapear de forma mais ampla a competência dos funcionários, incluindo perfil da experiência e das áreas de especialidade de cada usuário, informações sobre conhecimento tácito, experiências e habilidades negociais e processuais.

Mapeamento do conhecimento e páginas amarelas
- > Repositório de informações sobre a localização de conhecimentos na organização e as pessoas ou as equipes detentoras de determinado conhecimento.
- > Inclui a elaboração de mapas ou árvores de conhecimento, descrevendo fluxos e relacionamentos de indivíduos, grupos ou a organização como um todo.

> Identifica quem sabe o quê, como os ativos de conhecimento estão relacionados uns com os outros, como a informação é armazenada e onde.

Benchmarking interno e externo
> Busca sistemática das melhores referências para comparação a processos, produtos e serviços da organização.

Criação de um banco de melhores práticas (*Best Practices*)
> Identificação, documentação, registro e difusão de melhores práticas, que podem ser definidas como um procedimento validado para a realização de uma tarefa ou a solução de um problema. Inclui o contexto em que pode ser aplicado. São documentadas por meio de bancos de dados, manuais ou diretrizes.

Organização de repositórios de conhecimento
> Fornece uma localização central para vários produtos de conhecimento, tais como melhores práticas, o mapeamento do conhecimento/páginas amarelas, com análise de diferentes tópicos. Indivíduos e grupos desenvolvem produtos para o repositório, os quais fornecem *inputs* para futuras discussões e reflexões.

Criação de portais do conhecimento
> *Site* organizacional de integração dos sistemas corporativos, com segurança e privacidade dos dados para acesso a conhecimentos variados, congregando as iniciativas de conhecimento da organização.
> Pode constituir-se em um verdadeiro ambiente de trabalho e repositório de conhecimento para a organização e seus colaboradores, propiciando acesso a todas as informações e aplicações relevantes, e também como plataforma para comunidades de prática, redes de conhecimento e melhores práticas.

Fóruns (presenciais e/ou virtuais) e listas de discussão
> Espaços para discutir, homogeneizar e compartilhar informações, ideias e experiências que contribuirão para o desenvolvimento de competências e o aperfeiçoamento de processos e atividades da organização.

Criação de comunidades de prática (CoP) ou comunidades de conhecimento
> Congregam um grupo de indivíduos que compartilham os mesmos valores, especialidades ou interesses, ou que trabalham em um projeto coletivo, de modo a dialogarem abertamente e criticamente uns com os outros (pessoalmente ou por meio de uma mídia interativa).

Criação de redes de prática
> O conceito de CoPs se expandiu, ultrapassando as fronteiras da organização e passando a abarcar redes de especialistas, consultores, universidade e centros de pesquisas, fornecedores, que aderem à rede de prática da determinada organização em torno da troca de conhecimento e interesses comuns.

Desenvolvimento de uma análise da rede social
> Identificando e comunicando quem fala com quem, como a informação é transmitida de um indivíduo a outro ou de um grupo ou departamento a outro.

Treinamento, desenvolvimento e educação corporativa (TD&E) com múltiplos recursos, incluindo recursos de treinamento a distância
> Permite que indivíduos e grupos tenham acesso a conhecimentos estruturados, formais e explicitados.

> Agrega grupos de indivíduos, frequentemente de múltiplas áreas, os quais encontram, nessas ocasiões, tempo e espaço para trocas informais e para o compartilhamento de conhecimentos específicos, por vezes mais tácitos.

> Programas de Educação Continuada, contendo palestras, cursos técnicos e *workshops*, visam a desenvolver tanto comportamentos, atitudes e conhecimentos mais amplos quanto habilidades técnicas mais específicas.

Formação de universidade corporativa
> Constituição formal de uma unidade organizacional especialmente dedicada a promover a aprendizagem ativa e contínua dos colaboradores da organização.

Formação de multiplicadores de conhecimento
> Com base no banco de competências e no mapeamento do conhecimento, a organização pode identificar seus *experts* internos, detentores de uma bagagem de habilidades e competências conjugadas ao conhecimento dos processos vitais da organização.

> A formação envolve a preparação e o treinamento desses *experts* em técnicas de apresentação e didática para possibilitar que eles ministrem treinamentos em sala de aula diretamente para outros funcionários, multiplicando assim os conhecimentos advindos da experiência prática e da vivência, e não somente os conhecimentos técnicos.

Adoção de mentores experientes (*mentoring*) como apoio aos novos membros
> Modalidade de gestão do desempenho na qual um membro experiente da empresa, considerado um *expert* (mentor), modela as competências de um indivíduo ou grupo,

observa e analisa o desempenho e retroalimenta a execução das atividades do indivíduo ou do grupo.
> Tem a missão de comunicar os valores, as normas e práticas da organização e expor a compreensão tácita de como o mundo funciona naquela organização.

Utilização de *coaching* interno
> Similar à mentoria, mas o *coach* não participa nem se envolve com a execução das atividades. Seu papel é de orientador.
> Faz parte do processo planejado de orientação, apoio, diálogo e acompanhamento, alinhado às diretrizes estratégicas.

Estímulo à rotação de cargos (*job rotation*)
> Um meio efetivo de transferir conhecimento de uma área a outra é por meio da transferência de pessoal, permanente ou temporariamente (por um período de tempo limitado).
> Conhecimentos tácitos e explícitos que fazem parte da experiência pessoal seguem com a rotação de funcionários e acabam por ser combinados e transformados com os novos conhecimentos adquiridos na nova área de atuação.

Estímulo ao trabalho em equipes multidepartamentais e por projetos
> Trata-se de um meio efetivo de gerar transferência e compartilhamento de conhecimentos entre diferentes áreas e departamentos, quando se colocam profissionais oriundos delas trabalhando em conjunto em projetos da organização, tais como: desenvolvimento de produtos, implantação de grandes sistemas e projetos organizacionais, reformulações estratégicas, entre outros.
> Obtém-se combinação de conhecimentos, criação de novas soluções, além de ganho de tempo e economia de custo no trabalho por equipes multidepartamentais.

Atribuição de papéis intermediários, ou *knowledge brokers*
> Exercidos por um ou mais indivíduos que assumem a responsabilidade por desenvolver um ativo específico de conhecimento, um plano para ser compartilhado com os outros.

Realização de experimentos
> Tempo e recursos da organização são destinados para que os indivíduos façam algum projeto próprio ou experimentem alguma atividade na prática em pequena escala, a fim de experimentar situações que, em sua rotina normal de trabalho, não teriam como realizar e aprender.

Desenvolvimento de projetos de conhecimento
- > Reunião de um grupo de indivíduos com um foco e intenção declarados e visíveis para produzir um conhecimento requerido pela organização.

Storytelling, ou desenvolvimento de narrativas organizacionais
- > Feito por meio do desenvolvimento de estórias narradas pelos empregados sobre "como algumas coisas acontecem aqui" ou "o que nós fizemos neste projeto", ajudando a descrever e registrar assuntos complexos em suas dimensões mais tácitas.

Gestão e remuneração por competências
- > Estratégia de gestão baseada nas competências requeridas para o exercício das atividades de determinado posto de trabalho e remuneração pelo conjunto de competências efetivamente exercidas.
- > As práticas nessa área visam determinar as competências essenciais à organização, avaliar a capacitação interna em relação aos domínios correspondentes a essas competências e definir os conhecimentos e as habilidades que são necessários para superar as deficiências existentes em relação ao nível desejado para a organização.

Incentivo à (cultura de) colaboração
- > Reunião formal de um grupo de indivíduos em torno de uma tarefa ou projeto específico, de modo que eles possam aprendem uns com os outros.

Programas de incentivo e premiação à inovação
- > Campanhas internas de incentivo à sugestão de melhorias e aprimoramentos nos processos, produtos e atividades existentes até propostas de novos processos e práticas, chegando mesmo à inovação, novas patentes e novos produtos (em empresas de tecnologia, que envolvem pesquisa e desenvolvimento permanente, entre outras).
- > As sugestões são analisadas por um comitê, passando por um processo de avaliação até aprovação ou não. As melhores ideias ou as inovações são premiadas com diferentes mecanismos de incentivo: bônus, prêmio, remuneração variável ou comissão, diplomação, entre outros.

Desenho de cenários
- > Traz indivíduos, tanto de dentro quanto de fora da organização, para desenvolver ativos explícitos de conhecimento sobre o futuro (tais como o modo como uma indústria pode evoluir ou como uma configuração de tecnologia pode convergir ao longo do tempo).

Gestão eletrônica de documentos GED
> Prática de gestão que implica a adoção de aplicativos informatizados de controle de emissão, edição e acompanhamento de tramitação, distribuição, arquivamento e descarte de documentos.

Data warehouse (ferramenta de TI para apoio à GC)
> Tecnologia de rastreamento de dados com arquitetura hierarquizada disposta em bases relacionais, permitindo versatilidade na manipulação de grandes massas de dados.

Data mining (ferramenta de TI para apoio à GC)
> Os mineradores de dados são instrumentos com alta capacidade de associação de termos, o que lhes permite "garimpar" e buscar assuntos ou temas específicos, facilitando o acesso aos conhecimentos existentes nos bancos de dados e repositórios.

Achamos útil correlacionar as iniciativas e ferramentas de Gestão do Conhecimento aos modos de conversão do conhecimento SECI e aos focos de gestão necessários na organização. Assim, diante das necessidades da empresa, podem-se selecionar as ferramentas adequadas para suprir as lacunas identificadas, cientes de quais conhecimentos – tácito ou explícito – estarão sendo compartilhados ou transferidos. A tabela a seguir apresenta essa relação.

Ferramentas e iniciativas de gestão do conhecimento relacionadas aos modos de conversão SECI e aos focos da gestão do conhecimento

Iniciativa	Modos de conversão				Foco			
	S	E	C	I	CA	OR	CO	CR
Redes de informação e ferramentas de *workgroup*			X				X	
Sistemas integrados ou ERP			X		X	X	X	
Sistemas de gestão do relacionamento com o cliente (CRM)		X				X	X	
Mapeamento, engenharia e gestão por processos		X				X	X	
Banco de competências		X			X	X	X	
Mapeamento do conhecimento e páginas amarelas		X			X	X	X	
Benchmarking interno e externo	X	X		X	X	X		
Banco de melhores práticas		X		X	X	X	X	

(Continua)

(Continuação)

	Modos de conversão				Foco			
Repositórios de conhecimento			X	X	X	X	X	
Portais do conhecimento			X		X	X	X	
Fóruns (presenciais e/ou virtuais) e listas de discussão	X	X	X	X			X	X
Comunidades de prática (CoP) ou comunidades de conhecimento	X	X	X	X			X	X
Redes de prática	X	X	X	X			X	X
Análise da rede social		X	X				X	
Treinamento, desenvolvimento e educação corporativa (TDE)	X	X	X	X	X	X	X	
Universidade corporativa	X	X	X	X	X	X	X	
Multiplicadores de conhecimento		X		X			X	
Mentoria (*mentoring*)	X			X			X	
Coaching interno	X			X			X	
Rotação no trabalho (*job rotation*)	X		X	X			X	
Trabalho em equipes multidepartamentais	X	X	X	X			X	X
Papéis intermediários ou *knowledge brokers*	X	X	X	X	X		X	X
Experimentos	X	X	X	X				X
Projetos de conhecimento	X	X	X	X			X	X
Storytelling	X	X		X	X	X	X	
Gestão e remuneração por competências		X					X	X
Programas de incentivo à (cultura de) colaboração	X	X	X	X			X	X
Programas de incentivo e premiação à inovação		X		X	X		X	X
Desenho de cenários	X	X	X	X	X	X	X	X

Fonte: Adaptado de Gonçalves e Cherman (2010).

Legenda: S – socialização; E – externalização; C – combinação; I – internalização.

CA – captar; OR – organizar; CO – compartilhar; CR – criar.

> **Para refletir e debater**
>
> Retome o foco principal da Gestão do Conhecimento que você identificou para a empresa em que você atua e as etapas nas quais a organização encontra maior dificuldade. Agora reflita:
> - Quais seriam as ferramentas e iniciativas adequadas para esses problemas?
> - Como elas poderiam ser combinadas em um programa de GC, ou seja, quais deveriam ser prioritárias e quais poderiam vir em complementação numa segunda fase?
>
> Também pense: A organização já possui condições favoráveis para implantar essas ferramentas e iniciativas combinadas em um programa de Gestão do Conhecimento, ou algo precisa ser trabalhado? Há barreiras organizacionais à Gestão do Conhecimento? Voltaremos a esta questão a seguir.

É importante destacar alguns aspectos com relação às ferramentas e iniciativas listadas anteriormente. Primeiro, podemos observar que há iniciativas e ferramentas simples e de rápida incorporação na organização e outras que, por si sós, demandam um projeto de implantação devido à sua complexidade e nível de implicação na vida organizacional.

Em segundo lugar, vemos que todas as áreas e níveis da organização estão implicados na Gestão do Conhecimento. Assim, vamos perceber que a Gestão do Conhecimento não é uma iniciativa única e isolada, responsabilidade de um único departamento ou resumida a um único projeto, mas, sim, percebemos que é um conjunto de ações coordenadas, contínuas, em processo e em evolução – que se inicia com iniciativas e ferramentas mais simples para conectar as pessoas entre si no ambiente de trabalho, podendo chegar até a gestão por processos e por competências, que reestruturam o modo de pensar da organização.

Um terceiro ponto a ressaltar é que não devemos confundir a existência de ferramentas adequadas de Tecnologia da Informação e Comunicação [TIC] e Gestão do Conhecimento. A TIC proporciona o suporte necessário para o fluxo, acesso, organização, retenção do conhecimento, porém não gera, usa ou aplica o conhecimento. Quem faz isso são as pessoas, o conhecimento se faz pelas pessoas. E não necessariamente precisamos de sofisticadas ferramentas de TIC para fazer Gestão do Conhecimento: criar espaços para interação entre funcionários, como uma sala para o cafezinho; dar tempo livre para que a interação ocorra ou para que os funcionários trabalhem em equipe em projetos próprios são alguns exemplos disso.

Em quarto lugar, cumpre lembrar que o envolvimento dos indivíduos no processo de construção das iniciativas e ferramentas de Gestão do Conhecimento é um passo importante para criação de uma cultura de compartilhamento e colaboração. Esse aspecto também envolve o estabelecimento de uma relação de confiança entre os funcionários, entre áreas e dos funcionários com a organização, como será analisado no próximo tópico, acerca das condições organizacionais facilitadoras e das barreiras à Gestão do Conhecimento.

> **Para refletir e debater**
> Releia o caso inicial e as várias situações que encontramos hoje no contexto brasileiro. Agora reflita e discuta quais ferramentas e iniciativas poderiam ajudar a solucionar os problemas de Gestão do Conhecimento apontados em cada situação.
> Discuta também: nas diversas situações apresentadas, são as mesmas iniciativas que ajudam a resolver os problemas advindos das diferentes situações?

Condições organizacionais facilitadoras e barreiras à gestão do conhecimento

Para que a Gestão do Conhecimento possa acontecer plenamente, algumas condições organizacionais devem estar presentes, e, se não estiverem, necessitam ser estabelecidas. Vejamos as recomendações dos diversos autores.

Nonaka e Takeuchi (1997) procuram identificar os requisitos essenciais para a criação de uma espiral do conhecimento nas organizações:

- A clareza nas intenções organizacionais, por meio da criação e implementação de uma **visão compartilhada.** Os autores identificam a necessidade de um forte engajamento da liderança no uso da comunicação e do exemplo, como fonte importante na criação dessa visão compartilhada.
- **Autonomia** nas ações de cada parte, atribuindo a cada indivíduo ou grupo as responsabilidades e condições necessárias aos processos de decisão envolvidos nos seus trabalhos.
- **Flexibilidade e incentivo ao caos criativo,** permitindo que os paradigmas organizacionais sejam constantemente questionados, viabilizando a busca e a assimilação de novos conhecimentos.
- Criação de **redundância** de conhecimentos, que encoraje o diálogo e a comunicação em geral, auxiliando na criação de um "terreno cognitivo comum".
- Criação do princípio da **variedade de requisitos** em cada parte da organização, que permita que, por intermédio de um conjunto variado de conhecimentos e habilidades desenvolvidos em cada indivíduo ou equipe, possam ser mantidas diferentes visões sobre um mesmo problema, o que facilita o processo de geração de soluções.

Davenport e Prusak (1998) também relacionaram, em seu estudo, os atributos para definir o sucesso nos projetos de Gestão do Conhecimento e identificaram uma série de fatores que, quando presentes, levam esses empreendimentos ao sucesso. A esses fatores podemos chamar condições facilitadoras à Gestão do Conhecimento. São elas:

- Cultura orientada para o conhecimento;
- Infraestrutura técnico-organizacional;
- Apoio da alta gerência;

- Vinculação ao valor econômico ou setorial;
- Alguma orientação para processos;
- Clareza de visão e de linguagem;
- Elementos motivadores não triviais;
- Algum nível de estrutura de conhecimento;
- Múltiplos canais para a transferência do conhecimento.

Os autores enfatizam que a implantação de um projeto de Gestão do Conhecimento não deve supor que a gestão de processos, a gestão da qualidade ou a estratégia de negócios sejam deixadas de lado, pois a Gestão do Conhecimento coexiste muito bem com todas essas práticas. Na verdade, a Gestão do Conhecimento pode ajudar a organização a fazer melhor toda a variedade de atividades que são feitas. Mais ainda, o trabalho de Gestão do Conhecimento precisa ser combinado com essas outras atividades, caso contrário é muito improvável que seja eficaz. Para aumentar as chances de sucesso com a Gestão do Conhecimento, Davenport e Prusak (1998) recomendam atuar em múltiplas frentes – técnica, organizacional e cultural – em virtude da complexidade do assunto, embora essa decisão tenda a retardar o processo de mudança e a tornar os resultados menos óbvios.

Dessa forma, novamente constatamos que a Gestão do Conhecimento não é uma atividade trivial. Dentro desse contexto, Siemieniuch e Sinclair (2004) descrevem que as organizações devem gerenciar o ciclo de vida do conhecimento, mas antes é necessário realinhar toda a organização para fazer o melhor uso dessa abordagem. Em seu trabalho, os autores comentam sobre a convergência de ideias no que diz respeito à necessidade de que as organizações e os indivíduos exibam certas características para poder aprender, tendo em vista que as organizações não podem esperar implantar os processos de gestão do ciclo de vida do conhecimento com sucesso em um ambiente que não contribua para sua execução. Essas características incluem:

- **Estratégia de aprendizado:** quando o aprender se torna um hábito.
- **Estrutura flexível:** que reduz a burocracia e encoraja a cooperação interfuncional.
- **Cultura livre de culpa:** a qual encoraja a experimentação.
- **Visão compartilhada:** que estabelece metas globais para ajudar as pessoas a rumar em uma mesma direção.
- **Criação e transferência do conhecimento:** o que leva a novos produtos e processos, bem como a sua disseminação.
- **Trabalho em equipe:** o qual ajuda a combinar o conhecimento existente e a criar novos conhecimentos.

Siemieniuch e Sinclair (2004) afirmam que, além de serem capazes de capturar e utilizar eficientemente o conhecimento, as organizações devem levar em conta três classes principais de conhecimento que são críticas para seu futuro:

1. **Conhecimento tecnológico:** produtos e processos;
2. **Conhecimento organizacional:** operações, clientes e suprimentos; e
3. **Conhecimento de redes:** alianças e relacionamentos.

Os autores apresentam ainda as bases das quais depende a efetividade organizacional, no que se refere tanto à cadeia de suprimentos quanto aos recursos humanos e organizacionais. No método proposto em seu trabalho, são enumerados e descritos quatorze passos que devem ser seguidos para que uma organização esteja pronta para a Gestão do Conhecimento. São eles:
- Construir confiança por meio da liderança.
- Identificar e definir o papel dos "catequisadores" do conhecimento.
- Estabelecer regras para propriedade intelectual.
- Identificar e estabelecer políticas de segurança efetivas.
- Criar processos e procedimentos genéricos.
- Melhorar a infraestrutura técnica e os processos para permitir o acesso fácil, a busca e a utilização do conhecimento.
- Reavaliar a política de recompensas.
- Utilizar procedimentos de análise pessoal para avaliar o desempenho em Gestão do Conhecimento.
- Estabelecer medições para o desempenho pessoal no compartilhamento do conhecimento.
- Identificar comunidades de conhecimento.
- Direcionar para atividades baseadas na abordagem de custo.
- Criar limites flexíveis para os processos contratuais.
- Melhorar os procedimentos de revisão de projetos para garantir a discussão sobre a captação do conhecimento.
- Criar conhecimento dinâmico e bancos de dados especialistas.

Em contrapartida, as organizações, por vezes, possuem condições estruturais, organizacionais ou culturais que acabam por se constituir em barreiras ao conhecimento. Estruturas muito hierarquizadas, centralização na tomada de decisão, cultura de punição ao erro, aversão ao risco e medo do fracasso são alguns exemplos. Leonard-Barton (1995) relacionou outras características que funcionam como fatores inibidores do conhecimento:
- Capacidade limitada para a resolução de problemas.
- Implantação estéril e inabilidade para inovar.
- Experimentação limitada nas ações.
- Blindagem contra novos conhecimentos.

Fahey e Prusak (1998) listaram onze pecados mortais para a Gestão do Conhecimento, ou seja, atitudes mediante as das quais as organizações falham em compreender e utilizar plenamente do seu conhecimento organizacional para a correta tomada de decisão. Esses erros de avaliação acerca da Gestão do Conhecimento, apresentados pelos autores, se encontram a seguir:

> Não desenvolver uma definição clara de "conhecimento" para compreensão pelos funcionários.
> Enfatizar o estoque de conhecimento existente, em detrimento de construir o fluxo de conhecimento na organização.
> Olhar o conhecimento como existindo predominantemente fora das mentes dos indivíduos.
> Não compreender que o propósito fundamental de gerenciar o conhecimento é criar um contexto de compartilhamento.
> Dar pouca atenção ao papel e à importância do conhecimento tácito.
> Separar o conhecimento dos seus usos.
> Desconsiderar os modos de pensamento e a racionalidade, ou seja, os mapas mentais que guiam as ações.
> Focar no passado e no presente, e não no futuro.
> Falhar em reconhecer a importância da experimentação.
> Substituir a interação humana por contato tecnológico.
> Procurar desenvolver medidas diretas do conhecimento, e não medidas dos resultados gerados pelo conhecimento.

Para refletir e debater

Pedimos para você refletir se há barreiras organizacionais à Gestão do Conhecimento na organização em que você atua. Você pode avaliar essa questão com base nos itens apresentados no tópico anterior. Mas você também deve identificar as condições favoráveis existentes. Reflita um pouco sobre ambos os aspectos.

Um programa bem-sucedido de Gestão do Conhecimento tira proveito e otimiza as condições favoráveis, e procura considerar e avaliar as barreiras, de modo a minimizá-las.

Educação corporativa e gestão do conhecimento

Dado que no ambiente organizacional os profissionais são os geradores e fazem circular o fluxo de conhecimentos, torna-se necessário pensar em como absorver e multiplicar esses conhecimentos. A Educação Corporativa [EC] representa um importante componente do processo de Gestão do Conhecimento Organizacional, fundamentado na estratégia de negócios, com o objetivo de aumentar, permanentemente, o valor do Capital Intelectual da Organização.

Meister (1999), uma das primeiras autoras no tema, reforça a ideia do alinhamento entre a Educação Corporativa e a estratégia empresarial, pois a EC deve propiciar o desenvolvimento das competências necessárias para a sustentação da vantagem competitiva da empresa. Assim, a Educação Corporativa tem como missão propiciar o aprendizado contínuo, oferecendo soluções de aprendizagem e compartilhamento de conhecimentos e atuando no sentido de que todos na organização tenham as qualificações necessárias e adequadas para sustentar os objetivos empresariais.

Segundo Ribeiro (2008), para que seja possível o desenvolvimento do Capital Intelectual da organização, que se encontra localizado nas pessoas e nas suas interações, alinhado aos objetivos estratégicos mencionados anteriormente, o trabalho da Educação Corporativa deve se fundamentar em três pontos:

- Modelo de competências das necessidades estratégicas da empresa, que guiará o desenvolvimento das competências individuais.
- Ação educacional abrangente, para atender não só aos profissionais internos, mas também a outros públicos, como os parceiros, fornecedores, profissionais relacionados, e até clientes, que integram a ampla cadeia produtiva da empresa.
- Princípios educacionais baseados em novos paradigmas, em que os processos e fluxos aprendizagem se baseiam em compartilhamento e colaboração.

Além disso, a Educação Corporativa é uma prática sistemática e ininterrupta. Por todos esses motivos, em muitos casos, uma evolução natural nas empresas é a formação de uma Universidade Corporativa.

Como vimos no tópico anterior, a EC é considerada uma importante ferramenta de suporte à Gestão do Conhecimento, cumprindo o propósito de socializar, externalizar, combinar e internalizar os conhecimentos dos indivíduos na organização. Uma vez que os encontros formais de capacitação propiciam também momentos de interação informal, criam-se situações em que os modos de conversão podem ocorrer e os participantes encontram espaço para trocar conhecimentos de natureza tanto explícita como tácita.

Podemos também observar que a Educação Corporativa contribui com foco nas necessidades de capturar o conhecimento na forma de formalização e documentação de conteúdos para treinamentos e capacitações formais, organizando-os em manuais, apostilas, apresentações, cursos e apoio multimídia e dando a compartilhar dos conteúdos entre os funcionários treinados.

Devemos ressaltar que a Educação Corporativa deve estar inserida e alinhada com outras iniciativas e ferramentas de Gestão do Conhecimento, a fim de cumprir com seu objetivo. É fundamental que a gestão por competências esteja estabelecida na organização e ambas as iniciativas estejam alinhadas. Afinal, será com base nas competências essenciais definidas como diferencial estratégico para a empresa que os programas da Educação Corporativa serão desenvolvidos.

Também é muito importante que as competências internas estejam mapeadas, uma vez que a base de competências encontrada servirá de base para a construção de programas de educação continuada, assim como profissionais com competências específicas ou reconhecidas poderão servir em programas de multiplicação de conhecimentos, *coaching*, *mentoring*, sucessão, entre outras iniciativas de GC.

O papel dos educadores internos na disseminação do conhecimento na organização

Como vimos no decorrer deste capítulo, o conhecimento é produzido por pessoas e por intermédio das pessoas. Muito embora sejam necessárias ferramentas de suporte de TI ou iniciativas para facilitar e dar condições para o compartilhamento de conhecimentos, quem interage, contribui e gera conhecimento são os indivíduos que estão na organização. Daí a importância de ressaltar o papel dos Educadores Internos e as iniciativas de Gestão do Conhecimento associadas.

Conforme já mencionamos ao fim do tópico anterior, há uma série de iniciativas de GC que necessitam de profissionais especializados, peritos em suas atividades, que agregam competências para a organização e conhecimentos da especificidade do setor, mercado ou condição em que a organização atua. Somam-se a isso experiência nas atividades, vivência em problemas e soluções, relacionamentos construídos: tudo isso são conhecimentos que agregam valor. Esses conhecimentos de profissionais especializados e talentosos não devem ser desperdiçados de modo nenhum.

Por esse motivo, é muito comum e importante utilizar esses profissionais para repassar seus conhecimentos, especialmente aqueles de natureza tácita, para os demais profissionais da organização pelos diversos programas, tais como: multiplicadores, *coaching*, *mentoring*, entre outros. Esses programas são iniciativas de Gestão do Conhecimento, e já foram abordados.

Entretanto, segundo frisa Philips-Jones (1983), a participação dos profissionais nas atividades de mentoria (*mentoring*), e que podemos estender para o *coaching* e mesmo para programas de multiplicadores, precisa ser voluntária. Isso assegura que o envolvimento do profissional seja genuíno e que ele esteja ciente das responsabilidades que está assumindo.

Ao mesmo tempo, o fato de um profissional ser especialista e reunir as competências de que a empresa necessita não o torna apto ou preparado para treinar, conduzir ou direcionar outros profissionais menos experientes. Conforme Orth, Wilkinson e Benfari (1987), os profissionais, para se tornarem educadores internos, precisam ser preparados e capacitados em técnicas específicas para o papel que irão desempenhar, seja como *coachers*, mentores ou multiplicadores.

No caso de multiplicadores, por exemplo, esses profissionais entrarão em sala de aula e ministrarão treinamentos e, portanto, precisarão aprender sobre técnicas de apresentação, didática, recursos multimídia e audiovisuais. Para fazer *coaching* ou ser mentor de um novo empregado, técnicas próprias para fazer acompanhamento, dar *feedback*, motivar e propor melhorias ao funcionário precisam ser passadas ao profissional experiente.

As grandes vantagens do uso de educadores internos são claras: os conteúdos passados por esses profissionais vêm carregados com conhecimentos tácitos, modos de fazer, cuidados que devem ser tomados, de quem já viveu diversas situações na prática. Além disso, eles aproximam e integram profissionais de níveis diferentes, facilitando as relações cotidianas no ambiente de trabalho.

Para os profissionais experientes, se torna um fator de motivação a oportunidade de terem seus conhecimentos reconhecidos pela organização a ponto de serem colocados como profissionais de referência para os mais novos. Os jovens profissionais têm a oportunidade de conhecer profissionais experientes, tratar suas dúvidas e ter uma referência em termos profissionais.

Cabe lembrar que os educadores internos, como são profissionais de referência, refletem a cultura da organização em termos de compartilhamento, trabalho colaborativo e em equipe, sendo responsáveis por estimular *as contribuições dos indivíduos*. O papel desses profissionais representa o exemplo vivo da cultura de disseminação de conhecimento da organização. Portanto, a escolha destes deve considerar não somente o conhecimento técnico, mas também o perfil de comportamento e de relacionamento interno na organização.

> **Para refletir e debater**
>
> Conforme apresentamos, os profissionais selecionados para se tornar multiplicadores, mentores ou *coachers* necessitam ter certas competências para tal, ou seja, algumas características de conhecimentos (técnicos, experiências, vivências, relacionamentos) e também determinadas habilidades e atitudes.
>
> Quais seriam as habilidades e atitudes necessárias aos profissionais para terem um bom perfil de multiplicador, mentor ou *coach* e executar bem o papel de educadores internos?

Resumo executivo

> Conhecimento abarca os meios pelos quais as informações se incorporam na mente dos conhecedores: uma mistura fluida de experiência prática, informação contextual, experimentação, observação e reflexão.

> Nas organizações, o conhecimento se não se encontra somente em documentos, repositórios ou manuais de treinamento, mas principalmente nas rotinas, siste-

mas, processos, práticas, normas e cultura organizacionais, além, é claro, de estar nos próprios indivíduos, membros da organização, e também nas relações e interações entre eles e com clientes, fornecedores e parceiros.
- A Gestão do Conhecimento organizacional é um esforço intencional e coordenado, por parte da gestão da organização, no sentido de coletar e gerenciar os ativos de conhecimento de modo a disponibilizá-los onde eles são necessários, utilizá-los em suas atividades e maximizá-los em sua própria recriação.
- A Gestão do Conhecimento foi um movimento que emergiu por volta do fim dos anos 1990 como uma importante disciplina de gestão, com uma abordagem técnica e de intervenção prática nas empresas, voltada para criar modos de disseminar e alavancar o conteúdo de conhecimento existente com o objetivo de elevar o desempenho organizacional.
- Alguns autores têm procurado definir a Gestão do Conhecimento como a gestão de um conjunto de capitais importantes para a organização, e destacam quatro categorias de ativos ou capitais de conhecimento: Capital Ambiental, Capital Estrutural, Capital Intelectual, Capital de Relacionamento.
- Um bom e efetivo programa de Gestão do Conhecimento parte da correta identificação do foco de GC para a organização, ou seja, a necessidade do conhecimento para a ação organizacional. Os focos podem ser: Captar, Organizar, Compartilhar ou Gerar Novos Conhecimentos.
- A espiral do conhecimento cria as condições para que os conhecimentos tácitos possam ser transformados em conhecimentos explícitos, os quais, uma vez compartilhados, podem propiciar o desenvolvimento de novos conhecimentos tácitos, fazendo com que o conhecimento organizacional possa estar em constante evolução, dando margem, assim, a um processo de inovação continuada.
- Esse processo é chamado de Modos de Conversão SECI – socialização, externalização, combinação, internalização.
- Existe uma série de iniciativas (programas e projetos) e ferramentas (de apoio, suporte e info/infraestrutura) de Gestão do Conhecimento a serem utilizadas pelas organizações. Algumas ferramentas e iniciativas são mais adequadas a captar conhecimento, enquanto outras se destinam a melhor organizar, compartilhar ou gerar novos conhecimentos. Umas se destinam a socializar conhecimentos tácitos, enquanto outras visam a externalizar, combinar ou internalizar conhecimentos.
- Para que a Gestão do Conhecimento possa acontecer plenamente, algumas condições organizacionais devem estar presentes, tais como: estrutura organizacional, modelo de gestão, cultura de compartilhamento, entre outras. Se as condições

mencionadas não estiverem presentes, elas devem ser trabalhadas antes de se implementar um projeto de GC.
> A Educação Corporativa representa um importante componente do processo de Gestão do Conhecimento Organizacional, fundamentado na estratégia de negócios, com o objetivo de aumentar, permanentemente, o valor do Capital Intelectual da Organização.
> A Educação Corporativa tem como missão propiciar o aprendizado contínuo, oferecendo soluções de aprendizagem e compartilhamento de conhecimentos e atuando no sentido de que todos na organização tenham as qualificações necessárias e adequadas para sustentar os objetivos empresariais.
> O papel dos educadores internos é de fundamental importância, pois, mais do que disseminar conhecimentos, de natureza tácita e explícita, eles são figuras de referência que exemplificam a cultura da organização perante novos profissionais.

Teste seu conhecimento

Após a leitura deste capítulo e das reflexões propostas, que tal avaliar o quanto de conhecimento ficou retido?
> Assinale a alternativa incorreta. Quanto ao conceito e propósito, Gestão do Conhecimento é:
1. Um conjunto de ações gerenciais sistematizadas que permitem usar ou renovar a informação e a experiência acumulada nas companhias de forma eficaz para atingir objetivos vinculados aos seus negócios.
2. Uma abordagem técnica e de intervenção prática nas empresas, voltada para criar modos de disseminar e alavancar o conteúdo de conhecimento existente com o objetivo de elevar o desempenho organizacional.
3. Um esforço intencional e coordenado, por parte da gestão da organização, no sentido de coletar e gerenciar os ativos de conhecimento de modo a disponibilizá-los onde eles são necessários, utilizá-los em suas atividades e maximizá-los em sua própria recriação.
4. Um movimento que vem ganhando importância pelo fato de que tenta lidar de modo diferente com um tipo de desafio que as organizações vêm sendo forçadas a enfrentar de modo crescente: a incerteza.
5. A gestão de um conjunto de capitais importantes para a organização: os ativos tangíveis muito fáceis de ser identificados, listados, valorados e reconhecidos como valiosos para a organização.

> Correlacione os ativos intangíveis aos seus respectivos conceitos.
1. Capital Estrutural
2. Capital Social
3. Capital Ambiental
4. Capital Intelectual

i. A rede de relacionamentos de uma organização e seus empregados entre si e com seus clientes, fornecedores e parceiros.
ii. O conjunto de fatores que descrevem o ambiente em que a organização está inserida.
iii. Refere-se à capacidade, habilidade e experiência quanto ao conhecimento formal que os empregados detêm e que agregam a uma empresa.
iv. O conjunto de sistemas administrativos, conceitos, modelos, rotinas, marcas, patentes e sistemas de informática que permitem à organização funcionar de maneira efetiva e eficaz.

Alternativas:
1. iii; 2. i; 3. ii; 4. iv
1. iv; 2. i; 3. ii; 4. iii
1. ii, 2. iii; 3. iv; 4. i
1. iii; 2. ii; 3. i; 4. iv
1. iv; 2. ii; 3. i; 4. iii

> São condições favoráveis à Gestão do Conhecimento os seguintes fatores, exceto:
1. Visão compartilhada
2. Cultura que encoraja a experimentação
3. Estrutura burocrática
4. Apoio da alta gerência
5. Cultura orientada para o conhecimento

> Quanto à implantação de um projeto de Gestão do Conhecimento, as afirmativas estão corretas, exceto:
1. Um bom e efetivo programa de Gestão do Conhecimento parte da correta identificação do foco de GC para a organização.
2. Uma organização, para ter uma adequada gestão do seu conhecimento, precisa utilizar todas as iniciativas e ferramentas disponíveis.
3. A Gestão do Conhecimento não é uma iniciativa única e isolada, responsabilidade de um único departamento ou resumida a um único projeto.

4. O envolvimento dos indivíduos no processo de construção das iniciativas e ferramentas de GC é um passo importante para criação de uma cultura de compartilhamento e colaboração.
5. O projeto de GC precisa ser combinado a outras atividades da organização, como a gestão de processos, a gestão da qualidade ou a estratégia de negócios, caso contrário é muito improvável que ele seja eficaz.

Considere as três afirmativas a seguir:

i. A Educação Corporativa representa um importante componente do processo de Gestão do Conhecimento Organizacional, fundamentado na estratégia de negócios, com o objetivo de aumentar o valor do Capital Intelectual da Organização.

ii. A Educação Corporativa é uma prática contingencial e deve ter ação educacional focada para atender sob demanda aos profissionais internos.

iii. Os profissionais especializados, peritos em suas atividades, podem ser utilizados como educadores internos, pois possuem experiência nas atividades, vivência em problemas e soluções, e relacionamentos construídos, ou seja, conhecimentos que agregam valor aos profissionais mais jovens.

Agora assinale a alternativa correta:
1. i e ii são verdadeiras
2. i, ii e iii são verdadeiras
3. i e ii são falsas
4. i e iii são verdadeiras
5. i e iii são falsas

Bibliografia

CAVALCANTI, M.; GOMES, E. A nova riqueza das organizações: os capitais do conhecimento. **Revista TN Petróleo**, Rio de Janeiro, n. 16, ano III, p. 26-29, 2000.

CHERMAN, A. **Gestão do conhecimento.** Material didático de uso interno, MBA In-Company em Gestão Estratégica do Setor Elétrico, PUC-Rio, 2009.

DAVENPORT, T.H.; PRUSAK, L. **Conhecimento empresarial.** Rio de Janeiro: Editora Campus, 1998.

FAHEY, L.; PRUSAK, L. The eleven deadliest sins of knowledge management. **California Management Review**, v. 40, n. 3, 1998.

FAHEY, L.; SRIVASTAVA, R.; SHARON, J.S.; SMITH, D.E. Linking e-business and operating processes:

the role of knowledge management. **IBM Systems Journal**, v. 4, n. 4, 2001.

GONÇALVEZ, D.C. & CHERMAN, A. (orientadora) **A evolução da gestão do conhecimento no ONS**. Trabalho de Conclusão de Curso de Especialização em Gestão Estratégica do Setor Elétrico. Pontifícia Universidade Católica do Rio de Janeiro/ PUC-Rio, 2010.

INKPEN, A.C. Creating knowledge through collaboration. *California Management Review*, v. 39, n. 1, p. 123-140, Fall 1996.

EASTERBY-SMITH, M.; LYLES, M.A. Introduction: Watersheds of organizational learning and knowledge management. In: EASTERBY-SMITH, M. & LYLES, M. (Orgs.). **The blackwell handbook of organizational learning and knowledge management**. p. 1-15, Blackwell Publishing, 2003.

EBOLI, M. **Educação corporativa no Brasil:** mitos e verdades. São Paulo: Gente, 2004.

EDVINSSON, L. **Capital intelectual:** descobrindo o valor real de sua empresa pela identificação de seus valores internos. São Paulo: Makron Books, 1998.

ELKJAER, B. Social learning theory: learning as participation in social processes. In: EASTERBY-SMITH, M. & LYLES, M. (Orgs.). **The blackwell handbook of organizational learning and knowledge management**. p. 38-53, Blackwell Publishing, 2003.

KAPLAN, R.S. & NORTON, D.P. **A estratégia em ação:** balanced scorecard. Rio de Janeiro: Campus, 1997.

KLASSON, K. **Managing knowledge for advantage:** content and collaboration technology. Cambridge: Cambridge Technology Partners, 1999.

MEISTER, J.C. **Educação corporativa:** a gestão do capital intelectual através das universidades corporativas. São Paulo: Makron Books, 1999.

NONAKA, I. A empresa ciadora de conhecimento. In: Harvard Business Review (coletânea) **Gestão do conhecimento**. pp. 27-49, Rio de Janeiro: Campus, 2000 [original de 1994].

NONAKA, I.; TAKEUSHI, H. **A empresa criadora de conhecimento:** como empresas japonesas geram a dinâmica da inovação. Rio de Janeiro: Campus, 1997.

ORTH, C.D.; WILKINSON, H.E.; BENFARI, R.C. **The manager's role as coach and mentor.** Organizational Dynamics, pp. 66-74, 1987.

PHILIPS-JONES, L. Establishing a formalized mentoring program. **Training and Development Journal**, February, p. 38-42, 1983.

PROBST, G.; RAUB, S.; ROMHARDT, K. **Gestão do conhecimento:** os elementos construtivos do sucesso. São Paulo: Bookman, 2002.

RIBEIRO, C. Novas tendências em educação corporativa. Biblioteca TerraForum, disponível em: www.terraforum.com.br, criado em 29 maio 2008.

RODRIGUEZ, M.V.R. **Gestão empresarial:** organizações que aprendem. Rio de Janeiro: Qualitymark/Petrobras, 2002.

SENGE, P. **A quinta disciplina.** São Paulo: Best Seller, 1990.

SIEMIENIUCH, C.E.; SINCLAIR, M.A. A framework for organizational readiness for knowledge management. **International Journal of Operations & Production Management**, v. 24, n. 1, 2004, p. 79-98.

STEWART, T.A. **Capital intelectual:** a nova vantagem competitiva das empresas. Rio de Janeiro: Campus, 1998, p. 3-33.

SVEIBY, K. E. **A nova riqueza das organizações.** Rio de Janeiro: Campus, 1998.

TEIXEIRA Fo., J. **Recursos humanos na gestão do conhecimento**. Disponível em: http://www.informal.com.br/artigos/art023.htm. Acesso em: 11 ago. 2003, 1999.

TUOMI, I. **The future of knowledge management.** Lifelong Learning in Europe (LLinE), v. VII, i. 2, 2002, p. 69-79.

Parte II
Educação Corporativa

Capítulo 4

Fundamentos da Educação no Século XXI

Bruno Malheiros

Contextualização

O Navio Negreiro (Castro Alves)
(...)
Donde vem? onde vai? Das naus errantes
Quem sabe o rumo se é tão grande o espaço?
Neste saara os corcéis o pó levantam,
Galopam, voam, mas não deixam traço.

Bem feliz quem ali pode nest'hora
Sentir deste painel a majestade!
Embaixo — o mar em cima — o firmamento...
E no mar e no céu — a imensidade!

Oh! que doce harmonia traz-me a brisa!
Que música suave ao longe soa!
Meu Deus! como é sublime um canto ardente
Pelas vagas sem fim boiando à toa!

Castro Alves, neste pequeno trecho de "O Navio Negreiro", fala sobre a expectativa com o futuro.
> Por que, no primeiro verso, ele se pergunta sobre o passado?
> Qual a importância de olhar para o passado para planejar o futuro?
> Como estruturar uma visão de futuro?

A educação, como as diversas áreas do conhecimento, também estuda sua história para identificar os acertos e os pontos que podem ser melhorados. Isso possibilita que se estruture uma visão de futuro, um plano. Diversos educadores têm discutido a necessidade de se pensar em princípios, em fundamentos que norteiem os processos educacionais nos diversos espaços nos quais eles acontecem. Então, quais são esses princípios? Como eles orientam o trabalho de educadores em instituições de ensino e em organizações?

Estudo de caso

Parâmetros curriculares nacionais

Com a Lei de Diretrizes e Bases da Educação (Lei 9.394/96), o Ministério da Educação introduziu um novo conceito: o de referenciais de qualidade para todas as escolas do país. Os Parâmetros Curriculares Nacionais são orientadores para a construção de currículos que, respeitando as peculiaridades regionais, devem ser atendidos. Os parâmetros apresentam conteúdos mínimos a serem trabalhados na educação básica, bem como as competências que esses conteúdos devem desenvolver no aluno. Recentemente, os PCNs incorporaram o conceito de capacitação e formação continuada dos docentes.

Por que a definição dos Parâmetros Curriculares Nacionais é vista como um dos grandes marcos na legislação educacional brasileira? É possível dizer que, ao estabelecer referenciais para a educação, o Ministério da Educação define, de alguma forma, os pilares que devem nortear o ensino?

Antes de continuar com a leitura deste capítulo, reflita sobre a importância de se ter clareza sobre os fundamentos que orientam o processo educacional.

Conceitos para entender a prática

Entramos no século XXI com aproximadamente 900 milhões de analfabetos e mais de 100 milhões de crianças sem acesso a escola em todo o mundo. Esses números mostram um quadro grave, que pode piorar quando se percebe que eles não retratam o número de analfabetos funcionais, de pessoas com escolarização insuficiente e de excluídos do mundo digital.

A percepção da crise mundial da educação não é nova: o final da Segunda Guerra Mundial, na metade da década de 1940, já deixava claro que muito havia para ser feito, tanto na reconstrução dos países atingidos pela guerra quanto no desenvolvimento de ações sólidas para os países do (antigo) terceiro mundo. Essa percepção de que muito há para se fazer é a semente das principais questões que levarão educadores de todos os cantos a discutirem os fundamentos da educação para o presente e o futuro. Abordaremos esses fundamentos neste capítulo.

Os objetivos deste capítulo são:
> Compreender o fenômeno da crise mundial da educação.
> Conhecer os quatro pilares da educação do século XXI segundo a Unesco.
> Relembrar as teorias clássicas de ensino e aprendizagem.
> Conhecer as concepções modernas sobre ensinar e aprender e os novos ambientes de aprendizagem.
> Compreender a importância dos temas transversais no ensino de conteúdos técnicos.
> Discutir a educação e os conceitos de multiculturalidade, inclusão, cidadania e responsabilidade socioambiental.

Crise na educação: um assunto novo?

"Não basta saber ler que 'Eva viu a uva'. É preciso compreender a posição que Eva ocupa no seu contexto social, quem trabalha para produzir a uva e quem lucra com esse trabalho."
(Paulo Freire)

Em 1957, Hannah Arendt (1906-1975) publica *The Crisis in Education*, no qual apresenta críticas ao sistema educacional mundial extremamente intrigantes para a época. Ela inicia suas considerações refutando a ideia de que os problemas de escolarização nos diversos países decorram simplesmente de fenômenos locais. Além disso, responsabiliza diretamente os políticos pelo fato de terem se não incentivado, pelo menos permitido que a situação chegasse ao ponto em que se encontrava.

Se por um lado Arendt busca responsabilizar aqueles que foram condescendentes com a formação do grave cenário educacional, por outro propõe que se desista de buscar culpados, aproveitando o momento de crise para se compreender as raízes do problema, o que serviria não só para solucioná-lo, mas também para impedir que voltasse a acontecer.

> **Para refletir e debater**
> Na sua opinião, a educação vive atualmente uma crise? Em caso positivo, quais questões ainda parecem carecer de respostas?

Para Arendt, a maior crise que a educação passava, em linhas gerais, consistia na falta de um projeto de futuro. Se, por um lado, educadores planejavam desenvolver uma nova sociedade por meio da implementação de ações educacionais que revolucionassem a formação das crianças, por outro percebia-se ser inviável separar a formação dessas mesmas crianças das questões políticas que as cercavam. Em outras palavras, Arendt questionava como estruturar um plano educacional efetivo e de longo prazo que buscasse uma sociedade mais justa, mas que não deixasse de lado a necessidade de formar cidadãos para a sociedade em que se encontravam.

A discussão proposta por Hannah Arendt não é instrumental. Seu entendimento da crise pela qual a educação passava levava a questão para o nível filosófico do educar. A autora não apresenta respostas ou propõe diretrizes a serem seguidas, mas traz à tona questões que seriam fundamentais para as décadas seguintes.

> **Vale saber**
> Hannah Arendt já alertava, na década de 1950, que a educação passava por uma crise no que diz respeito a sua função social.

Alguns anos mais tarde, a Unesco (Organização das Nações Unidas para Educação, Ciência e Cultura) retomaria a questão da crise na educação e proporia um entendimento mais aprofundado das demandas educacionais para o novo século, nos idos da década de 1990. Para que esse estudo fosse concebido, a Organização buscou um relatório mais antigo, conhecido como Relatório Faure, coordenado por Edgar Faure e finalizado em 1972.

O Relatório Faure foi elaborado no sentido de construir para a área educacional uma visão de futuro que fosse capaz de superar o difícil momento pelo qual o mundo passava. Esse relatório apresentou dois novos conceitos, que serão fundamentais para as pesquisas e as atividades na educação do século XXI: o de aprendizagem ao longo da vida e o de cidade educativa.

> **Aprendizagem ao longo da vida** (*lifelong learning*): defende a ideia de que o homem é um ser inacabado e só pode se realizar plenamente por meio da educação.
> **Cidade educativa**: postula a quebra radical com o conceito de instituições responsáveis pela educação, propondo que diversas instâncias sociais tomem para si essa responsabilidade.

> **Vale saber**
> O Relatório Faure traz dois conceitos que serão extremamente importantes para a consolidação dos fundamentos da educação do século XXI: aprendizagem ao longo da vida e cidade educativa.

Com base nesses dois conceitos, a versão final do Relatório apresentou uma lista de princípios que deveriam nortear as ações educacionais. Destacamos aqui alguns que serão fundamentais para a compreensão dos fundamentos educacionais do século XXI:

> Os indivíduos devem ter a possibilidade de aprender por toda a vida.
> É preciso prolongar a educação para todas as idades mediante a ampliação e a diversificação da oferta.
> É necessário permitir a cada um escolher livremente o seu caminho de aprendizagem.
> (...) a educação deve formar não apenas para um ofício, mas preparar os jovens para a adaptação a diferentes trabalhos.
> A responsabilidade pela formação técnica deve ser compartilhada pelas escolas, empresas e educação extraescolar (...).
> A educação deve valorizar a autodidaxia.
> O ensino deve se adaptar aos alunos, não o contrário.

Para refletir e debater
Os princípios propostos por Faure na década de 1970 se adaptam à realidade contemporânea?

Esses princípios, apesar de apresentados há quase 40 anos, parecem extremamente atuais. Essa impressão se confirma quando se conhece o nome do relatório desenvolvido pela equipe de Edgar Faure: Aprender a Ser.

No começo da década de 1990, a expectativa pela chegada do novo milênio fez com que a Unesco mais uma vez se visse chamada a analisar o cenário mundial, do ponto de vista das estruturas educacionais. Com isso, foi criada em 1993 a Comissão Internacional sobre Educação para o Século XXI.

Os quatro pilares da educação do século XXI segundo a Unesco

"A educação é o maior e mais difícil problema imposto ao homem."
(Immanuel Kant)

A Comissão Internacional sobre Educação para o Século XXI partia de algumas premissas:
> A diferença de nível educacional entre países ricos e pobres estava se ampliando.
> A globalização econômica era um caminho sem volta.
> O mundo passaria por uma rápida mudança nas suas estruturas sociais nos anos vindouros.

Essas premissas orientaram o trabalho de Jacques Delors, à frente da comissão. Delors contou com o auxílio de diversos especialistas de todas as partes do mundo, que contribuíram com estudos no sentido de materializar as tendências educacionais, instrumentalizando governos, sociedade e todos os interessados para um entendimento aprofundado do cenário da educação mundial.

O relatório de Jacques Delors, de 1996, foi publicado no Brasil em 2001 sob o título "Educação – um tesouro a descobrir". Esse documento, de cunho eminentemente pedagógico, aborda diversos aspectos sobre como os processos educacionais deveriam se estruturar. Em seus primeiros parágrafos, por exemplo, defende que um modelo educacional orientado somente pelo aumento dos conteúdos a serem ensinados nas escolas não atenderá às necessidades de formação do homem.

> *"À educação cabe fornecer, de algum modo, os mapas de um mundo complexo e constantemente agitado e, ao mesmo tempo, a bússola que permita navegar através dele."* (Relatório Delors)

Vale saber
Jacques Delors (1925-), francês, foi presidente da Comissão Europeia de 1985 a 1995. Seu trabalho mais famoso é o relatório intitulado "Educação: um tesouro a descobrir" (1996), no qual explora os quatro pilares da educação.

Esse novo modelo, que nasce com o trabalho da Unesco, defende que todo o processo educacional deve ser construído em torno de quatro aprendizagens fundamentais: aprender a conhecer, aprender a fazer, aprender a viver juntos e aprender a ser.

Aprender a conhecer
Um tipo de aprendizagem que busca, para além dos conteúdos técnicos e científicos, o domínio dos processos de construção do conhecimento. Mesmo não aparecendo de forma explícita no texto de Delors, essa aprendizagem se relaciona à autonomia do indivíduo quanto à possibilidade de novos saberes, um princípio já levantado no Relatório Faure 30 anos antes.

Aprender a conhecer não é somente um princípio teórico, mas uma questão prática para aqueles que trabalham com processos de educação e formação. Isso porque o método de ensino, no lugar de se centrar na transmissão do conteúdo, deve buscar a transmissão de metodologias que permitam novas aprendizagens.

Afinal, por que aprender a conhecer se tornou um pilar da educação no século XXI? Pense bem: seria possível que um ser humano apreendesse todos os conhecimentos necessários para o desempenho dos diversos papéis sociais que teria que enfrentar em sua vida? Certamente não. Dessa forma, o único caminho para se garantir uma capacidade adequada de lidar com as questões sociais em um mundo no qual a quantidade de informação disponível aumenta a cada segundo é o desenvolvimento da capacidade de lidar com novos conteúdos.

Então, aprender a conhecer supõe a capacidade de aprender a aprender. Isso não significa que a capacidade de memorização deva ser desconsiderada. Significa que decorar não será suficiente para lidar com as demandas profissionais e pessoais dos próximos anos.

Aprender a fazer

Um tipo de aprendizagem com foco prático, que leva o aluno a entender como aplicar seus conhecimentos. O Relatório Delors destaca, entretanto, que essa aprendizagem não se limita à simples repetição do que o educando observa no educador. Uma simples repetição faria com que aquele que aprende não estivesse preparado para lidar com questões para as quais não se tem a resposta com antecipação. É necessário, portanto, aprender a fazer em um contexto no qual não há caminhos prontos.

> **Vale saber**
> Os quatro pilares da educação para o século XXI, segundo a Unesco, são: aprender a conhecer, aprender a fazer, aprender a viver junto e aprender a ser.

Para esclarecer essa nova perspectiva do aprender a fazer, que se distancia da repetição de movimentos do outro, cita-se como exemplo a operação de máquinas nas grandes indústrias. Dois aspectos, nesse exemplo, precisam ser destacados: o caráter pouco repetitivo da atividade de controlar uma máquina, que possui cada vez mais recursos, e a capacidade de tomar iniciativas.

Aprender a fazer, do ponto de vista da estruturação de capacidades cognitivas, é apresentado no Relatório Delors junto com alguns pontos que precisam ser compreendidos:

> **A mudança da noção de qualificação pela noção de competência:** se, no passado, a ideia de qualificação se atrelava ao conjunto de conhecimentos e habilidades que uma pessoa possui, fruto de suas experiências de vida e de seu processo educacional (forma e informal), no futuro não bastará possuir um vasto cabedal de conhecimentos e habilidades a partir do momento em que se valorizará a entrega. Em outras palavras, valerá mais ser capaz de executar algo do que possuir os requisitos necessários para tal execução.

> **A "desmaterialização" do trabalho:** o setor de serviços já é o maior empregador nas economias desenvolvidas e nas economias em desenvolvimento. Nesse sentido, fazer se confunde com a capacidade de se relacionar com o outro. Portanto, aprender a fazer também é aprender a lidar com as pessoas de forma produtiva e respeitosa.
> **A noção de trabalho informal como legítima:** muitos países no mundo não têm condição de formalizar suas atividades produtivas. Exemplos são os países africanos mais jovens, nos quais as pessoas se organizam para trabalhar pela subsistência. No Brasil, o mercado informal, devido a questões políticas e econômicas, também é muito forte e tende a se manter dessa forma. Aprender a fazer, portanto, precisa ser orientado pela forma que as pessoas encontram para sobreviver, apoiando-se na consolidação de formas de trabalho que sejam adequadas para todos.

Aprender a viver juntos

No século XVIII, morreram aproximadamente 44 milhões de pessoas em 68 guerras; no século XX, foram 99 milhões de pessoas mortas em 237 guerras (WERTHEIN e CUNHA, 2005). A convivência harmoniosa entre os povos não é uma meta nova. Nos últimos séculos, a história da humanidade tem sido escrita sobre diversas guerras. A educação não pode perder de vista esse objetivo, que é o de levar os homens a viver em harmonia uns com os outros.

À primeira vista, a meta de ensinar a paz nas salas de aula pode parecer ambiciosa. Ela é. E pode ser trabalhada no espaço pedagógico de diversas formas, como estimulando o respeito ao outro, a capacidade de se colocar em outras posições e de negociar, priorizando sempre o diálogo construtivo. Para propiciar essa aprendizagem, o Relatório Delors sugere duas abordagens:

> **A descoberta progressiva do outro:** trabalhar a questão das diferenças, possibilitando que se perceba como elas podem se completar. O respeito ao outro começa com o respeito a si mesmo: sua cultura, seus hábitos, suas intenções. Do ponto de vista do professor, estimular métodos de aprendizagem singulares é uma forma de mostrar, na prática, o respeito ao outro.
> **A busca de objetivos comuns:** o ensino baseado em projetos, do ponto de vista da didática, é um dos métodos mais recomendados para aprendizes de todas as idades. Da perspectiva do aprender a viver junto, o trabalho em forma de projeto estimula a assunção de diversos papéis no grupo que, necessariamente, precisará interagir para atingir um dado objetivo. A busca de objetivos comuns no espaço da sala de aula, com isso, seria um primeiro passo para a busca de objetivos comuns na sociedade.

Aprender a ser

Uma reafirmação do Relatório Faure aparece com ênfase no Relatório Delors – a necessidade de o ser humano aprender a ser. Aprender a ser diz respeito a:
> Ser preparado para a autonomia intelectual.
> Construir uma visão crítica da vida.
> Aprender a agir em diferentes circunstâncias.

Esse nível de aprendizagem levaria as pessoas, em um primeiro momento, a aprender a conhecer a si mesmas para, em seguida, conhecer e respeitar o outro. Ser, portanto, não no nível individual, mas no âmbito social. Além disso, o aprender a ser reforça o processo de formação de um homem holístico. Ou seja, a educação não poderia se preocupar exclusivamente com o desenvolvimento intelectual, mas considerar também o espírito, a sensibilidade, o sentido estético.

A divulgação do Relatório Delors, que apresentou os quatro pilares para a educação do século XXI aqui abordados, gerou debates por todo o mundo sobre o papel da educação. Em 1999, Edgar Morin, dando sequência a esses estudos, também pela Unesco, publica os *Sete saberes necessários à educação do futuro*. Os sete saberes, de forma resumida, são:
> **Cegueira do conhecimento**, que trata da necessidade de se conhecerem os processos de construção do conhecimento.
> **Princípio do conhecimento pertinente**, que aborda a importância de se saber lidar com os conhecimentos na relação todo-parte.
> **Ensinar a condição humana**, que trata da importância de se ensinar a lidar com uma condição única na natureza: a de ser homem.
> **Ensinar a identidade terrena**, que discute o planeta Terra como a casa de todos e vê que é preciso conhecer sua história e sua fragilidade.
> **Enfrentar as incertezas**, que afirma ser preciso ensinar o outro a lidar com situações que não podem ser previstas ou controladas.
> **Ensinar a compreensão**, visto como base para o desenvolvimento de uma cultura de paz.
> **A ética do gênero humano**, enfatizando a importância de códigos, ainda que implícitos, que norteiem a atuação do homem para com o outro e com o seu *habitat*.

As discussões sobre os princípios que devem nortear a educação do futuro não podem ser realizadas sem se discutir as concepções acerca de ensinar e aprender. Afinal, tais princípios se materializam, se tangibilizam, no fazer pedagógico. As concepções sobre ensinar e aprender mais modernas foram construídas sobre as concepções clássicas. Por isso, é necessário rever as teorias clássicas para que se possa discutir as concepções modernas sobre ensino e aprendizagem.

Teorias clássicas de ensino e aprendizagem

> *"A principal meta da educação é criar homens que sejam capazes de fazer coisas novas, não simplesmente repetir o que outras gerações já fizeram. Homens que sejam criadores, inventores, descobridores. A segunda meta da educação é formar mentes que estejam em condições de criticar, verificar e não aceitar tudo que a elas se propõe."*
> (Jean Piaget)

Ensinar e aprender são processos distintos, que podem ou não acontecer simultaneamente. Ou seja, nem tudo que se ensina é aprendido e nem tudo que se aprende foi ensinado por alguém. Por isso, as teorias que buscam compreender como as pessoas aprendem são divididas em teorias de ensino e teorias de aprendizagem. No Brasil, as teorias clássicas de ensino são apresentadas, também, como tendências ou correntes pedagógicas.

Quando se fala das tendências pedagógicas brasileiras, não se pode deixar de retomar aquelas apresentadas por Libâneo (1990). Em sua organização das ideias do processo de ensinar, Libâneo dividiu as correntes educacionais em dois grupos:

> **Tendências liberais:** todas aquelas que se prestam a manter a estrutura social vigente.
> **Tendências progressistas:** aquelas que, de alguma forma, visam desenvolver no aluno senso crítico capaz de superar a estrutura social.

As correntes pedagógicas liberais são divididas em tradicional, renovada e tecnicista. A tendência tradicional tem algumas características que são extremamente marcantes:
> Foco no ensino da cultura geral.
> Alta responsabilização do aluno pela sua aprendizagem.
> Desconsideração das características individuais.
> Professor como centro do processo pedagógico.
> Exposição e repetição como principais métodos de ensino.

A tendência tradicional ainda marca a realidade de nossas escolas, apesar de o discurso predominante a tratar como coisa do passado. Ela se consolidou nas instituições educacionais brasileiras no século XIX, tendo sido fortemente utilizada na primeira metade do século XX, quando havia a necessidade de oferecer para uma grande massa de trabalhadores acesso ao sistema educacional.

No ensino tradicional, um determinado conteúdo é ensinado para os diferentes públicos sem nenhuma alteração no método. Isso porque essa forma de perceber o ensino entende que a aprendizagem é de responsabilidade do aluno. O professor é visto como o dono de toda a verdade, e os alunos devem ser capazes de apreender um determinado assunto exatamente como o professor. Por isso, a exposição e a repetição são as marcas do método de ensino nessa corrente educacional.

A corrente renovada, também chamada de pragmatista, tem seu método de ensino centrado no aluno. O peso dado à transmissão da cultura é o que vai diferenciar a tendência renovada da tendência tradicional, valorizando a pesquisa e a tentativa para o processo de construção do conhecimento.

O movimento renovado surge na década de 1920 no Brasil, como resposta aos métodos do ensino tradicional, que já tinham diversos opositores. O Movimento Escola Nova, na figura de Dewey, foi o que mais marcou essa corrente.

Algumas características dessa corrente são:
> Busca de adequação do indivíduo ao meio.
> Foco na aprendizagem ativa.
> Conteúdos como fruto da experiência.
> Professor como facilitador.
> Realização de pesquisas como principal método de ensino.

Se na pedagogia tradicional o professor era visto como o centro do processo pedagógico, na renovada esse centro se desloca para o aluno. Não basta transmitir um conhecimento que o professor já domina: é preciso levar o aluno a construir o seu próprio conhecimento. A esse processo, as teorias vão chamar aprendizagem ativa. Em uma aprendizagem ativa, acredita-se que o sujeito cognoscente constrói seu conhecimento de forma única e singular. Não seria possível, portanto, que outra pessoa transferisse a ele um determinado conteúdo. Nesse cenário, o professor passa a ser visto como um facilitador, já que seu papel principal é o de criar o ambiente e fornecer as condições necessárias para que a aprendizagem aconteça.

Frequentemente, chama-se a pedagogia renovada de pedagogia nova ou, simplesmente, escola nova. Essa nomenclatura nasce da crença de que seria necessário criar uma nova escola para lidar com as novas demandas desse novo aluno.

Na década de 1960, a questão do método de ensino ganha uma grande importância e, atrelada à necessidade de formar mão de obra para a industrialização do país, vai culminar na pedagogia tecnicista. Na tradicional, o professor é o centro do processo; na renovada, é o aluno; na tecnicista, quem assume esse papel é o método. Essa teoria acredita que o mais importante para formar cidadãos é saber ensinar a fazer, ou seja, ensinar os alunos a executar atividades a serem desempenhadas na sociedade.

Os métodos propostos pela pedagogia tecnicista aparecem de forma consistente em todos os trabalhos que descrevem essa tendência. De forma geral, as características que marcam o tecnicismo são:

> Racionalidade
> Eficiência
> Produtividade
> Controle
> Objetivação

Todas essas características estão diretamente ligadas à concepção da formação de pessoas capazes de suportar as estruturas produtivas. Por isso, essa tendência está fortemente ligada à questão do mercado de trabalho, ainda que se enquadre nas tendências liberais, já que não se propunha a levar o educando à superação de um dado modelo social.

As tendências progressistas, por outro lado, caracterizam-se pela forte conotação política. Para essas correntes, não basta ensinar conteúdos estabelecidos; é preciso formar cidadãos conscientes de sua posição, com vistas a mudanças na estrutura social.

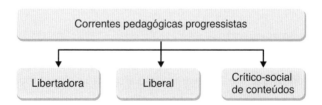

Libâneo (1990) identifica três correntes que compõem aquelas enquadradas nas progressistas: libertadora, liberal e crítico-social de conteúdos.

A corrente libertadora tem em Paulo Freire (1921-1997) seu ícone no Brasil. A corrente libertadora surge com questões relacionadas ao método de ensino, principalmente da alfabetização de adultos – trabalho desenvolvido por Freire nos anos 1970. Por isso, há quem a assemelhe à Pedagogia Nova, já que esta também se orientava pela compreensão das necessidades do aluno para educá-lo. O foco político, no entanto, vai diferenciar as duas tendências educacionais.

As principais características da pedagogia libertadora são:
> Foco em métodos de ensino que colocam o aluno em um papel ativo.
> A relação entre educador e educando é horizontal.
> A educação deve ser vista como o caminho para superar a relação opressor-oprimido.
> A avaliação deve considerar a percepção do aluno sobre sua aprendizagem.

A obra de Freire intitulada *Pedagogia do oprimido*, publicada em 1970, vai consolidar as ideias desta corrente educacional, que será vista por diversos pesquisadores como um marco na educação brasileira, vindo a ser a base, inclusive, para a pedagogia libertadora.

Entre as décadas de 1970 e 1980, surge no país uma corrente que seria intitulada por muitos corrente libertária de ensino. Assentava-se exclusivamente na crença de que os processos educacionais devem servir às questões políticas. Devido a sua alta politização e pouca discussão pedagógica, diversos educadores sequer a consideram uma corrente educacional. Fato é que ela pregava o ambiente da sala de aula como palco perfeito para as discussões políticas, supondo que tais discussões serviriam de base para a consolidação da aprendizagem. Com isso, acreditava-se que se teria o melhor de dois mundos: conteúdos políticos e educação de valor.

Levando a questão política para o centro do debate, mas sem desconsiderar a importância dos conteúdos acumulados socialmente através dos tempos, vai se consolidar no final da década de 1970 no Brasil a corrente que seria tratada por crítico-social dos conteúdos. Essa tendência valoriza as discussões acerca das relações sociais, trazendo para o nível pedagógico as discussões de cunho político. Entretanto, para ela, não basta que se construa um cidadão crítico se esse mesmo cidadão não domina conteúdos básicos, necessários à manutenção da ordem social.

A pedagogia crítico-social dos conteúdos associa métodos ativos àqueles utilizados na pedagogia tradicional. Isso faz com que a experiência do aluno seja extremamente considerada, mas em paralelo à aprendizagem de disciplinas fundamentais. O professor, nesse cenário, é um mediador entre o aluno e o conteúdo.

Vale saber
As teorias de ensino no Brasil dividem-se em liberais e progressistas. Nas teorias liberais encontram-se o ensino tradicional, a pedagogia renovada e a tecnicista. Nas progressistas, é possível identificar as correntes libertadora, libertária e crítico-social de conteúdos.

A corrente crítico-social aparece no discurso de diversos educadores a partir dos anos 1980. Ela não possui um nome de referência, mas pode ser identificada em diversas obras que propunham métodos de ensino nas últimas décadas do século XX.

As teorias de aprendizagem dizem respeito à forma como se entende que as pessoas aprendem. As duas principais vertentes dessas teorias são o inatismo e o empirismo. Se o inatismo acredita que as pessoas já nascem com determinados potenciais, que precisam ser desenvolvidos, o empirismo crê que todo conhecimento é fruto de um conjunto de experiências.

Durante muitos anos acreditou-se que as capacidades intelectuais de uma pessoa estavam diretamente ligadas às questões de hereditariedade. Não se sabe dizer ao certo se essa teoria de aprendizagem é a origem ou a consequência de diversos tipos de preconceito que aparecem no ambiente escolar, já que algumas pessoas seriam naturalmente desprovidas da capacidade de construir um dado conhecimento.

Vale saber
As duas vertentes do entendimento sobre como as pessoas aprendem são o empirismo e o inatismo.

Em oposição às teorias inatistas, o empirismo parte do princípio de que o potencial para aprendizagem é uma característica eminentemente humana. Por isso, todos teriam condições de construir qualquer tipo de conhecimento, desde que houvesse os estímulos necessários para tal construção.

Inatismo e empirismo são mais vistos muito mais como concepções filosóficas do que como teorias de aprendizagem. Isso porque eles não apontam os métodos que o homem utiliza para aprender; apenas definem o princípio geral da aprendizagem. As principais teorias de aprendizagem focadas no método são o comportamentalismo, o cognitivismo, a epistemologia genética e o sociointeracionismo.

O comportamentalismo acredita que é possível moldar o comportamento humano quando se é capaz de ter controle dos estímulos que são oferecidos. Diversas correntes podem ser identificadas nessa teoria de aprendizagem, mas a que ficou mais conhecida foi o comportamentalismo radical, proposto por Skinner (1904-1990). O comportamentalismo radical é a corrente que trata da forma como um comportamento pode ser moldado quando se apresentam reforços – visando a repetição de um comportamento em uma situação – e punições – visando a extirpação de um comportamento.

O cognitivismo, intimamente ligado à psicologia, acredita que cada pessoa é responsável única pela mediação entre o ambiente e suas estruturas mentais. Portanto, um processo de aprendizagem eficaz está intimamente ligado às necessidades e aos desejos daquele que aprende. O cognitivismo concorda que o processo de aprendizagem pode se dar por estímulos externos, mas nega a ideia de que tais estímulos possam controlar a aprendizagem. Esse entendimento decorre da ideia de que a simples repetição de um comportamento não implica sua aprendizagem. Ao falar do cognitivismo, necessariamente é preciso abordar as ideias de Jean Piaget (1896-1980), entre elas o conceito da epistemologia genética.

> **Vale saber**
> As teorias clássicas de aprendizagem focadas no método são o comportamentalismo, o cognitivismo, a epistemologia genética e o sociointeracionismo.

A epistemologia genética traz diversas questões que demandam compreensão no processo de aprendizagem. Alguns conceitos como aprendizagem cumulativa, relação de afeto entre o conteúdo e o sujeito e a negação da transferência de conhecimento de uma pessoa para a outra vão marcar a obra de Piaget. A questão da aprendizagem construída traz dois conceitos que permeiam toda a teoria da epistemologia genética: o de assimilação e o de acomodação. Na assimilação, um novo conteúdo é incorporado a uma estrutura mental já existente. Na acomodação, a estrutura mental existente se modifica para permitir a aprendizagem desse novo conteúdo.

O sociointeracionismo vai aprofundar a questão dos processos de aprendizagem relacionados essencialmente às questões sociais. No centro dessa teoria de aprendizagem encontra-se Lev Vygotsky (1896-1934), pensador russo. Vygotsky rejeitava as teorias inatistas e defendia que toda aprendizagem é fruto das relações estabelecidas com o meio. A relação das pessoas com o ambiente, nas teorias vygotskyanas, acontecem por meio de um símbolo. A linguagem, por exemplo, seria um símbolo mediador do sujeito com o meio.

As tradicionais formas de se perceber como as pessoas aprendem e como se estruturam os processos de ensino são base para o entendimento moderno sobre os processos educacionais. Essas teorias são utilizadas como princípios para se chegar a novas conclusões, em um novo mundo que demanda um entendimento contemporâneo para o papel da escola e das demais instituições de ensino. Os fundamentos da educação para o século XXI serão construídos sobre as teorias do século XX. Aliás, já estão sendo... Então, o que se tem falado atualmente sobre ensino e aprendizagem?

Concepções modernas sobre ensinar e aprender

Globalização, tecnologias, novas formas de transporte, doenças que antes não tinham cura passam a ser tratadas com simplicidade. O mundo mudou do começo do século passado para o começo deste século. E a educação? Continua a mesma?

Pesquisadores da educação vêm tentando entender como os processos de ensino e aprendizagem estão se adaptando a este novo mundo. As questões que o século XXI apresenta fazem com que se busque aprofundar o entendimento sobre as estratégias utilizadas para ensinar e para aprender. Por isso, já é possível notar algumas novas correntes educacionais. Tais correntes são ainda muito recentes, mas já podem ser discutidas. Libâneo (2005) apresenta cinco novas correntes educacionais: racional tecnológica, neocognitivista, sociocrítica, holística e pós-moderna.

A corrente racional tecnológica parece ser uma renovação da corrente tecnicista, na qual o método de ensinar deixa de ser o centro do processo. O centro passa a ser o recurso instrucional selecionado. Trata-se de uma corrente pouco politizada, que se propõe a formar tanto a elite quanto a classe trabalhadora.

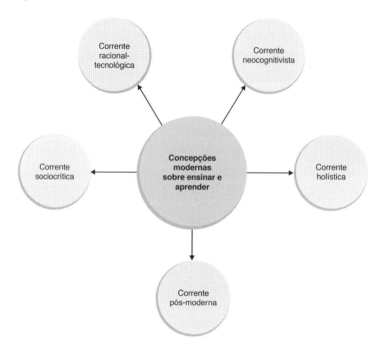

Os neocognitivistas retomam as teorias cognitivistas visando aperfeiçoá-las. Seu grande diferencial em relação aos congnitivistas tradicionais é a associação das teorias da psicologia aos modernos recursos tecnológicos disponíveis no ambiente da sala de aula. Nessa corrente, o valor dado à questão do sujeito como agente ativo de sua aprendizagem permanece, o que pode ser vislumbrado nos métodos ativos de construção do conhecimento adotados.

Libâneo (2005) identifica diversas teorias dentro da corrente sociocrítica, como a sociologia crítica do currículo, a histórico-cultural e sociocultural, a sociocognitiva e a da ação comunicativa. A semelhança entre todas essas teorias reside na necessidade de se formar uma pessoa capaz não só de reproduzir o que é aprendido, mas também de se construir paralelos entre a aprendizagem e a situação ao seu redor.

A corrente holística defende que a educação não pode ser vista em separado das demais instâncias sociais. Há diversas frentes na concepção holística da educação, como a que associa o processo educativo à ecologia e a questões biológicas e a do conhecimento em rede.

A corrente pós-moderna traz para a discussão do espaço pedagógico questões que afligem a sociedade, como o feminismo, as disputas religiosas ou entre povos, entre outras questões que se põem na mídia com frequência. Trata-se, em verdade, de uma busca por valores globais, mais uma vez orientando-se pelo conceito da educação para a paz.

Corrente	Foco
Racional-tecnológica	Recurso instrucional selecionado para ensinar.
Neocognitivista	Associação das teorias psicológicas às tecnologias.
Sociocrítica	Relação entre conteúdos e crítica às instâncias sociais.
Holística	Relação entre o homem e seu meio.
Pós-moderna	Busca de valores globais.

As teorias educacionais contemporâneas são extremamente recentes e ainda carecem de pesquisas que as expliquem com o rigor científico necessário. Entretanto, já é possível perceber que muitas questões estão por vir. O educador do futuro não pode estar 'desligado' dessas discussões.

Outra questão fundamental, que será tratada como um fundamento para o século XXI no que tange à educação, é o entendimento do espaço no qual o processo educativo acontece. Se, no passado, a sala de aula, em sua concepção mais tradicional, era o único espaço percebido como um espaço formal de aprendizagem, atualmente isso não existe. Os ambientes de aprendizagem mudaram. Vamos discutir essa questão?

Novos ambientes de aprendizagem

Você já deve ter percebido que os ambientes nos quais as pessoas aprendem não são mais os mesmos de algumas décadas atrás. Imagine alguém que nasceu no começo do século passado concebendo que se poderia fazer um curso de graduação praticamente inteiro a distância. Provavelmente seria difícil pensar em uma situação como essa, não é? Mas hoje ela já é real. Cursos de graduação, extensão, aperfeiçoamento, especialização, enfim, muitos são feitos com poucas horas de encontros presenciais entre professores e alunos. Mas não são só os cursos na modalidade a distância que formaram outros ambientes de aprendizagem.

As pessoas hoje aprendem sem a orientação de um tutor. Veja, por exemplo, os diversos *sites* sobre discussão de conteúdos específicos na internet. Há listas de discussão para profissionais de tecnologia, professores, administradores, engenheiros. Grupos de interesse se juntam para construir conhecimento em um espaço aberto. Além disso, diversas organizações promovem eventos de aprendizagem, como seminários, grupos de estudo etc. O ambiente de aprendizagem de hoje não é como o ambiente de aprendizagem do passado: ele é dinâmico, muitas vezes intangível, colaborativo.

Para falar do ambiente de aprendizagem atual, não podemos deixar de discutir dois conceitos: aprendizagem colaborativa e aprendizagem em rede. Além disso, é preciso discutir também a relação entre o conhecimento tácito e o conhecimento explícito, bases da educação corporativa nas grandes organizações.

A aprendizagem colaborativa é uma metodologia ativa de aprendizagem, na qual não existe um sujeito que detém o conhecimento – tal qual o professor no ensino tradicional – e alguém que recebe esse mesmo conhecimento de forma passiva. O conceito de colaboração parte do princípio de que todos os sujeitos envolvidos possuem conhecimentos que interessam uns aos outros. Por isso, se juntam para auxiliarem-se mutuamente.

Novos ambientes de aprendizagem

- Aprendizagem colaborativa
- Aprendizagem em rede
- Relação entre o tácito e o explícito

O conceito de aprendizagem colaborativa é muito similar ao de aprendizagem cooperativa, que tem como premissa a confiança do sujeito cognoscente em uma relação de respeito e expectativa que supera níveis básicos de construção de conhecimento, atingindo um processo de construção conjunta que extrapola o conhecimento de cada indivíduo. Em outras palavras, como costuma dizer o provérbio popular, um mais um pode ser mais do que dois.

Dillenbourg, ao conceituar a aprendizagem colaborativa, afirma que:

> "O leitor não ficará surpreso ao saber que nosso grupo não concorda com nenhuma definição para aprendizagem colaborativa. Na verdade, nós nem tentamos criar uma. Há uma enorme variedade de usos para esse termo dentro de cada campo de estudo (...)"[1] (1999, p. 1).

---

[1] Tradução livre do autor para o original: "The reader will not be surprised to learn that our group did not agree on any definition of collaborative learning. We did not even try. There is such a wide variety of uses of this term inside each academic field (...)"

A aprendizagem colaborativa pode ser planejada, mas não orientada. Isso porque se acredita que as pessoas estabelecerão relações singulares, na medida em que o conhecimento construído é um conhecimento único, ímpar. Cabe ao tutor ou mediador oferecer estímulos para que as pessoas envolvidas no processo de aprendizagem colaborativa interajam. A interação específica que se estabelecerá não é, contudo, garantida.

Alguns autores explicam a aprendizagem colaborativa do ponto de vista da educação a distância (EAD). Mas não é um conceito que se enquadra exclusivamente no âmbito da EAD. Aprender em colaboração é um processo que pode acontecer nos diversos ambientes, parecendo ter seu valor aumentado no processo educacional de adultos em organizações dos mais variados tipos. Tal impressão se dá pela certeza de que alunos adultos possuem experiências bastante concretas, que podem efetivamente auxiliar o outro.

A aprendizagem em rede não é nova. Há séculos as pessoas já se juntavam em grupos para construir um conhecimento que fosse significativo para um determinado grupo. Exemplos são as diversas comunidades que se formavam nas sociedades grega e romana, como sociedades de artesãos, agricultores etc. Nos últimos tempos, com o avanço acelerado das tecnologias de comunicação, o conceito de aprendizagem em rede foi revisto. Isso porque os recursos da *web* permitem aumentar a interação entre as pessoas em um tempo reduzido.

Aprender em rede é um processo de aprendizagem colaborativa. Os conceitos algumas vezes se confundem. Se na aprendizagem colaborativa aqueles que aprendem ensinam e, ao ensinar, aprendem, é na aprendizagem em rede que essas trocas acontecem. Ou seja, enquanto o primeiro representa um conceito de construção de conhecimento, o segundo representa a estrutura, forma pela qual tal colaboração se dá.

As organizações contemporâneas, de qualquer tipo, buscam se estruturar para formar redes que aprendam. Isso acontece porque, na maioria das vezes, não é possível contar com ações educativas tão particulares que sejam capazes de atender a todas as necessidades de formação das pessoas. Além disso, há outro conceito que conta nesse processo, que é o de conversão do conhecimento tácito no conhecimento explícito.

Não é incomum encontrar profissionais que dominam um processo produtivo, ainda que não tenham formulado teorias para o desenvolvimento dessas atividades. É um conhecimento que está na pessoa. E, ao mesmo tempo, é necessário levar outras pessoas a se apropriar desse conhecimento visando a manutenção de uma determinada atividade.

A explicitação de conhecimentos acontece de diversas formas: criando manuais, materiais didáticos, processos etc. Mas, afinal, o que a conversão de conhecimento tácito em explícito tem a ver com os ambientes de aprendizagem? Perceba que explicitar um conhecimento é a forma mais tangível de implementar o conceito de aprendizagem colaborativa. E tal aprendizagem acontece em rede, como se discutiu anteriormente.

Essas discussões, sobre a aprendizagem colaborativa, em rede e sobre a conversão de conhecimentos tácitos para explícitos, não são recentes, mas ganham vulto em um cenário no qual se buscam formas de ensino e aprendizagem que sejam realmente efetivas e perenes, principalmente no contexto das organizações contemporâneas.

Quando discutimos os processos de ensino e aprendizagem, inevitavelmente somos levados a pensar nos conteúdos técnicos que precisam ser transmitidos. Seja na escola, com as disciplinas regulares, seja em organizações empresariais, com conteúdos ligados às atividades profissionais a serem executadas, não é raro que o foco se volte para aquilo que precisa ser aprendido. Mas e o ensino de valores? Como fica?

Temas transversais: educação para além do conteúdo

Quando se discute o ensino de princípios e valores, não se está falando de uma disciplina ou de um conhecimento técnico específico. A esse conjunto de ensinamentos que superam o nível técnico damos o nome de temas transversais.

O Ministério da Educação (MEC) define, para o ensino regular básico, seis temas transversais:

> Ética
> Saúde
> Meio ambiente
> Orientação sexual
> Trabalho e consumo
> Pluralidade cultural

Os sistemas de ensino regular, no entanto, são autônomos, por isso têm a possibilidade de incluir outros temas não sugeridos pelo MEC.

Para refletir e debater
Os temas transversais são trabalhados nas organizações empresariais? Como isso acontece?

Esses temas são transversais porque devem permear o ensino de qualquer conteúdo. Por exemplo, não é necessária uma disciplina chamada ética para discutir esse conceito. A ética pode ser discutida quando se aborda a questão de pesquisas plagiadas em trabalhos de conclusão de curso, por exemplo. O mesmo acontece com o conceito de pluralidade cultural – pode ser trabalhado com qualquer conteúdo. Por isso, são transversais.

Os Parâmetros Curriculares Nacionais (PCNs) definem assim os temas transversais:

> *"Não constituem novas áreas, mas antes um conjunto de temas que aparecem transversalizados nas áreas definidas, isto é, permeando a concepção, os objetivos, os conteúdos e as orientações didáticas de cada área, no decorrer de toda a escolaridade obrigatória. A transversalidade pressupõe um tratamento integrado das áreas e um compromisso das relações interpessoais e sociais escolares com as questões que estão envolvidas nos temas, a fim de que haja uma coerência entre*

os valores experimentados na vivência que a escola propicia aos alunos e o contato intelectual com tais valores" (BRASIL, 1997, p. 42).

A apropriação do conceito de temas transversais é extremamente relevante para quem trabalha com educação em qualquer nível, em qualquer ambiente. Vimos que um dos pilares da educação para o século XXI é saber ser. E saber ser inclui questões que não podem se restringir ao domínio técnico de um determinado conteúdo. Formar o cidadão e profissional ético que compreenda as diversas relações sociais e que busque superar injustiças é necessário e premente.

> **Vale saber**
> Temas transversais não dizem respeito a uma disciplina específica. São assuntos que podem e deve ser abordados em todos os conteúdos.

Educação e multiculturalidade

"A educação é a arma mais poderosa que você pode usar para mudar o mundo."
(Nelson Mandela)

A segunda metade do século XX começou a dar os sinais de que as fronteiras entre os países seriam rompidas. A internacionalização do capital fez com que os meios e métodos de produção sofressem grandes mudanças, já que não se orientavam pelo suprimento da necessidade de um mercado específico. O mundo tornou-se um mercado, e, com isso, os meios produtivos passaram a se orientar pelo atendimento a esse mercado. A esse movimento espontâneo do cenário econômico, e consequentemente social, mundial, deu-se o nome globalização. A globalização, atualmente, não é mais discutida: é um fato com o qual é preciso lidar. Grandes organizações mundiais já não têm barreiras para a distribuição de seus produtos e serviços. O espaço e o tempo se encurtaram com o aperfeiçoamento dos meios de transporte e de comunicação. As culturas, portanto, se entrelaçaram. E como fica a educação?

O entrelaçamento das culturas força os povos a viver em ambientes multiculturais. Essa multiculturalidade implica um grande desafio: aprender a conviver com as diferenças. Nesse ponto é impossível não retornar a um dos pilares da educação para o século XXI, proposto pela Unesco no Relatório Delors – aprender a viver junto.

Mas aprender a viver com o outro, com o diferente, não é fácil. Silva e Brandim (2008) explicitam que o outro sempre é "inferior, representando uma ameaça aos padrões". Esses mesmos autores ainda alertam para o tempo de absorção de novas culturas: enquanto a construção de uma relação de respeito com o outro leva tempo, novos preconceitos e visões estereotipadas do diferente avançam rapidamente. Nesse sentido, não bastaria apenas, por meio da educação, estimular a convivência pacífica com as diversas culturas – é preciso formar o cidadão para saber como lidar com atos discriminatórios.

Hall (2003) identificou seis abordagens do multiculturalismo:

> - **Multiculturalismo conservador**, no qual se tenta incorporar as minorias ao que é considerado "normal".
> - **Multiculturalismo liberal**, que prega que os diferentes devem ser vistos como iguais.
> - **Multiculturalismo pluralista**, que acredita que os grupos devem viver separados, de acordo com as características que os definem.
> - **Multiculturalismo comercial**, defendendo que as diferenças se resolvem nas relações econômicas.
> - **Multiculturalismo corporativo**, que prega que as diferenças devem ser administradas, sob o ponto de vista da cultura dominante.
> - **Multiculturalismo crítico**, que questiona a questão da cultura dominante e da cultura dominada.

A educação, nesse contexto, é vista como a grande redentora, possibilitando a criação de uma cultura de paz. Tal cultura não se resumiria a uma simples nova teoria que embasasse as ações educacionais, mas a uma necessidade real de manutenção da existência humana. As organizações mundiais, como a Unesco e a Unicef (Fundo das Nações Unidas para a Infância), tomaram para si a tarefa de conscientizar os diversos governos no sentido de provocar discussões que coloquem a convivência com o outro no centro das discussões sobre a educação.

> **Para refletir e debater**
> Como as organizações que trabalham com educação corporativa podem contribuir para a meta "aprender a viver juntos"?

A educação que não é orientada pelo conceito de multiculturalismo é uma educação, *a priori*, exclusiva. Exclusiva porque retira oportunidades de alguém que possui características distintas da maioria dominante. A questão aqui é: o respeito ao outro implica a tentativa de homogeneização? Trocando em miúdos, é função educativa tentar igualar os diferentes?

A questão do respeito ao outro, no sentido de garantir uma cultura de paz, tem feito com que as instituições educacionais preguem o tratamento igual dos diferentes. Mas tratar igual os diferentes não é a solução. Pense, por exemplo, em uma pessoa que possui dificuldades de locomoção, em uma sala de aula na qual é o único deficiente físico. Essa pessoa tem necessidades especiais (o exemplo não é cultural apenas para torná-lo mais explícito) que a excluem socialmente quando a tratam como uma igual. É responsabilidade do educador, como mediador entre o aprendiz e a sociedade, compreender como tratar um público cada vez mais diverso com o objetivo de permitir que cada um desenvolva seu potencial. Nas palavras de Libâneo (1994):

> *"O trabalho docente constitui o exercício profissional do professor, e este é o seu primeiro compromisso com a sociedade. Sua responsabilidade é preparar alunos para se tornarem cidadãos ativos e participantes na família, no trabalho, nas associações de classe, na vida cultural e política" (p. 47).*

Um ambiente multicultural exige que as instituições trabalhem em favor das minorias, que se encontram em desvantagem e têm o direito – em um estado democrático – de preservar sua cultura. Afinal, como garantir que a educação seja efetivamente multicultural? Essa pergunta tem sido objeto de investigação da educação nos últimos anos e não parece ter uma resposta simples. O que a literatura tem apontado pode se converter em algumas dicas, como:

- Incluir questões que tratem de diferentes culturas nos conteúdos técnicos das disciplinas regulares.
- Estimular a construção de relações entre os conteúdos que são estudados e a prática social.
- Utilizar diversas linguagens e diferentes métodos de ensino, no sentido de se adequar às especificidades de aprendizagem de cada aluno.
- Aproveitar as experiências da turma para as aulas.
- Envolver todos nas atividades. Não permitir que algum participante se exclua do grupo por alguma diferença cultural.
- Reconhecer as diferenças individuais, reforçando a contribuição de cada um para o todo.
- Demonstrar postura ética e crítica. Ensinar pelo exemplo.

Certamente, cada educador tem seus valores e suas concepções para a construção de uma educação que respeite a identidade e as crenças do outro. As sugestões apresentadas apenas reforçam tais concepções, estimulando a construção de um ambiente de ensino democrático e plural.

O conceito de respeito ao outro – o multiculturalismo – que acabamos de discutir está diretamente ligado a um conceito que também fundamenta a educação para o século XXI: a educação ligada à inclusão. Tem sido cada vez mais frequente se falar na necessidade de uma educação inclusiva. Então, o que é a inclusão, e como ela se relaciona com as atividades pedagógicas?

Educação e inclusão

"O importante da educação é o conhecimento não dos fatos, mas dos valores."
(Dean William Inge)

O conceito de inclusão nem sempre fez parte do ambiente educacional. Durante séculos, a educação serviu para reforçar as diferenças entre as pessoas, aprofundando a exclusão de alguns. No final do século passado, entretanto, a inclusão de indivíduos com necessidades especiais – deficiente físicos ou mentais – no ensino regular colocou a questão da inclusão no centro dos debates educacionais.

A ideia inicial era a de que o trabalho pedagógico não poderia se prestar a excluir aqueles que apresentavam características distintas da maioria. Um seminário realizado na Índia em 1998 definiu que um sistema educacional só pode ser considerado inclusivo quando atende a um grupo de características. Essas características são:

> O reconhecimento de que todos são capazes de aprender.
> O respeito às diferenças (idade, gênero, etnia, idioma, deficiências, classes sociais, presença de morbidades ou qualquer outra condição).
> A valorização do respeito a todas as pessoas.
> O incentivo à inclusão na sociedade.
> A busca da evolução constante dos processos inclusivos.
> A busca da superação de eventuais restrições.

Vale saber
Em 1994, as Nações Unidas publicaram a Declaração de Salamanca. Nela são encontradas orientações políticas e princípios básicos que dão direção à educação especial.

No Brasil, o Ministério da Educação – MEC – desenvolveu em 2003 o Programa Educação Inclusiva. O objetivo desse programa era que os governos, em suas três esferas, atendessem aos alunos com necessidades especiais preferencialmente na rede regular.

Para refletir e debater
Inicialmente, os projetos de inclusão previam o atendimento a todos os tipos de deficiência na rede regular de ensino. Em sua opinião, essa posição está correta?

A exclusão dos alunos com necessidades especiais deu início à discussão de uma educação inclusiva que se espalhou por outras áreas: a exclusão social, a exclusão cultural e, mais recentemente, a exclusão digital.

A exclusão social caracteriza-se por ações discriminatórias em relação às pessoas que possuem menor capacidade econômica. Alguns exemplos são a falta de oportunidade para a realização de cursos superiores, a impossibilidade de aquisição de recursos tecnológicos ou a falta de projetos orientados para esse público.

A exclusão cultural consiste na falta de envolvimento de uma determinada camada da sociedade com as produções culturais desta mesma sociedade. Não é difícil de ser percebida: quantas pessoas têm o hábito de frequentar exposições, museus, teatros, cinemas etc.? Diversos estudos apontam que a exclusão cultural é consequência da exclusão social, ou seja, causada por razões econômicas. Contemporaneamente, acredita-se que a questão econômica não é capaz de fornecer todas as explicações, já que há a necessidade de avaliar os excluídos culturais de níveis sociais mais favorecidos.

Já a exclusão digital, tema de diversas discussões na última década, é a impossibilidade de uma pessoa de se integrar ao mundo dos computadores. Essa exclusão faz com que o cidadão não seja capaz de exercer sua cidadania em todo o seu potencial. Imagine uma pessoa sem acesso à internet. Ela não tem acesso a diversos serviços, inclusive do governo. Não tem acesso a notícias, pesquisas, discussões... Enfim, está em um outro mundo. Para quem acompanhou a entrada da rede na vida das pessoas em geral, parece muito difícil supor que alguém não tenha acesso às facilidades da internet. É preciso saber, entretanto, que são muito extensas as camadas da sociedade que estão excluídas.

> **Vale saber**
> Segundo uma pesquisa do IBGE (Instituto Brasileiro de Geografia e Estatística) de 2005, 79% dos brasileiros não acessaram nenhuma vez a internet.

Ao falar da educação inclusiva, falamos, portanto, da inclusão em todos os níveis: social, cultural, digital. Incluir significa trazer o outro para uma convivência harmoniosa, dando oportunidade para que ele se desenvolva. O Estado brasileiro avançou muito nas discussões sobre a inclusão, mas ainda há muito para ser feito na prática, principalmente nas salas de aula.

O ensino inclusivo, apesar de bastante consolidado no nível teórico, ainda carece de implementação em diversos municípios brasileiros. Alguns motivos que justificam a falta de aceitação desse conceito na prática pedagógica são:
> As atitudes preconceituosas com o diferente.
> O custo necessário para a adaptação do espaço escolar.
> A discriminação de forma geral.
> O despreparo dos profissionais da educação.

Mesmo reconhecendo as limitações impostas ao ensino inclusivo, falar dos fundamentos da educação para o século XXI sem abordar a inclusão é inviável. Vale lembrar que ele se associa aos pilares propostos pela Unesco – aprender a conhecer, aprender a fazer, aprender a ser, aprender a viver juntos.

Educação, cidadania e responsabilidade socioambiental

"É preferível mil vezes afrontar o mundo estando de acordo com a sua consciência que afrontar a sua consciência para ser agradável ao mundo."
(Mahatma Gandhi)

Cidadania e responsabilidade socioambiental são dois temas que não podem ser esquecidos ao se pensar a educação do futuro. Educar para além dos conteúdos, ensinando o exercício da cidadania – cumprimento de deveres e exigência de direitos – além da preocupação com o planeta, são questões fundamentais.

Cidadania pode ser definida como a responsabilidade de uma pessoa (cidadão) no cumprimento de seus deveres, tendo, em troca, o recebimento de seus direitos no seio da sociedade. É muito comum que as pessoas discutam a cidadania somente na hora de exigir seus direitos. Isso é um equívoco da evocação do conceito. Um equívoco transmitido pela cultura, na qual a educação está integrada.

> **Vale saber**
> Os direitos civis estão divididos em direitos políticos, civis e sociais.

Se a cidadania é um conceito eminentemente político, o que esse assunto tem a ver com a educação? Como foi dito, é papel da escola levar os conteúdos acumulados historicamente ao educando. Mas também é papel da educação esclarecer sobre os direitos e deveres que existem em um determinado grupo social.

Exercer a cidadania significa, de forma concreta, ter acesso à saúde, à educação, ter apoio do Estado, cumprir e fazer cumprir as leis. Esse exercício pode (e deve) começar no ambiente da escola – cumprindo e exigindo que as regras estabelecidas sejam cumpridas, cobrando direitos e respeitando os direitos dos demais.

O tema responsabilidade socioambiental passou a fazer parte das discussões nas organizações a partir da década de 1990. Surgiu da certeza de que não bastava que empresas e demais tipos de instituições simplesmente cumprissem as leis que as regiam no que tange ao cuidado com o meio ambiente e com a sociedade. Era preciso ir além do cumprimento de deveres, contribuindo de forma efetiva para a sociedade.

> **Vale saber**
> Cidadania consiste em cumprir os seus deveres e cobrar os seus direitos.

A questão da responsabilidade socioambiental, com o tempo, extrapolou os limites das organizações. Não bastava que instituições formais se conscientizassem de seu impacto no meio ambiente e na sociedade: era preciso que todas as instâncias olhassem para essa questão. Foi assim que o assunto adentrou a educação.

Não se pode esquecer, entretanto, que os Parâmetros Curriculares Nacionais (PCNs), por meio dos temas transversais, já tratavam essa questão. Saúde, meio ambiente, trabalho e consumo são alguns dos temas indicados pelo Ministério da Educação que devem ser tratados em todas as disciplinas, em todos os conteúdos.

É certo, portanto, que não se trata de um tema novo, mas um tema com um novo impulso, com uma nova importância. Por isso, ele também foi enquadrado no conjunto de fundamentos que compõem a educação para o século XXI.

> **Para refletir e debater**
> Como a questão da responsabilidade socioambiental pode ser tratada nas escolas e nas organizações?

Sabemos que a educação nas organizações tem sido abordada com muito mais frequência pelo ponto de vista da administração. Isso se deve, talvez, ao tempo de incorporação de novos conceitos na educação, que é mais lento – a administração lida com questões de mercado e, portanto, acompanha esse ritmo. Vale lembrar, no entanto, que as teorias que embasam a aprendizagem organizacional e a educação corporativa são fruto das discussões da educação. Por essa razão, entendemos que a clareza acerca dos fundamentos para a educação do século XXI é essencial para se discutir a gestão na educação corporativa.

> **Para refletir e debater**
> Que impactos os pilares da educação propostos pela Unesco trazem para a prática da educação no ambiente das organizações?
>
> O processo educacional, fora do ambiente escolar, é muitas vezes tratado do ponto de vista de outras ciências humanas ou sociais que não a educação. Mas educação corporativa é educação. Discuta com seus colegas sobre como é possível implementar conceitos pedagógicos nos processos de ensino organizacionais.

Resumo executivo

- A crise na educação é caracterizada pela falta de um projeto de futuro.
- O Relatório Faure foi elaborado com o objetivo de construir uma visão de futuro para a área educacional, na década de 1970.
- Em 1993 a Unesco criou a comissão Internacional sobre Educação para o Século XXI, que produziu o Relatório Delors.
- Os quatro pilares da educação para o século XXI, presentes no Relatório Delors, são: aprender a conhecer, aprender a fazer, aprender a viver juntos, aprender a ser.
- Em 1999, Edgar Morin deu sequência ao Relatório Delors e publicou os *Sete saberes necessários à educação do futuro*.
- Os sete saberes propostos por Morin são: cegueira do conhecimento, princípio do conhecimento pertinente, ensinar a condição humana, ensinar a identidade de terreno, enfrentar as incertezas, ensinar a compreensão e ensinar a ética do gênero humano.
- As teorias clássicas de ensino são divididas em liberais e progressistas. Nas liberais, encontramos as correntes tradicional, renovada e tecnicista; nas progressistas, temos a libertadora, a libertária e a crítico-social de conteúdos.
- As teorias clássicas de aprendizagem são divididas em inatistas e empiristas. Quando observados as teorias focadas no método, encontramos: o comportamentalismo, o cognitivismo, a epistemologia genética e o sociointeracionismo.
- As concepções mais modernas sobre ensinar e aprender são: corrente racional-tecnológica, corrente neocognitivista, corrente holística, corrente pós-moderna e corrente sociocrítica.
- Os ambientes de aprendizagem evoluíram e não se restringem à sala de aula. Falar em ambientes de aprendizagem faz com que, necessariamente, se abordem três conceitos: aprendizagem colaborativa, aprendizagem em rede e a relação entre o conhecimento tácito e o explícito.
- Temas transversais são aqueles que devem permear todos os conteúdos em todas as disciplinas.
- O Ministério da Educação recomenda, por meio dos PCNs, que sejam trabalhados os seguintes temas transversais: ética, saúde, meio ambiente, orientação sexual, trabalho e consumo, pluralidade cultural, além de outros que façam parte da realidade local.
- A necessidade de as pessoas viverem em ambientes nos quais há diversas culturas convivendo faz com que o multiculturalismo seja encarado como um dos princípios da educação.
- A inclusão de todos na sociedade (deficientes, excluídos culturais, excluídos sociais e excluídos digitais) trouxe para a educação a consciência da importância da inclusão permeando os processos educacionais.

> O ensino de conteúdos – focados no ensinar a fazer – não pode aparecer de forma exclusiva nas ações pedagógicas. Os temas "cidadania" e "responsabilidade socioambiental" devem existir como temas transversais para todos os conteúdos.

Teste seu conhecimento

1. Quais a origem e a importância dos quatro pilares da educação, propostos pela Unesco, por meio do Relatório Delors?
2. Por que o conhecimento das teorias clássicas de ensino e de aprendizagem é importante para o educador que trabalha com foco no futuro?
3. Quais as principais correntes de ensino e aprendizagem contemporâneas?
4. Defina com suas palavras temas transversais.
5. Por que multiculturalismo, inclusão, cidadania e responsabilidade socioambiental são encarados como fundamentos da educação para o século XXI?
6. Escolha um determinado conteúdo. Agora pense a respeito de como as questões relacionadas aos fundamentos da educação para o século XXI influenciam nesse conteúdo. Não deixe de considerar:
> Os pilares da educação, propostos pela Unesco.
> As teorias clássicas e modernas sobre ensinar e aprender.
> A questão dos ambientes de aprendizagem.
> Os temas transversais.
> Multiculturalidade, inclusão, cidadania e responsabilidade social.

Bibliografia

ARENDT, Hannah. The crisis in education. In: **Between past and future: six exercises in political thought**, New York: Viking Press, 1961, p. 173-196.

BRASIL. Secretaria de Educação Fundamental. **Parâmetros Curriculares Nacionais:** introdução aos parâmetros curriculares nacionais/Secretaria de Educação Fundamental. Brasília: MEC/SEF, 1997.

DELORS, Jacques et al. **Educação:** um tesouro a descobrir. São Paulo: Cortez, 1998.

DILLENBOURG, Pierre. Introduction: what do you mean by 'collaborative learning'? In: **Collaborative learning:** cognitive and computational approaches. Amsterdam: Pergamon, 1999.

HALL, Stuart. **Da diáspora – identidades e mediações culturais.** Belo Horizonte: Editora da UFMG, 2003.

LIBÂNEO, José Carlos. **Democratização da escola pública.** São Paulo: Loyola, 1990.

LIBÂNEO, José Carlos. **Didática**. São Paulo: Cortez, 1994.

LIBÂNEO, José Carlos; SANTOS, Akiko. **Educação na era do conhecimento em rede e transdisciplinaridade**. Campinas: Alínea, 2005.

SILVA, Maria José de Albuquerque; BRANIM, Maria Rejane Lima. Multiculturalismo e educação: em defesa da diversidade cultural. *Diversa*, Ano 1, n. 1, p. 51-66: jan./jun. 2008.

WERTHEIN, Jorge; CUNHA, Célio da. **Fundamentos da nova educação**. Série Educação, v. 5. Cadernos da Unesco. Brasília, 2005.

Capítulo 5

Metodologias de Ensino-Aprendizagem na Educação Corporativa

Ana Maria Rodrigues

Contextualização

Vamos imaginar a seguinte situação: uma empresa está implantando um novo sistema de informática e, para obter sucesso, precisará capacitar seus profissionais.

Um dos colaboradores, João, se encontra em seu primeiro dia de aula para aprender a utilizar o sistema no dia a dia de trabalho. Veja, no *cartum*, como ele se sente:

> Será que João está velho para aprender coisas novas?
> Como podemos incentivar adultos a estudar?

Quando abordamos o tema educação, a primeira imagem que nos vem à cabeça é a de uma professora ensinando crianças ou adolescentes em uma sala de aula.

No entanto, a educação acontece ao longo de toda a vida, e não só as crianças e os jovens passam por processos de aprendizagem, mas também os adultos são educados desde que o mundo é mundo.

Grandes mestres como Confúcio, Lao Tsé e Sócrates foram professores de adultos e aplicaram métodos específicos para que seus alunos aprendessem o conteúdo apresentado de forma consistente.

Adultos participam de situações de aprendizagem formal em instituições de ensino (escolas, universidades e cursos) e também nas empresas que se preocupam com o desenvolvimento de seus profissionais.

> **Para refletir e debater**
> Será que a metodologia aplicada à educação de crianças pode também ser utilizada para a educação de adultos?
> O que e como devemos fazer para que os profissionais aprendam?
> Como planejar e desenvolver ações educacionais (ações de treinamento e desenvolvimento) destinadas à Educação Corporativa?
> Como a Educação Corporativa deve aplicar os princípios da Andragogia (educação de adultos) para que os profissionais se desenvolvam, atinjam as metas e os resultados esperados pela organização?

Os objetivos deste capítulo são:
> Conhecer os princípios da Andragogia.
> Conhecer o processo de aprendizagem nas empresas.
> Identificar a importância de planejar o ensino.
> Conhecer algumas das estratégias de ensino e aprendizagem que podem ser aplicadas à Educação Corporativa.
> Identificar alguns tipos de avaliação utilizados na Educação Corporativa.

Estudo de caso

> **Acompanhando Marcelo em um projeto de Educação Corporativa**
> Conheça a tarefa do Marcelo e, ao longo do texto, colabore com ele para atender a sua necessidade enquanto profissional de uma empresa de consultoria que atua especificamente na área de Educação Corporativa.
> Marcelo foi alocado em um projeto com o objetivo de desenvolver um programa de formação de multiplicadores (que são colaboradores capazes de disseminar o conhecimento aos demais) para uma empresa-cliente cujo negócio está voltado para a área de tecnologia em alimentos.
> Cabe a ele fazer o desenho desse programa, ou seja, planejar a ação educacional para que os profissionais sejam capacitados a multiplicar o conhecimento técnico adquirido ao longo de sua vida profissional.
> Marcelo precisará levar em conta os princípios da Andragogia ao desenhar o programa. Para isso, ele tem que definir os objetivos, os conteúdos abordados, as estratégias de ensino, os recursos a serem utilizados e os métodos de avaliação.

Conheça, a seguir, alguns princípios de Andragogia que serão úteis para que você possa ajudar Marcelo a desenhar o programa de capacitação de multiplicadores.

Conceitos para entender a prática

Como os adultos aprendem: andragogia

A palavra pedagogia certamente já foi ouvida por todos nós. Mas vamos relembrar seu significado? Essa palavra é de origem grega: *pais, paidós* = criança; *agein* = conduzir e *logos* = tratado, ciência. Portanto, Pedagogia pode ser definida como a ciência relacionada à educação de crianças.

No entanto, como já vimos, não só crianças participam de processos de aprendizagem, mas também os adultos aprendem. E é por isso que existe a Andragogia, que apresenta os princípios fundamentais da educação de adultos.

Malcolm Knowles, norte-americano considerado uma das referências mundiais em educação de adultos, aborda comparativamente a Pedagogia e a Andragogia.

	Pedagogia	**Andragogia**
Ambiente de aprendizagem	É formal e, geralmente, caracterizado pela competitividade e por julgamentos de valor.	É mais informal e caracterizado pela cooperação e pelo respeito mútuo.
Papel da experiência	Mesmo quando a experiência dos aprendizes é valorizada, a experiência do professor geralmente é maior e mais valorizada ainda.	Os adultos possuem mais experiência que as crianças. Em algumas situações, a experiência é o recurso mais rico para a aprendizagem.
Vontade de aprender	Geralmente, a vontade de aprender está relacionada à obtenção de êxitos escolares.	Os adultos se estimulam a iniciar um processo de aprendizagem desde que compreendam a utilidade desse para sua vida pessoal e profissional.
Orientação da aprendizagem	É dominante a lógica centrada nos conteúdos e não nos problemas.	A aprendizagem é orientada para a resolução de problemas.

(Continua)

(Continuação)

	Pedagogia	**Andragogia**
Motivação	É resultado de estímulos externos ao sujeito, como, por exemplo, a obtenção de uma boa nota na prova.	Os adultos são sensíveis a estímulos de natureza externa, mas são os fatores de ordem interna que motivam o adulto para a aprendizagem (satisfação, autoestima, qualidade de vida etc.)

A Andragogia considera a aprendizagem um processo de investigação mental e não de recepção passiva de conteúdos transmitidos. Podemos, então, citar Piaget, que observa a aprendizagem como um processo ativo, em que o aprendiz constrói seu conhecimento.

Em uma turma de adultos, a aprendizagem se dá em mão dupla: o professor e os aprendizes aprendem, sendo às vezes difícil de perceber quem está aprendendo mais.

A construção do saber, portanto, é social, e ocorre a partir da interação com o outro, da relação dialógica que faz com que a formação se dê de forma integral, incluindo os aspectos cognitivos e afetivos, conforme os estudos de Wallon.

A autoridade também é compartilhada, pertence ao grupo, sendo bastante democrática. O professor é um mediador dessa autoridade, e não o portador dela, de acordo com as teorias de Vygotsky.

O professor não é o dono do saber, o dono da verdade. Como afirmou Paulo Freire, no processo educativo, o professor ensina e, ao mesmo tempo, aprende.

O adulto se motiva a aprender a partir de sua vivência, de suas necessidades e de seu interesse. A aprendizagem de adultos deve ser significativa, ou seja, deve ter significado para cada indivíduo. Esse processo parte, então, do conceito central da teoria de Ausubel, psicólogo americano. O estudo não tem o fim de acumular conteúdos, e sim de solucionar problemas. O aprendiz deve perceber qual será a utilidade daquele aprendizado, quer seja na vida pessoal quer seja na profissional. Ele precisa saber por que necessita aprender algum conteúdo ou técnica.

Por fim, na Andragogia, é enfatizada a necessidade da aprendizagem cooperativa pautada nos ensinamentos de Freinet, pedagogo francês que, na década de 1920, já valorizava a livre expressão dos aprendizes, motivando-os a criar, expressar, comunicar, realizar atividades em grupo, agir, descobrir e organizar. Em suma, Freinet acreditava que o papel da educação era formar indivíduos autônomos e cooperativos.

A seguir, resumimos as características da aprendizagem na Andragogia.

Características da aprendizagem na Andragogia

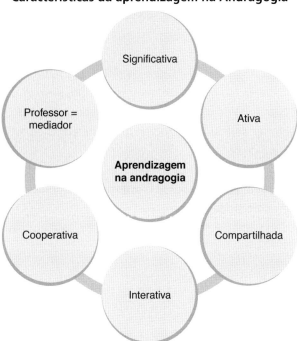

Processo de aprendizagem na empresa

Para uma empresa se manter competitiva no mercado, é preciso atualizar constantemente as competências dos profissionais por meio de treinamentos, para que eles obtenham cada vez mais sucesso e alcancem os resultados esperados.

O "aprender constante" está relacionado ao que é chamado de *lifelong learning*, ou seja, educação continuada. Nunca é cedo ou tarde demais para aprender. O profissional deve estar sempre aberto para novas ideias, novas habilidades, novas técnicas e novos comportamentos. Uma pessoa está sempre aprendendo em diversos contextos: no trabalho, em casa, nas atividades de lazer, ou seja, em ambientes formais e informais de aprendizagem.

Sendo assim, podemos classificar a educação como formal e informal.

A educação formal é aquela em que o processo de ensino e aprendizagem ocorre em ambientes educacionais formalizados: instituições de ensino, salas de aula. Os atores que participam desse tipo de educação são: o educador e os educandos.

A educação informal é aquela em que o processo de ensino e aprendizagem ocorre nos ambientes em geral, não propriamente educacionais: casa, clube, reuniões de amigos, enfim, locais em que a educação acontece sem que haja um planejamento específico. Tanto que os atores são as diversas pessoas que interagem nesses locais.

O educando

Entre os adultos aprendizes, as diferenças individuais são maiores, uma vez que as pessoas nessa faixa etária já passaram por muitas experiências e têm interesses e preferências que afetam seu comportamento.

É de extrema importância considerar que as diferenças individuais entre as pessoas aumentam com a idade, posto que cada uma traz consigo, além de suas características, vivências específicas que influenciam a forma de aprender. Portanto, as estratégias de aprendizagem devem ser definidas considerando as diferenças de estilo, tempo, lugar e ritmo de aprendizagem de cada um.

O aprendiz precisa ser preparado para a participação. Ele deve saber os objetivos do processo de aprendizagem para que possa criar expectativas realistas em relação à ação educacional de que vai participar.

As características do aprendiz e do grupo que devem ser consideradas são:
- interesses;
- ambientes culturais;
- conhecimentos anteriores;
- experiências associadas ao conteúdo a ser apresentado (por exemplo: o aprendiz já fez um curso sobre o tema?);
- capacidade de atenção e concentração;
- habilidades sensoriais (o aprendiz aprende melhor ouvindo? assistindo a vídeos?).

Caso não tenha informações suficientes sobre os participantes da ação educacional, é possível solicitar que preencham um formulário de identificação de seu perfil. Esse formulário pode ser enviado a cada um por *e-mail*, por exemplo.

Veja a seguir um modelo de formulário.

Formulário de identificação do perfil dos aprendizes

Nome:
Departamento:
Telefone:
E-mail:

Formação acadêmica

Último curso que você completou:

☐ Ensino Fundamental
☐ Ensino Médio Regular
☐ Ensino Médio Técnico – Qual? _____
☐ Graduação – Qual? _____

☐ Especialização – Qual? _____
☐ Mestrado – Qual? _____
☐ Doutorado – Qual? _____

Há quanto tempo?

☐ Menos de 1 ano
☐ De 1 a 3 anos
☐ De 3 a 5 anos
☐ Mais de 5 anos

Perfil profissional

Há quanto tempo está na sua área de atuação?

☐ Menos de 1 ano
☐ De 1 a 3 anos
☐ De 3 a 5 anos
☐ Mais de 5 anos

Há quanto tempo está na empresa?

☐ Menos de 1 ano
☐ De 1 a 3 anos
☐ De 3 a 5 anos
☐ Mais de 5 anos

Outras perguntas podem ser acrescentadas de acordo com o curso que será ministrado, como, por exemplo:

> Você já aplicou a técnica...?
> Você conhece o conceito...?
> Já fez algum curso relacionado a...?

O importante é que o diagnóstico seja útil para o planejamento da ação educacional, auxiliando a escolha das estratégias de aprendizagem e os exemplos a serem utilizados.

Acompanhando Marcelo em um projeto de Educação Corporativa

Em paralelo ao planejamento do programa de formação de multiplicadores, Marcelo iniciou uma sondagem com os gestores da empresa-cliente para saber sobre os possíveis participantes da formação. Foram indicados em torno de 45 profissionais.

Serão formadas, então, três turmas, com 15 participantes cada.

Marcelo, então, enviou o formulário de identificação do perfil para os participantes.

Papel do educador

Nas empresas, não é utilizado o termo "professor" para designar aquele que ministra um processo de ensino. Isso ocorre, pois o termo professor é mais voltado para o meio acadêmico. O professor é aquele que frequentou um curso específico, geralmente um curso universitário, para exercer essa função. E esse não é o caso dos profissionais que ministram as ações educacionais nas empresas, geralmente de curta ou média duração.

De maneira geral, o professor é chamado de "instrutor", "facilitador" ou "multiplicador" nas ações presenciais e de "tutor" ou "mediador" nas ações a distância.

Vamos, neste texto, adotar o termo "facilitador", tanto para a educação presencial quanto para a educação a distância, tomando como base os estudos de Rogers, que considera o aprendiz o centro do processo e, portanto, corresponsável pelos resultados de aprendizagem. O professor é o "agente facilitador" no processo ensino-aprendizagem.

O papel do facilitador é promover um processo de questionamento mútuo, em que os aprendizes se autodirigem. O conhecimento não é transmitido simplesmente. Ele é compartilhado.

O facilitador deve estar atento ao fato de que o acúmulo de experiências pode ser um fator negativo devido à possibilidade de desenvolver hábitos mentais, preconceitos e pressuposições que costumam resistir a novas ideias, mais atualizadas e alternativas. O facilitador deve também demonstrar tranquilidade, confiança e respeito mútuo. Deve ser informal, caloroso, colaborativo, autêntico, humano e apoiador, pois desempenha um papel cujo maior desafio é estimular o interesse do aprendiz em continuar a busca por novos conceitos e estratégias. Independentemente da modalidade de ensino (presencial ou a distância), algumas das funções do facilitador são:

- mediar a troca de informações e saberes;
- conectar diferentes fontes de informação;
- liderar o processo de aprendizagem;
- dinamizar as relações aluno-aluno e aluno-material didático para garantir a aprendizagem e o fluxo comunicacional;
- estimular os processos criativos;
- promover a conversão de novos saberes em novas práticas;
- incentivar os aprendizes a compartilhar problemas, soluções e aprendizagens;
- identificar as dificuldades e necessidades dos aprendizes;
- possibilitar que os aprendizes aprendam com seus erros;
- valorizar os conhecimentos prévios que cada aprendiz traz consigo;
- promover a interatividade, a troca entre os aprendizes.

Para desempenhar essas funções, tal agente precisa estar atento a quatro importantes ferramentas da gestão do conhecimento. Veja no esquema a seguir.

Ferramentas de gestão do conhecimento

Compartilhamento	Ninguém é dono de todas as respostas. Os profissionais devem buscar, juntos, soluções para os problemas e desafios comuns. É importante estar disposto a compartilhar informação. O conhecimento deve fluir, circular na empresa.
Perenização do conhecimento	O conhecimento deve ser absorvido e fazer parte do modo de trabalhar de cada um. O conhecimento fica na organização quando fica nas pessoas.
Reutilização da informação	O aprendiz deve ser orientado a reutilizar o conhecimento. A partir do conhecimento adquirido, o aprendiz deve produzir novas ideias e saberes.
Transferência de saber	O aprendiz deve ser capaz de transferir o conhecimento, ou seja, de aplicar o que aprendeu.

O facilitador deve conhecer com segurança os temas e conceitos a serem trabalhados, utilizando estratégias diferentes e atuando de forma positiva com os aprendizes.

Ele deve também estar atento à participação e motivação dos aprendizes, observando o interesse de cada um.

As principais características de um facilitador são:

> **Interesse:** aquele que possui interesse em aprender motivará outras pessoas a também construírem conhecimento.
> **Bom ouvinte:** para compreender as dúvidas e as questões sobre o conhecimento tratado, assim como aprender com os outros.
> **Boa comunicação:** é preciso ter boa dicção, usar a linguagem adequada e estar sempre atento ao fato de que o aprendiz deve compreender o que está sendo comunicado.
> **Organização:** o cumprimento do cronograma e do programa é fundamental para que as atividades propostas sejam realizadas.
> **Conhecimento técnico:** é muito importante o domínio do conteúdo. O facilitador deve estar em constante atualização.

> **Vale saber**
> O facilitador deve estar familiarizado não apenas com o conteúdo, mas também com os materiais de apoio e com o ambiente de aprendizagem (presencial ou virtual).
> Ele deve, também, ler e analisar todas as atividades, exercícios e tarefas de forma cuidadosa para que possa interferir no processo de aprendizagem e acompanhar o desempenho dos aprendizes.

O planejamento de ensino
Para realizar uma ação educacional, é necessário primeiro planejá-la.

O trabalho planejado contribui para que os objetivos sejam atingidos, as dificuldades previstas e superadas e para que as aulas não se tornem repetitivas nem sujeitas à improvisação. Além disso, uma boa preparação permite que o trabalho didático se adapte ao público-alvo e aos recursos disponíveis e que o tempo seja distribuído de forma adequada.

Segundo Haidt (2003), um bom planejamento de ensino deve apresentar as seguintes características:

Características de um bom planejamento

Coerência e unidade
Utilização de meios adequados para atingir os objetivos propostos

Continuidade e sequência
Garantia da relação existente entre as várias atividades

Flexibilidade
Possibilidade de adaptar o plano a situações não previstas

Objetividade e funcionalidade
Adequação do plano ao tempo, aos recursos e às características do público-alvo de forma funcional efetiva e prática

Previsão e clareza
Linguagem simples e clara, com indicações precisas, de modo que não haja dupla interpretação

O planejamento deve considerar os seguintes elementos que compõem o processo de ensino. Veja a seguir.

Elementos que compõem o processo de ensino

Preleção ou introdução	Informar ao aprendiz o que será feito e por quê. Apresentar os objetivos e a agenda de trabalho.
Motivação	Sensibilizar o grupo utilizando recursos variados.
Atividade	Promover o conhecimento a partir de mediações em que haja interação do grupo.
Síntese	Elaborar o resumo final ou a sistematização do conteúdo do trabalho.
Avaliação	Verificar os resultados alcançados. Registrar os pontos positivos e os pontos a melhorar.
Compromisso	Convocar o aprendiz a comprometer-se com a mudança, com a melhoria e com o avanço, dando continuidade ao processo.

Devemos planejar a ação educacional como um todo a partir do plano de curso. E cada plano de curso é desdobrado em planos de aula. No plano de curso, são definidos o público-alvo, os objetivos, os conteúdos, a duração do curso, a modalidade de ensino, os recursos didáticos e o tipo de avaliação a ser aplicada.

Veja um modelo de plano de curso.

Plano de curso

Nome do curso: _____
Público-alvo: _____
Objetivos: _____
Ementa: _____
Conhecimentos prévios: _____
Forma de avaliação: _____
Modalidade: _____
Carga horária: _____
Recursos necessários: _____
Materiais de apoio: _____
Bibliografia: _____
Webliografia: _____

> **Acompanhando Marcelo em um projeto de Educação Corporativa**
> Ajude o Marcelo a construir o plano de curso da Formação de Multiplicadores. Ele já tem algumas definições:
> Nome do curso: Formação de Multiplicadores;
> Público-alvo: profissionais técnicos que atuam na empresa há mais de três anos, na faixa etária de 30 a 45 anos, com nível superior completo;
> Não há pré-requisito;
> Modalidade: presencial;
> Carga horária: 16 horas.
> Defina agora os objetivos, a ementa, a forma de avaliação, os recursos necessários, os materiais de apoio e a bibliografia ou webibliografia (referências a textos da internet).

No plano de aula são especificados e operacionalizados os procedimentos diários para a concretização do plano de curso.

Portanto, o plano de aula é a sequência de tudo que será realizado em um dia de aula, sistematizando todas as atividades a ser desenvolvidas no período de tempo em que o educador e o educando interagem.

O plano de aula é mais detalhado e apresenta o "passo a passo" da aula: objetivos, conteúdos, estratégias, recursos, duração e avaliação.

Veja um modelo de plano de aula.

Objetivo	Conteúdo	Estratégia	Recursos	Avaliação	Duração

É importante que todas as práticas de atividades estejam bem detalhadas no planejamento. Por exemplo:
- discussão de texto – citar o texto;
- realização de pesquisa – citar o tema e as fontes que poderão ser utilizadas;
- debate sobre o filme – citar o filme;
- visita técnica – citar o local e o que deverá ser observado.

O planejamento é um guia de trabalho, e o facilitador pode sempre voltar a ele para registrar sucessos e pontos a melhorar. O planejamento precisa ser também flexível para evitar "engessar" o processo de ensino e aprendizagem.

> **Vale saber**
> O aprendiz deve estar ciente do planejamento: quais são os objetivos a serem atingidos, qual será a agenda do dia, qual é o tempo previsto e quais avaliações serão aplicadas, para que se torne corresponsável por sua aprendizagem.

Antes de iniciar o planejamento de uma ação educacional, deve-se tentar responder às seguintes questões.
- A formação/capacitação é necessária?
- Quanto tempo demandará sua organização?
- A ação educacional será organizada internamente ou haverá necessidade de contratar uma consultoria especializada em Educação Corporativa?

Outras questões devem ser respondidas ao realizar o planejamento.
- Que expectativas a instituição organizadora tem? – Objetivos.
- Que temas e assuntos serão abordados? – Conteúdos.
- Que tipo de evento é o mais apropriado para as suas necessidades? – Modalidade de ensino.
- Quanto tempo durará a formação/capacitação? – Duração.
- Em que espaço a ação será realizada? – Espaço de aprendizagem.
- O que fazer e como fazer? – Metodologia e estratégias.
- De que meios e materiais o instrutor necessitará? – Recursos.
- Como verificar se os objetivos foram alcançados? – Avaliação.

Objetivos

Qualquer planejamento de ensino deve ter início a partir da definição de objetivos de aprendizagem. Uma boa pergunta a se fazer nesse momento é: com que finalidade vamos ensinar este conteúdo ou esta técnica?

Os objetivos da aprendizagem nos indicam aonde se quer chegar, ou seja, que resultados devem ser alcançados.

Os objetivos devem ser:
- claros e precisos;
- centrados no participante;
- baseados em resultado que pode ser observado ou medido;
- realista.

Por serem descritos na forma de ações, os objetivos são iniciados por verbos que descrevam atividades observáveis ou mensuráveis, tais como: conhecer; descrever; explicar; identificar; analisar; comparar; demonstrar; planejar e desenvolver.
> É importante evitar verbos como: apreciar; saber; ter cuidado de, pois não indicam ações com as características mencionadas.

Conteúdo

Piletti (2010) afirma que "a aprendizagem só se dá em cima de um determinado conteúdo. Quem aprende, aprende alguma coisa". O conteúdo pode ser teórico ou prático:
> **conteúdo teórico** – informações, dados, fatos, conceitos, princípios e generalizações acumuladas pela experiência do homem;
> **conteúdo prático** – experiências vivenciadas pelo educando, abrangendo habilidades.

Os conteúdos, de acordo com Libâneo (1996), são compostos por quatro elementos: os conhecimentos, as habilidades, as atitudes e as capacidades cognoscitivas. Nenhum desses é considerado isoladamente.
> **Conhecimentos:** correspondem a conceitos e termos fundamentais, fatos e fenômenos, leis que explicam as propriedades das relações entre objetos e fenômenos da realidade, métodos e história, problemas relacionados ao assunto que está sendo estudado.
> **Habilidades:** qualidades intelectuais necessárias para a atividade mental no processo de assimilação de conhecimentos. Algumas são comuns a todos os estudos, como comparar, diferenciar e fazer sínteses.
> **Atitudes:** referem-se ao modo de agir, de sentir e de se posicionar frente às das tarefas, orientando a tomada de decisão.
> **Capacidades cognoscitivas:** correspondem a processos psíquicos da capacidade mental. Abrangem a compreensão da relação parte-todo, as propriedades fundamentais de objetos e fenômenos, a abstração, a generalização, a análise e a síntese, entre outros.

Os conteúdos são escolhidos a partir das competências que devem ser desenvolvidas ou potencializadas para a execução de alguma atividade ou processo.
A escolha do conteúdo deve ser feita a partir de alguns critérios.
> **Validade:** os conteúdos devem estar inter-relacionados aos objetivos propostos.
> **Utilidade:** o conhecimento a ser adquirido deve ser aplicável pelo educando no processo de trabalho em que atua ou atuará.
> **Atualidade:** o conteúdo deve ser o mais atual possível, tendo em vista que o conhecimento humano está em constante crescimento e atualização.
> **Significação:** para que a aprendizagem seja significativa, isto é, para que tenha sentido para o educando, o conteúdo deve despertar o interesse. Uma boa forma de

atingir esse ponto é estabelecer uma relação entre as experiências anteriores dos treinandos e o dia a dia de trabalho.

> **Flexibilidade:** o conteúdo deve poder ser alterado, sempre que necessário, acrescentando-se tópicos, por exemplo, caso seja detectada essa necessidade.

Adequado ao tempo disponível, o volume de conteúdo deve estar de acordo com o tempo da ação educacional.

A ordenação do conteúdo é um ponto importante no planejamento de ensino para que os assuntos não fiquem repetitivos e para que todos os pré-requisitos sejam respeitados.

Uma boa forma de organizar o conteúdo é a elaboração de um mapa conceitual, que é constituído por uma rede de *links* ou nós, representando conceitos e objetos conectados por ligações com descritores dessas relações entre os pares de nós.

Veja na figura a seguir um exemplo de mapa conceitual.

Exemplo de mapa conceitual

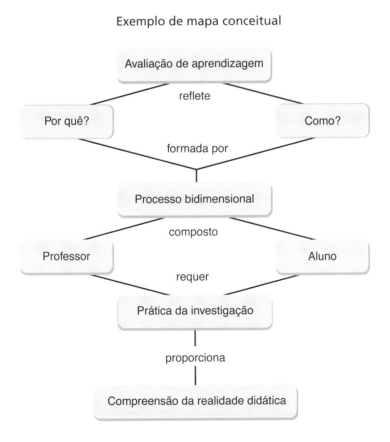

Os mapas conceituais podem ser desenvolvidos em ferramentas específicas como o CMap Tools, do Institute for Human and Machine Cognition (IHMC), da Universidade da West Florida (UWF), desenvolvido sob a supervisão do Prof. Alberto Cañas e distribuído gratuitamente na *Web* pelo seguinte endereço: *http://cmap.ihmc.us*.

Modalidade de ensino

A ação educacional pode ser desenvolvida presencialmente ou a distância.

As ações presenciais ocorrem em sala de aula (cursos, *workshops*, seminários, congressos e outros), no ambiente de trabalho do participante (*on the job*) ou em ambientes de trabalho diversos (visitas técnicas).

As ações desenvolvidas em sala de aula são ministradas tanto por um facilitador interno, que é chamado, muitas vezes, de multiplicador, como por um facilitador externo, que pode atuar na própria organização ou fora dela.

As ações *on the job* ocorrem no local de trabalho, no setor e na função em que o participante atua. Nesse tipo de ação, é possível apresentar passo a passo a operação que será realizada pelo participante no seu dia a dia de trabalho, levando-o a praticar as atividades efetivas do seu trabalho, o que permite também a correção de eventuais equívocos. O acompanhamento e a avaliação, com *feedbacks* (retornos ao treinando) constantes, são fundamentais para o sucesso dessa situação educacional.

As ações a distância são realizadas em um espaço virtual que, geralmente, é conhecido como Ambiente Virtual de Aprendizagem – AVA (o termo em inglês também é utilizado – LMS, *Learning Management System*). Podem ser cursos *on-line* e redes virtuais de conhecimento (em Educação Corporativa, é muito utilizada a expressão comunidade de prática, que designa a troca de informações, ideias e descobertas entre um grupo de pessoas que possuem interesses comuns e que, muitas vezes, atuam na mesma empresa, em atividades afins).

Duração

O tempo é um fator importante no planejamento. As atividades devem ser sempre planejadas considerando um horário de início e de término. É muito importante que a duração exata seja preestabelecida e divulgada.

Espaço de aprendizagem

No planejamento, é preciso também definir o espaço de aprendizagem. Existem alguns critérios para ajudar a decidir se uma ação será oferecida presencialmente ou a distância. Veja o quadro a seguir.

A empresa conta com um ambiente virtual de aprendizagem (AVA)?	Caso não haja um AVA, não é adequada a utilização de um curso a distância.
O conteúdo a ser apresentado é teórico ou prático?	Conteúdos práticos geralmente não devem ser apresentados em cursos a distância.
A ação educacional será aplicada a um grande número de aprendizes?	Ações educacionais para grandes grupos justificam o custo de desenvolvimento de cursos a distância.
Os aprendizes estão dispersos geograficamente?	Aprendizes dispersos geograficamente podem ser atendidos com mais eficácia em ações educacionais a distância.
A ação será presencial e o grupo é grande?	Nesse caso, deve ser verificada a existência de espaço físico adequado.

Ao planejar uma ação presencial, é necessário estar atento a alguns fatores que afetam a comodidade dos participantes:
> luz – natural ou artificial;
> níveis de ruído exterior e acústica da sala;
> temperatura (ar condicionado).

Para facilitar a organização de um evento presencial, algumas perguntas podem ser feitas:
> Quantas salas serão necessárias?
> Qual é o tamanho do grupo?
> Como deve ser o mobiliário?
> Os participantes têm onde descansar e escrever?
> As cadeiras são confortáveis?
> Qual é a melhor forma de organizar o mobiliário: estilo conferência, em torno de uma grande mesa ou um círculo de cadeiras?
> Precisa ser organizado lanche (*coffee break*)? E almoço?
> Será distribuído algum tipo de material (blocos, canetas, apostilas, por exemplo)?
> São necessários equipamentos tais como projetor multimídia, *notebook*, *flipchart* e quadro branco?

Estratégias de aprendizagem na educação corporativa

Paulo Sabbag, educador brasileiro na área de gerenciamento de projetos, em seu livro *Espirais do conhecimento*, cita uma pesquisa do NTL Institute for Applied Behavioral Science, realizada no início dos anos 1960, nos Estados Unidos, cujo objetivo foi aferir o grau de retenção de informações pelo cérebro comparando diferentes estratégias de ensino. O resultado é expresso na figura a seguir:

Pirâmide de aprendizagem

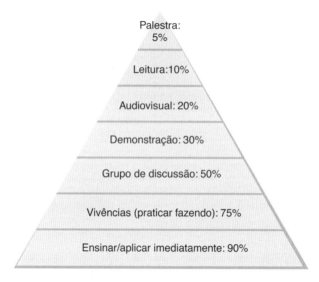

Sendo assim, é importante que a metodologia aplicada em sala de aula seja variada, de modo a possibilitar a adoção de diferentes estratégias, sempre que for possível e adequado. A metodologia adotada é um reflexo da concepção de educação e de um conjunto de objetivos.

Em Educação Corporativa, a metodologia deve ser baseada na análise de experiências e de situações da vida, e não simplesmente em assuntos teóricos.

As técnicas que utilizam a experiência dos aprendizes, como os trabalhos em grupo, os exercícios de simulação, as atividades de resolução de problemas e os estudos de caso, são mais eficazes do que as técnicas de transmissão.

A aprendizagem deve ainda ser contextualizada por meio da apresentação de situações da vida real.

Além disso, conteúdos diferentes exigem estratégias de aprendizagem diferentes. Nem todos os assuntos podem ser aprendidos da mesma forma. As estratégias também devem ser escolhidas de acordo com as situações de aprendizagem. Para esse planejamento, precisam ser considerados o espaço de aprendizagem (presencial ou a distância), o tamanho do grupo, o local onde se encontram os aprendizes e os fatores sociais e culturais.

O primeiro ponto a ser pensado antes da definição da estratégia está relacionado ao ambiente de aprendizagem. Ou seja, esse ambiente é presencial ou a distância (e-learning)?

Veja, no quadro a seguir, alguns tipos de estratégias mais adequadas à Educação Corporativa de acordo com cada modalidade de ensino.

Presencial	A distância (*e-learning*)
Estudo de caso	Estudo de caso
Seminário	Seminário
Solução de problemas	Solução de problemas
Uso de vídeo	Uso de vídeo
Jogos educacionais	Jogos educacionais
Simulação	Simulação
Exposição dialogada	Videoconferência
Dinâmica de grupo	Fórum
Workshop ou oficina de trabalho	Chat
Grupo de trabalho	
Role-play ou dramatização	

Como vemos no quadro, algumas estratégias são comuns às duas modalidades de ensino, presencial ou a distância. Vamos conhecê-las um pouco melhor a seguir.

Estratégias de aprendizagem presencial ou a distância na educação corporativa

Estudo de caso
No estudo de caso, é descrita uma situação cujas características são exploradas para que sejam levantadas possíveis soluções. Ao estudar um caso, o aprendiz analisa uma situação e aprende com os erros e os acertos cometidos, possibilitando a construção de critérios e de perspectivas de avaliação.

O estudo de caso:
> amplia a visão dos aprendizes sobre a organização e seus processos;
> auxilia o entendimento dos fatores e da complexidade que se relacionam com os eventos e processos;
> valoriza os profissionais como fundamentais em uma organização.

> **Vale saber**
> Os casos a serem estudados devem:
> - preservar o nome dos envolvidos (com o uso de pseudônimos, por exemplo);
> - ter significado amplo na organização (não devem representar exceções);
> - ser analisados com profundidade e imparcialidade.

O passo a passo para a exploração de um caso em uma situação de aprendizagem é apresentado a seguir:

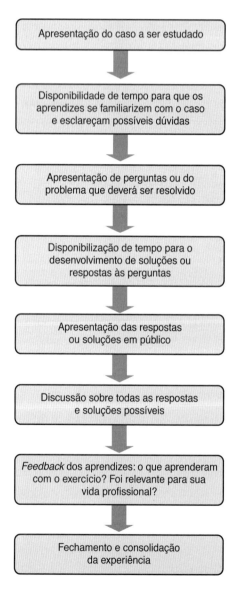

Seminário

Um seminário é uma estratégia importante para comprometer o grupo. Nele, os aprendizes pesquisam temas específicos e preparam apresentações e atividades para o grupo maior.

Os seminários possibilitam:
- o compartilhamento de pontos de vista e de conhecimentos diversificados;
- a multiplicação de responsabilidades e de possibilidades;
- o estímulo à criatividade e à autonomia dos aprendizes;
- o diálogo.

No ambiente virtual, a dinâmica do seminário é a mesma que ocorre em uma ação presencial. A turma é dividida em grupos, e cada grupo desenvolve o seu trabalho. Após o período estabelecido, os grupos apresentam-se em um espaço específico, onde são publicados os produtos desenvolvidos (documentos escritos, vídeos e apresentações, entre outros). Nesse mesmo espaço virtual, é aberto um fórum de discussão em que todos os participantes podem expor suas opiniões sobre o que foi apresentado.

Solução de problemas

É a apresentação de situações reais e desafiadoras aos grupos, solicitando que atuem criativamente.

> **Vale saber**
> Na estratégia de solução de problemas, o ideal é que o grupo não tenha vínculo direto com a situação apresentada.

Ao tentar solucionar o problema, o grupo:
- ampliará sua visão sobre os processos da organização;
- apresentará ideias e soluções não pensadas pelos profissionais diretamente envolvidos com a situação;
- poderá fazer um intercâmbio interno com os diversos níveis da organização.

Uso de vídeo

O uso de filmes, trechos de filmes, propagandas e outros é uma técnica que pode ser combinada a outras técnicas já citadas. Trata-se de uma forma agradável de trabalhar conceitos e de avaliar situações que mantém a atenção do grupo e estimula a discussão.

O facilitador deve estar atento a alguns pontos:
- o vídeo não substitui o facilitador;
- o foco deve ser mantido nas questões propostas;
- o ideal é que todos participem, por isso é importante estimular a participação;

- os equipamentos e o ambiente devem ser testados e organizados com antecedência;
- a eficácia da utilização dessa técnica depende das questões preparadas e apresentadas pelo facilitador. Cuidado para não deixar a discussão solta.

José Manuel Moran, Doutor em Comunicação pela USP, aponta os vícios pedagógicos que devem ser evitados:
- vídeo lição – quando o vídeo substitui a aula do professor;
- "vídeo enrolação" – quando o vídeo não tem ligação com o conteúdo que está sendo trabalhado;
- vídeo "tapa-buraco" – quando surge algum problema inesperado e é utilizado o vídeo para "tapar o buraco";
- vídeo deslumbramento – quando o vídeo é utilizado indiscriminadamente como se o professor estivesse deslumbrado com o recurso;
- vídeo prova – quando a interpretação do vídeo é utilizada para avaliar os aprendizes, por meio de notas ou conceitos.

Os vídeos em ações educacionais podem ser usados para:
- sensibilizar os aprendizes a determinado assunto;
- ilustrar assuntos acontecidos no passado ou em lugares distantes;
- motivar a discussão a partir de uma situação apresentada;
- apresentar situações imaginárias;
- simular experiências ou situações que, se fossem reais, exigiriam ou muito tempo ou muitos recursos para acontecer.

> **Intertexto**
> Os livros *Lições que a vida ensina e a arte encena* (Editora Átomo, 2005) e *Outras lições que a vida ensina e a arte encena* (Editora Qualitymark, 2007), de autoria de Marcia Luz e Douglas Peternela, apresentam filmes do circuito comercial que podem ser utilizados em ações educacionais nas empresas. Vale a pena conferir!

Jogos educacionais
Os jogos podem ser usados em atividades presenciais ou a distância e, geralmente, envolvem elementos de desafio, competição ou cooperação. Por meio desse recurso, os treinandos podem praticar ações como negociar, persuadir, cooperar, analisar as partes para formar o todo e tomar decisões.

Presencialmente, são utilizados principalmente jogos de tabuleiro, desenvolvidos de acordo com o negócio e as atividades práticas realizadas na organização. Esses jogos possibilitam fixar conceitos técnicos de forma lúdica e prazerosa. Em outras palavras, os participantes aprendem brincando.

Existem também os jogos virtuais, que podem ser utilizados, inclusive, em rede, em que os participantes podem estar distantes geograficamente.

O jogo deve:
- fornecer instruções claras para os participantes;
- atrair e manter o interesse e o entusiasmo;
- despertar a curiosidade;
- fornecer *feedbacks* precisos e facilitadores à continuação do jogo;
- possibilitar a aprendizagem também a partir dos erros.

Simulação

É a reprodução de uma situação real, com nível de risco controlado.

Em ações presenciais, esse tipo de estratégia requer uma preparação muito grande por parte do facilitador, que é responsável pela condução e pelo *feedback* imediato.

Em Educação Corporativa, essa estratégia é muito utilizada na formação de multiplicadores do conhecimento; ou seja, são realizadas simulações de apresentações em sala de aula. Nesse caso, o facilitador observa cada participante atuando como multiplicador, que é responsável por organizar um conteúdo e apresentá-lo para a turma.

A simulação pode ser feita, também, por meio de uma tutoria a distância, na qual o aprendiz representa o papel de tutor, sendo observado e recebendo *feedbacks* da mesma forma como é feito presencialmente.

Em algumas simulações, são utilizados recursos tecnológicos para criação de ambientes e para apresentar experiências como a vivência de situações que não seriam possíveis ou que seriam arriscadas presencialmente. Um bom exemplo seria a simulação para comandar algum equipamento (como um avião) que traria riscos ao treinando por conta de sua pouca experiência ou a simulação de algum tipo de experimento utilizando componentes químicos.

Esse tipo de simulação, realizada com o auxílio do computador, também pode ser utilizada em ações a distância.

> **Vale saber**
>
> Em ações presenciais, as simulações demandam um grande tempo disponível. Em razão disso, o facilitador deve cronometrar bem o tempo para que a simulação obtenha o resultado esperado.

Algumas estratégias são específicas de ações presenciais: exposição dialogada, dinâmica de grupo, *workshop* ou oficina de trabalho, grupo de trabalho e *role-play* ou dramatização.

Estratégias de aprendizagem presencial na educação corporativa

Exposição dialogada

Essa estratégia, uma das mais comumente adotadas, é muito eficaz se for utilizada de maneira adequada.

Uma exposição dialogada parte de uma apresentação conduzida por um especialista no assunto com o intuito de transmitir informações, teorias ou princípios. O diálogo é estimulado durante a apresentação, incluindo algum envolvimento dos participantes por meio de perguntas e discussões.

De acordo com DeAquino (2008), essa estratégia é muito útil nas seguintes situações:
- introdução de um assunto novo;
- apresentação de uma visão geral ou de uma síntese de determinado tópico;
- transmissão de fatos, dados ou estatísticas.

O facilitador pode utilizar um roteiro de apresentação e materiais de apoio. Alguns cuidados precisam ser tomados no que diz respeito à apresentação:
- Não se limite a ler o que está escrito nos *slides* desenvolvidos utilizando um *software* de apresentação.
- Apresente os *slides* com observações orais que ampliem e discutam o que está escrito.
- Faça uma revisão rigorosa antes da apresentação, verificando se há alguma observação desinteressante que poderá entediar os ouvintes.
- Utilize apresentações simples, sem muitos efeitos de animação nem muitas imagens no mesmo *slide*.
- Não utilize mais de cinco palavras por linha e não mais que cinco linhas por *slide*.
- Utilize gráficos de fácil compreensão e imagens que reflitam a fala.
- Aguarde o término da aula para distribuir materiais como cartilhas e apostilas, caso não seja necessário o uso desses durante a exposição.
- Movimente-se e gesticule de forma dinâmica e equilibrada.
- Utilize os materiais de apoio, como vídeos, com sensibilidade e economia.
- Assista aos vídeos antes de apresentá-los aos aprendizes.
- Olhe para os aprendizes, estabelecendo vínculos.
- Mantenha sua voz clara e estruturada.
- Fale com tranquilidade e segurança.
- Demonstre ânimo e disponibilidade.
- Estimule a participação de todos, lançando questões e pedindo que deem exemplos e contem suas experiências.

> **Vale saber**
> A preparação do material é fundamental. Apresentações, vídeos, transparências e textos são elementos de veiculação do conteúdo e também de motivação. Devem ser interessantes, inteligentes, criativos e bonitos. Todos se sentem mais motivados com materiais de excelente qualidade.

Dinâmica de grupo
A utilização de dinâmicas facilita a introdução de temas e ideias de forma interessante. O facilitador deve tomar alguns cuidados ao utilizar uma dinâmica:
- Verifique as características do grupo – físicas, etárias, culturais e emocionais.
- Defina os grupos baseando-se em critérios coerentes e explícitos (pode ser, inclusive, uma escolha aleatória, utilizando sorteio).
- Tenha atenção com o tempo, para que ele não fuja do seu controle.
- Estabeleça o vínculo entre a atividade e o tema a ser trabalhado de forma inteligente.
- Oriente os aprendizes sobre como participar de um trabalho em grupo: ouvir os colegas com atenção; não monopolizar a palavra; não se omitir; expor sua opinião, mesmo se for contrária à dos colegas.
- Dê orientações claras sobre a técnica que será utilizada.
- Acompanhe o trabalho dos aprendizes, reorientando-os sempre que for preciso.

No início de uma ação educacional presencial é interessante a aplicação de dinâmicas chamadas "quebra-gelo". Esse tipo de dinâmica é usado para descontrair e para atrair o interesse do grupo, antes que o assunto específico comece a ser abordado. São particularmente valiosas quando o facilitador tem pouca informação sobre os participantes, ou quando os participantes são oriundos de organizações ou setores diferentes e não se conhecem.

O "quebra-gelo" é uma atividade em que o grupo é estimulado a participar e a interagir entre si e com o facilitador. Esse momento de apresentação pode ser curto e simples, ou os participantes podem dar informações detalhadas sobre suas experiências e objetivos de aprendizagem, ou ainda apresentar seu vizinho (após uma breve "entrevista").

> **Vale saber**
> Fique atento às diferenças de ritmo e desempenho. As diferenças individuais não podem ser causadoras de constrangimentos.

Workshops ou oficinas de trabalho

Workshops ou oficinas de trabalho são atividades em que o grupo de aprendizes "põe a mão na massa", ou seja, realiza atividades práticas. Elas possibilitam aprender como fazer. O facilitador deve ficar atento:

- à preparação prévia dos instrumentos e materiais que serão utilizados;
- ao planejamento de situações realistas e significativas de acordo com os objetivos de aprendizagem;
- ao estudo prévio do conteúdo que será apresentado, porque sempre haverá dúvidas e questionamentos;
- ao manejo do tempo e do espaço.

Grupos de trabalho

Os grupos de trabalho são conhecidos como GT. Eles são constituídos geralmente para atuarem em processos criativos da organização como a criação de um novo produto, a avaliação de determinado processo e a solução de determinado problema.

O GT atua pesquisando, estudando, discutindo e tendo ideias. Sua ação pode ser considerada uma consultoria interna.

Role-play ou dramatização

Nesse tipo de estratégia, dois ou mais participantes desempenham papéis em um cenário relacionado a um tópico que está sendo estudado. O ideal é que o grupo não seja muito grande. Pode ser, por exemplo, uma situação de tomada de decisão no ambiente de trabalho ou de atendimento ao cliente.

O facilitador, também, pode participar, assumindo um dos papéis. Os demais participantes atuam como observadores e, ao final, dão o *feedback*, indicando os pontos mais relevantes.

O *role-play* oferece oportunidade para que os aprendizes trabalhem também o seu lado emocional, assumindo papéis que muitas vezes não são desempenhados por eles no ambiente profissional. Isso faz com que vejam o problema sob um ponto de vista diferente.

O papel do facilitador é essencial para que essa estratégia seja bem-sucedida, pois os participantes devem se sentir acolhidos e seguros para que possam explorar problemas que, muitas vezes, causam desconfortos ao ser discutidos e tratados na vida real. A dramatização deve ser uma ação estimulante e, muitas vezes, divertida, e isso depende do facilitador.

> **Vale saber**
>
> Os participantes devem entender muito bem os seus papéis para que possam se envolver integral e espontaneamente com a situação, sem medo de se expor.
>
> A participação em um *role-play* não pode gerar apreensão ou medo por parte dos aprendizes.

Estratégias de aprendizagem a distância na educação corporativa

As estratégias utilizadas somente em ações educacionais a distância são: videoconferência, fórum e *chat*.

Videoconferência

A videoconferência permite a comunicação entre pessoas que estão distantes geograficamente, utilizando áudio e vídeo em tempo real. Essa interação pode ser pessoa-pessoa ou em grupo, possibilitando a transmissão de palestras e a comunicação entre profissionais em uma reunião ou em uma ação educacional.

> **Vale saber**
> Para o sucesso de uma videoconferência, são necessários um bom planejamento e uma boa mediação. Faça um roteiro dos assuntos a serem apresentados ou discutidos e, ao final da videoconferência, desenvolva um resumo do que foi tratado.

Fórum

O fórum é utilizado na educação a distância e é adequado para discussões mais profundas do que as realizadas por via do *chat*, uma vez que a troca de ideias ocorre de forma assíncrona e durante um tempo maior.

Essa estratégia favorece uma atitude crítica e reflexiva acerca de determinado assunto ou situação, fundamentada em estudos e pesquisas. A utilização do fórum é iniciada a partir de uma atividade bem planejada, que estimule os participantes a inserirem sua opinião. Deve ser escolhido um conteúdo que permita a construção cooperativa.

A intervenção do mediador deve acontecer diariamente para não se correr o risco de a discussão tomar um rumo indesejado.

O mediador, para tanto, deve orientar e estimular a discussão, provocando a participação de todos. Ele deve perceber o momento de intervir e o momento de calar, permitindo que o grupo siga seu próprio ritmo. Cabe a ele, também, avaliar a participação de cada um, verificando a qualidade e a pertinência dos comentários.

> **Vale saber**
> No encerramento de cada fórum, o mediador deve fazer uma síntese do que foi discutido, destacando os principais tópicos debatidos pela turma.

Chat

O *chat* é uma forma síncrona de interagir por meio da internet. É o bate-papo virtual.

Para que o debate ocorra de forma estruturada, é fundamental agendar com antecedência o assunto a ser debatido e incentivar os aprendizes a se prepararem previamente, seja por meio de leituras sobre o tema ou por meio do levantamento de dúvidas.

É importante, também, programar cuidadosamente a ação do mediador. Uma boa maneira de fazer isso é pela elaboração de um roteiro com os temas a serem debatidos e pela manutenção do foco das intervenções sempre no que foi planejado, antecipando-se às possíveis dúvidas para que não haja imprevistos.

É aconselhável que o mediador prepare algumas questões que possam ser utilizadas caso haja pouca participação dos aprendizes. O mediador deve exercer uma liderança natural, intervindo na dinâmica, sem, no entanto, tirar espaço dos participantes.

Sugere-se que seja feito um registro do *chat* após o seu término, destacando pontos que foram explorados no debate. Podem também ser promovidos debates com especialistas, enriquecendo e dinamizando o aprendizado.

No que diz respeito à duração, o *chat* deve ter no máximo uma hora, e é aconselhável reservar os cinco primeiros minutos para que os participantes batam papo de forma descontraída antes de iniciar o debate sobre o tema agendado.

Caso o mediador perceba que algum participante está com dificuldades de se colocar, com receio de se expor, deve estabelecer contato particular para tentar inseri-lo no debate.

> **Vale saber**
> Ao fazer intervenções, o mediador não deve se esquecer de chamar os participantes pelo nome, para que fique claro com quem ele está falando.

Desenvolvimento de materiais de apoio

Toda ação educacional utiliza materiais de apoio, que podem ser desenvolvidos internamente, pelo departamento de gestão de pessoas ou por consultorias especializadas.

Vários materiais de apoio podem ser desenvolvidos, dentre eles:
- apresentação em *slides*;
- material impresso;
- *e-learning* (curso *on-line*).

Apresentação em *slides*

As apresentações em *slides* permitem ao facilitador a dinamização de suas intervenções em sala de aula e são, por isso, consideradas um material de apoio importante.

Seguem algumas dicas para a elaboração de apresentações:
- Não utilize uma fonte menor que 14 (exceto para a legenda). Isso poderá prejudicar a leitura e a aprendizagem.

- Os *slides* devem ser harmônicos. É preciso tomar cuidado para não inserir muitas informações no *slide*: palavras, fotos, ilustrações, animações, sons.
- O excesso de sons e animações desvia a atenção do treinando. O foco dele deve ser o conteúdo.
- As imagens e ilustrações só devem ser utilizadas quando significativas para o conteúdo apresentado.
- As apresentações devem seguir uma estrutura de elaboração do conteúdo, facilitando o processo de ensino-aprendizagem.

Material impresso

Podem ser apostilas, manuais, guias de bolso, cadernos e outros. Os materiais impressos apoiam e organizam o que está sendo apresentado em uma ação educacional, possibilitando que os aprendizes retomem ao conteúdo após o término da ação. Esse recurso pode ser utilizado em ações presenciais ou a distância.

E-Learning

O *e-learning* é também chamado de curso *on-line*. Geralmente é produzido por consultorias especializadas e depende, para ser realizado, de um ambiente virtual de aprendizagem (AVA), que pode ser da própria empresa-cliente ou de terceiros. Esse recurso utiliza textos, imagens e animações de forma dinâmica e interativa. Para desenvolver um curso com tais características, é preciso fazer uso de linguagem de programação, o que permite o controle de acesso registrado de todos os cursos publicados no ambiente virtual. Esse fato possibilita a extração de relatórios que indicam quem acessou o curso, durante quanto tempo, quem participou das atividades e quantos e quais foram os acertos nos exercícios, entre outras informações.

Independentemente do tipo de suporte ou da tecnologia utilizados, os materiais de apoio devem criar um diálogo com o aprendiz, orientando a aprendizagem e possibilitando a análise, a consulta, a dinamização dos conteúdos e a reflexão.

Tanto para o desenvolvimento de materiais impressos quanto para o desenvolvimento de *e-learning,* alguns cuidados devem ser tomados:
- ser escrito de forma simples, direta e clara;
- apresentar definições para palavras novas ou terminologia técnica usada;
- utilizar um estilo informal e acessível;
- contextualizar o conteúdo utilizando exemplos práticos e estudos de caso sempre que possível;
- utilizar imagens relacionadas ao tema;
- cuidar para que o texto esteja escrito de acordo com a norma culta.

Avaliação

Aprendizes adultos devem ser envolvidos com a responsabilidade de avaliar sua aprendizagem e a ação educacional. Os instrumentos de avaliação possibilitam que seja dado o *feedback* em relação ao aprendiz, ao resultado da aprendizagem, à atuação do facilitador, à infraestrutura etc.

Libâneo (1996) aponta as características mais importantes da avaliação em um processo formal de ensino-aprendizagem:

- **Reflete a unidade objetivos-conteúdos-métodos** – não é uma etapa isolada e, portanto, deve estar concatenada com os demais elementos expressos no planejamento e desenvolvidos no decorrer do processo de ensino.
- **Possibilita a revisão do plano de ensino** – a avaliação ajuda a tornar mais claros os objetivos que se quer atingir, e, observando a reação dos alunos, o educador pode tomar novas decisões em relação às atividades planejadas para serem desenvolvidas posteriormente.
- **Ajuda a desenvolver capacidades e habilidades** – a avaliação deve ajudar os aprendizes a se desenvolverem, tornando-os capazes para desempenhar suas funções.
- **Deve voltar-se para a atividade dos aprendizes** – como os aprendizes aprendem a partir da participação nas situações didáticas, é percebido que a avaliação deve ser realizada ao longo do processo de ensino e não apenas ao final.
- **Ser objetiva** – baseada nos objetivos estabelecidos no planejamento de ensino. A objetividade não exclui a subjetividade do educador, apenas indica que é preciso estar atento para não "fugir" dos objetivos estabelecidos nem dos conteúdos trabalhados. Mas cuidado para a avaliação não se tornar um ato mecânico.
- **Ajuda na autopercepção do educador** – funciona como um termômetro da atuação do educador, que obtém informações sobre seu próprio trabalho ao analisar o desempenho dos aprendizes.
- **Reflete valores e expectativas do educador em relação aos aprendizes** – esse ponto está relacionado à forma de ser do educador, a sua postura ética, à capacidade de lidar com todos os aprendizes de forma igualitária, não importando a posição que ocupam dentro da organização.

Tipos de avaliação

Conheça alguns tipos de avaliação aplicados antes, durante ou ao final de uma ação educacional:

- diagnóstica;
- formativa;
- somativa;
- de reação;
- autoavaliação.

Avaliação diagnóstica

Essa avaliação ocorre no momento em que o aprendiz ingressa na ação educacional. O objetivo é conhecer o nível de conhecimento do aprendiz para melhor acolhê-lo e inseri-lo em um estágio de aprendizagem compatível com suas experiências anteriores.

O tempo destinado a essa avaliação deve ser breve, possibilitando que o aprendiz inicie logo suas atividades. Uma avaliação diagnóstica pode ser composta por algumas etapas:

> - Preenchimento de formulário de identificação do perfil.
> - Análise documental – análise da documentação do aprendiz (diplomas, certificados, currículo e outros).
> - Realização de avaliações para verificar os conhecimentos – por meio de instrumentos variados (entrevistas, exercícios, testes, provas, trabalhos e outros).

Essas etapas não são obrigatórias. Uma pode ocorrer sem a outra.

Avaliação formativa

A avaliação formativa ou processual ocorre durante o desenvolvimento das atividades. Pode ser realizada a partir da observação, por parte do facilitador, sobre o desempenho e sobre a interação dos aprendizes tanto com os demais participantes quanto com os objetos de aprendizagem. Essa avaliação pode servir também como um exercício.

> **Vale saber**
> Nas avaliações *on-line* em que são utilizadas questões fechadas (de múltipla escolha, relacionar colunas, completar frases, entre outros), o *feedback* é imediato.

Avaliação somativa

Essa avaliação permite conhecer o nível de aprendizagem alcançado pelo aprendiz. É realizada ao final de uma unidade de ensino ou de um curso.

> **Vale saber**
> A forma de avaliação não pode ser uma surpresa para o aprendiz. Ele deve ter "praticado" durante o processo ensino-aprendizagem, nas avaliações formativas. Se durante as aulas o aprendiz não tiver realizado um exercício de múltipla escolha, por exemplo, na avaliação somativa esse tipo de exercício não deve ser aplicado.

Avaliação de reação

O objetivo de uma avaliação de reação é mensurar a reação dos participantes em relação à ação educacional. Ao aplicar uma avaliação desse tipo espera-se responder a perguntas como as listadas a seguir.

- Os objetivos de aprendizado do curso foram alcançados?
- Os conteúdos foram apropriados e adequados? Foram transmitidos de maneira interessante?
- Os materiais de apoio foram de boa qualidade?
- O espaço físico foi confortável e conveniente? A ventilação e o clima da sala foram bons?
- O facilitador desempenhou seu papel de forma adequada?

> **Vale saber**
> As respostas às avaliações de reação devem ser compiladas e consideradas para melhoria da ação educacional.

Autoavaliação
A autoavaliação estimula o participante a refletir sobre o seu próprio desenvolvimento, analisando o percurso de aprendizagem. Essa avaliação pode estar inserida na avaliação de reação, e para realizá-la o participante deve observar se atingiu os objetivos iniciais do curso, apontando suas dificuldades e seus avanços.

> **Vale saber**
> O aprendiz deve se sentir à vontade para responder à avaliação de reação de forma sincera. Para tanto, o registro do nome deve ser opcional.

> **Acompanhando Marcelo em um projeto de Educação Corporativa**
> Para concluir o planejamento da Formação de Multiplicadores, faça o plano de aula para a primeira manhã da Formação de Multiplicadores (quatro horas). Utilize o modelo de plano de aula apresentado.

Resumo executivo

- A aprendizagem de adultos, Andragogia, deve ser centrada nas necessidades e nas experiências do aprendiz e deve também ser orientada para a resolução de problemas.
- A aprendizagem não ocorre somente nas instituições de ensino. Quando essa ocorre fora do ambiente escolar, ela é chamada de formal, e quando se dá em ambientes em geral, é chamada de informal.
- As diferenças individuais aumentam com a idade e devem ser consideradas no processo de ensino.
- Ao realizar o planejamento de uma ação educacional, é importante conhecer o público-alvo. É possível aplicar um formulário de identificação do perfil dos aprendizes com esse objetivo.

> As principais características de um facilitador são: ter interesse, saber ouvir, comunicar-se bem, ser organizado e ter bom conhecimento técnico.
> Um bom planejamento de ensino deve ser coerente, contínuo, flexível, objetivo, funcional e claro.
> No plano de curso, são definidos o público-alvo, os objetivos, os conteúdos, a duração do curso, a modalidade de ensino, os recursos didáticos e o tipo de avaliação a ser aplicada.
> O plano de aula apresenta o passo a passo da aula: objetivos, conteúdos, estratégias, recursos, avaliação e duração.
> O planejamento é um guia de trabalho e deve ser utilizado para registrar os pontos de sucesso e os pontos a melhorar.
> Os objetivos da aprendizagem devem ser claros, precisos, centrados no participante e realistas.
> Os conteúdos devem ser definidos a partir de competências a serem desenvolvidas ou potencializadas.
> A modalidade de ensino pode ser presencial ou a distância.
> As ações presenciais podem ser realizadas em sala de aula, *on the job*, ou seja, no ambiente de trabalho do aprendiz ou em ambientes de trabalho diversos ou em visitas técnicas.
> O tempo é um fator importante no planejamento de uma ação educacional.
> O espaço de aprendizagem deve ser definido considerando alguns critérios como tamanho do grupo, tipo de conteúdo e existência ou não de ambiente virtual de aprendizagem na empresa. Esse espaço pode ser virtual ou presencial.
> Em uma ação educacional, devem ser aplicadas diferentes estratégias de ensino para que os aprendizes possam reter o maior volume de informação possível.
> Em Educação Corporativa, a metodologia precisa ser baseada em análise de experiências e não simplesmente em assuntos teóricos.
> Muitas estratégias de aprendizagem podem ser utilizadas tanto na educação presencial quanto na educação a distância. São exemplos: estudo de caso, seminário, solução de problemas, uso de vídeo, jogos educacionais e simulação.
> No estudo de caso, é descrita uma situação cujas características são exploradas para que sejam levantadas possíveis soluções.
> No seminário, os aprendizes pesquisam temas específicos e preparam apresentações e atividades para a turma.
> As situações utilizadas para solução de problemas são reais e desafiadoras, possibilitando que os aprendizes atuem criativamente sobre o problema.
> O uso de vídeos permite o trabalho de conceitos e a avaliação de situações de forma estimulante, capaz de manter a atenção do grupo.
> O uso de jogos educacionais possibilita a fixação de conteúdos técnicos de forma lúdica e prazerosa.

- Uma simulação é a reprodução de uma situação real, com nível de risco controlado.
- Exposição dialogada, dinâmica de grupo, *workshop* ou oficina de trabalho, grupo de trabalho e *role-play* ou dramatização são estratégias utilizadas no ensino presencial.
- Uma exposição dialogada é conduzida por um especialista no assunto, que estimula a participação dos aprendizes.
- As dinâmicas de grupo permitem a participação ativa dos aprendizes.
- Nos *workshops* ou oficinas de trabalho, os aprendizes realizam atividades práticas.
- Em um grupo de trabalho, o foco é a pesquisa, o estudo e a discussão de ideias.
- Nos *role-plays* ou dramatizações, alguns participantes desempenham papéis em um cenário relacionado a um tópico que está sendo estudado.
- Em educação a distância, são utilizados fórum, *chat* e videoconferência.
- Uma videoconferência permite a comunicação entre pessoas que estão distantes geograficamente, utilizando áudio e vídeo em tempo real.
- Em um fórum, a discussão de ideias ocorre de forma assíncrona e durante o tempo estipulado pelo facilitador/tutor.
- O *chat* é o bate-papo virtual capaz de possibilitar que os aprendizes "conversem", em tempo real, com o facilitador ou com especialistas.
- Cada uma das estratégias de ensino-aprendizagem possui características próprias que devem ser consideradas no planejamento do ensino.
- Os materiais de apoio devem ser elaborados com cuidado, para que sejam de qualidade.
- Alguns exemplos de materiais didáticos são: apresentação em *slides*, material impresso e *e-learning*.
- Para avaliar o conhecimento dos aprendizes, a ação educacional ou a aprendizagem, podem ser aplicadas as seguintes avaliações: diagnóstica, formativa, somativa, de reação ou autoavaliação.

Teste seu conhecimento

1. Pedagogia é a ciência relacionada à educação de crianças e Andragogia está relacionada à educação de adultos. Aponte as diferenças entre Pedagogia e Andragogia no que diz respeito ao ambiente de aprendizagem, ao papel da experiência e à motivação.
2. Que características dos aprendizes devem ser consideradas em um planejamento educacional?
3. Cite três funções de um facilitador.
4. Plano de curso não é sinônimo de plano de aula. Explique essa afirmativa.
5. Quais são as modalidades de ensino?
6. Em que espaços podem ser realizadas as ações presenciais?

7. Escolha três estratégias de ensino e aponte suas características e vantagens para utilização na Educação Corporativa.
8. Que cuidados devem ser tomados no desenvolvimento de materiais didáticos?
9. Cite duas características de uma avaliação em um processo formal de aprendizagem.
10. Explique o que são a avaliação formativa e a avaliação somativa.

Bibliografia

DEAQUINO, C.T.E. **Como aprender:** andragogia e as habilidades de aprendizagem. São Paulo: Pearson Prentice Hall, 2008.

EBOLI, M. **Educação corporativa no Brasil:** mitos e verdades. São Paulo: Gente, 2004.

HAIDT, R.C.C. **Curso de didática geral.** São Paulo: Ática, 2003.

MORAN, J.M. **O vídeo na sala de aula.** Comunicação & educação. São Paulo: ECA-Moderna, [2]: 27 a 35, jan./abr. 1995.

PILLETI, C. **Didática geral.** São Paulo: Ática, 2010.

SABBAG, P.Y. **Espirais do conhecimento:** ativando indivíduos, grupos e organizações. São Paulo: Saraiva, 2007.

Parte III
Instrumental

Capítulo 6

Design Instrucional na Educação Corporativa

Leonel Tractenberg e Régis Tractenberg

Contextualização

Diante da diversidade crescente das demandas educacionais e de treinamento das organizações, os gestores e coordenadores de projetos de educação corporativa se deparam com inúmeras questões e problemas que lhes demandam a tomada de decisões: Como decidir entre a variedade de alternativas de capacitação disponíveis? Onde investir tempo, verbas e esforços? O que é mais adequado: um curso *on-line*, um curso presencial ou semipresencial? Quanto tempo deve durar? Que tecnologias, mídias e materiais didáticos serão utilizados? Devemos criar novos ou selecionar outros já existentes e disponíveis no mercado? A solução educacional deve ter caráter motivacional ou conteúdos técnicos e práticos? No caso de um curso *on-line*, deve haver acompanhamento de professores ou instrutores? Caso afirmativo, como deve ser sua forma de interação com os participantes? Qual deve ser o tamanho das turmas? O agrupamento em turmas é necessário ou os aprendizes podem estudar de modo independente, ou, ainda, são necessários acompanhamento e orientação individualizados no próprio ambiente de trabalho?

Não é incomum organizações investirem tempo e recursos em programas educacionais que fracassam. A falta de competência por parte do gestor ou de assessoria especializada pode levar a decisões ineficientes e/ou ineficazes. Há várias coisas que podem dar errado nesses projetos, entre elas:

> a frequência ou a participação dos alunos nos cursos ser baixa e a evasão de participantes ficar acima do aceitável;
> os aprendizes ficarem insatisfeitos com a solução educacional oferecida;
> os resultados de aprendizagem serem insatisfatórios;
> a aprendizagem não levar à melhoria do desempenho ou ao aprimoramento dos processos de trabalho no médio e longo prazos;
> o projeto exceder o cronograma e o orçamento previstos.

Tais decorrências têm, por sua vez, origem em diferentes causas, entre elas:

> o desconhecimento das características dos aprendizes, dos processos de trabalho e do contexto organizacional amplo;
> o desconhecimento das causas e características dos problemas para os quais se buscam soluções educacionais;
> a solução educacional proposta procura resolver problemas que demandam mudanças organizacionais de outra ordem (nas estruturas e processos de trabalho, nas tecnologias, na motivação dos trabalhadores etc.);
> a falta de objetivos educacionais definidos de forma precisa, realista e avaliável ou mensurável (quantitativa ou qualitativamente) e o planejamento malfeito (calculando mal o tempo, os custos, os profissionais, os recursos, os riscos etc.);
> a má comunicação entre as áreas envolvidas no desenvolvimento, na implementação, na avaliação e na gestão do projeto;
> os materiais didáticos e os recursos tecnológicos utilizados são inadequados, pouco eficientes ou não correspondem ao estabelecido inicialmente;
> as estratégias, os métodos e os ambientes de ensino-aprendizagem são inadequados;
> faltam professores ou instrutores qualificados;
> os processos e instrumentos de avaliação (do curso, dos materiais, dos professores, da aprendizagem) são inadequados.

De modo geral, quanto maior a complexidade, o custo ou a abrangência de um projeto educacional ou de treinamento, tanto maior a necessidade do estabelecimento prévio de objetivos e parâmetros que guiarão o desenvolvimento, a implementação e a avaliação das ações, com base em decisões técnicas bem fundamentadas. Nessas situações, a metodologia sistemática e tecnicamente fundamentada chamada *design* instrucional (DI) é de grande utilidade.

É fundamental que tanto aqueles que irão coordenar projetos de educação corporativa quanto aqueles que integrarão a equipe desses projetos, como professores conteudistas, professores tutores etc., conheçam a metodologia do DI. Neste capítulo vamos, então, apresentar o DI, suas etapas e alguns conceitos que podem ajudar em seus futuros projetos de capacitação em contextos corporativos.

Estudo de caso

> Márcia foi contratada para substituir um gerente de projetos educacionais de uma universidade corporativa da empresa X, da área de TV a cabo e banda larga com unidades espalhadas por todo o território nacional. Essa universidade corporativa atende a um leque amplo de profissionais da empresa: técnicos de instalação, vendedores, equipe de suporte (*helpdesk*), engenheiros de telecomunicação e executivos. Segundo o chefe

de Márcia, Josimar, o gerente de projetos educacionais anterior ficou nessa função nos últimos dois anos, mas foi mandado embora porque os resultados da sua área estavam bastante insatisfatórios. Esse gerente não conseguiu atender à quantidade demandada de cursos, nem evidenciar o aproveitamento dos diferentes públicos das capacitações sob sua responsabilidade. Ultrapassou cronogramas importantes ligados às estratégias da empresa e estourou o orçamento previsto para a área.

Diante desses desafios e para não repetir os mesmos erros, Márcia procurou conversar com vários integrantes das equipes envolvidas, pessoas de outras áreas da empresa. Um assistente do antigo gerente de projeto lhe mostrou em que estágio cada projeto se encontrava e disse que achava que o gerente de projetos anterior não tinha culpa do não alcance dos resultados esperados. Deu o exemplo de uma capacitação específica para os vendedores da empresa:

"Cada um pede uma coisa. Os diretores dizem que desejam aumentar as vendas, mas os gerentes da área de vendas sugerem que se modifiquem vários procedimentos internos que são falhos e já estão bem defasados. Já os vendedores querem políticas de bonificação por resultados, pois sua remuneração é fixa. Daí vem o Josimar, chefe do nosso departamento, ignora todas essas coisas e diz que a solução é oferecer o curso na forma de EAD e que isso resolverá todo o problema..."

Outro membro da equipe de produção de cursos da universidade corporativa, tratando dessa mesma capacitação para os vendedores, foi o que mais detalhou as informações:

"A ideia inicial do curso era ajudar os vendedores a desenvolver formas mais criativas para estimular as vendas. Me entregaram uma apostila enorme, feita por um vendedor aposentado que trabalhou há alguns anos na empresa. Só que o conteúdo não servia para criar o curso de que precisávamos, pois estava totalmente desatualizado! Daí contratamos uma consultoria para criar os cursos on-line. Eles pegaram a mesma apostila sem revisão e fizeram um curso todo ilustrado, cheio de animações... Achei ridículos os bonequinhos, que pareciam saídos de um programa infantil, e os joguinhos de pescaria e forca, que eram as atividades do curso. Mas o Josimar gostou, e colocamos tudo no ambiente virtual de aprendizagem. O curso era autoinstrucional. Como já tínhamos estourado o orçamento, decidiram colocar um vendedor da empresa para tirar eventuais dúvidas por e-mail."

"O pessoal dessa consultoria só queria mesmo ganhar dinheiro, não se importava com os resultados. Também tentaram empurrar para nós outros produtos que já tinham prontos."

> Diante dessas críticas, Márcia decidiu perguntar o que os gerentes das unidades pensavam sobre aquela capacitação *on-line* em vendas. Entre as respostas, eis o comentário de um gerente:
>
> "As estatísticas dos relatórios a que temos acesso mostram que os vendedores da X acessaram todas as telas e fizeram todas as atividades, mas na prática as vendas não melhoraram. Agora, ninguém sabe o que deu errado, e tiveram que culpar alguém..."

Esse curso de capacitação de vendedores deveria ser o "carro-chefe" da universidade corporativa, pois era o que possuía um público maior e mais diversificado dentro da empresa, centenas de vendedores espalhados pelo Brasil, bem como o que tinha impacto mais direto sobre os negócios. Além disso, há alta rotatividade dos vendedores, e, por isso, é necessário continuamente capacitar novos vendedores. Era, no entanto, apenas um dentre vários outros que precisavam ser desenvolvidos, conforme as demandas.

Perceba que nesse caso não se trata somente de planejar melhor um único curso, mas de elaborar um projeto e um processo que atendesse às demandas da universidade corporativa. O que Márcia poderia fazer para resolver essa situação? De que forma os conhecimentos sobre *design* instrucional (DI) poderiam ser úteis nesse sentido?

Conceitos para entender a prática

O que é design *instrucional*

Primeiramente é fundamental saber o que é DI e qual é a potencial contribuição dos profissionais especializados nessa metodologia. Alguns autores chamam de "desenho instrucional", "planejamento instrucional" ou "desenho didático", entre outras variações. Preferimos manter o termo *design instrucional* (DI) por já ser consagrado pela literatura internacional e constituir toda uma área de prática profissional e de pesquisa. A expressão "*design* instrucional" remete a duas noções fundamentais que precisam ser bem compreendidas:

> - **Design** é um termo inglês que diz respeito a configuração, concepção ou projeto, elaboração, especificação ou conjunto de características de um artefato material (uma embalagem, um móvel, um aparelho) ou imaterial (um conceito, um processo, um serviço). É uma atividade que envolve, ao mesmo tempo, aspectos artísticos, estéticos, éticos e criativos, além de aspectos sociotécnicos e científicos (cognitivos, ergonômicos, tecnológicos, eficiência, custo-benefício etc.), e pode referir-se tanto ao planejamento e processo de concepção quanto ao produto ou resultado final (FILATRO, 2004). Consideramos que as traduções para o português – às vezes como "desenho", outras como "planejamento" – não dão conta dessa característica complexa e híbrida

técnica, artística e social, que busca articular funcionalidade, eficiência e estética. Por isso preferimos usar o termo *design* instrucional a desenho (ou planejamento) instrucional.

> **Vale saber**
> A noção de *design* se aplica a diversos objetivos. Existem o *design* de joias, o de moda, o de jogos, o *design* industrial (de equipamentos, embalagens, móveis etc.), o *design* de interfaces e *websites*, o *design* gráfico e de sinalização, entre muitos outros. Pode envolver conhecimentos de disciplinas variadas, como a Psicologia Cognitiva e da Percepção, a Informática, a Engenharia, a Biologia, a Sociologia, a Comunicação, as Artes Visuais etc.

> **Instrução** é, frequentemente, entendida unicamente como ordem e transmissão unidirecional e verticalizada de informações e direcionamentos, ou como condicionamento comportamental. Em certos casos, a instrução pode ser, de fato, concebida como informações ou procedimentos padronizados a serem transmitidos (por exemplo: a verificação que o piloto faz dos instrumentos antes da decolagem do avião). Mas instrução também significa ensino, cultura, saber, erudição. No contexto do DI, a instrução é entendida como um processo de ensino-aprendizagem intencional caracterizado pela presença de objetivos de aprendizagem específicos, procedimentos e recursos ou materiais planejados e predefinidos (ROMISZOWSKI, 1999). Assim, a instrução compreende todas as iniciativas formais, materiais ou metodológicas, para se promover aprendizagens predeterminadas. Palestras, livros didáticos, vídeos educativos, tutoriais *on-line*, cursos universitários, *software* educativos, treinamentos profissionais ou esportivos são todos exemplos de instrução. Pode ser utilizado como sinônimo de "ensino", mas um processo de ensino caracterizado por objetivos claros e um planejamento prévio bem definido. Experiências em que não há ensino direcionado (como a criação de uma comunidade de prática e aprendizagem profissional), ou em que o ensino é planejado apenas em linhas gerais, mas sem objetivos específicos definidos (como uma visita a um museu ou a realização de um estágio profissional), não constituem instrução, mas, sim, experiências educacionais formais ou informais amplas. O planejamento desse tipo de experiências pode ser considerado em áreas como Gestão do Conhecimento, Tecnologia Educacional ou, como é chamado recentemente, o *Design* Educacional (DE). Neste capítulo focalizaremos especificamente, no entanto, o DI, que acreditamos oferecer elementos importantes inclusive para iniciativas educacionais abertas.

> **Vale saber**
>
> **Educação *versus* Treinamento**
> É útil diferenciar instrução de educação, ensino, aprendizagem e treinamento. Aprendizagem é toda experiência que leva a transformações mais permanentes em nosso modo de pensar ou agir. Aprendemos a todo momento, tanto em contextos formais (escola, universidade, usando materiais didáticos) quanto em contextos informais (caminhando na rua, viajando, vendo TV, pensando ou até sonhando). Por Educação podemos entender o conjunto das políticas e experiências formais de ensino oferecidas pelo sistema educacional. Em alguns casos, educação se refere ao conjunto das experiências de aprendizagem formais vividas por um indivíduo. Nesse caso torna-se sinônimo de formação. Por vezes, ainda, esse conjunto de experiências de aprendizagem inclui também as aprendizagens informais, como por exemplo a educação recebida em casa, junto à família, amigos e também em experiências de aprendizagem incidental (vendo um filme, lendo um livro etc.). Treinamento é o nome dado com frequência à instrução quando focalizada em objetivos de aprendizagem principalmente voltados a práticas profissionais ou esportivas. Treinamento não é, como muitos consideram, algo necessariamente voltado para ensinar trabalhadores a executar tarefas simples e repetitivas. Os objetivos de aprendizagem em um treinamento podem ser de todos os tipos, inclusive visar ao desenvolvimento da criticidade, visão de conjunto, habilidades interpessoais etc.

O DI se distingue pelo seu caráter metódico, sistemático, analítico e técnico aplicado aos processos de análise, planejamento, desenvolvimento, implementação e avaliação de programas, materiais, tecnologias e/ou atividades com fins educacionais. Sua prática se orienta por resultados de pesquisas principalmente nas áreas de Educação, Psicologia e Comunicação. Trata-se de uma abordagem sistêmica que pondera múltiplos fatores que afetam e/ou podem ser afetados pela implementação de uma iniciativa de educação ou treinamento. Possui como propósito básico criar: a) processos e materiais didáticos que sejam eficazes, isto é, que atinjam seus objetivos pedagógicos; b) viáveis e eficientes em termos da relação custo-benefício, tempo, recursos etc.; c) relevantes e estimulantes para os aprendizes.

O DI pode ser aplicado no nível micro do planejamento educacional, na elaboração de materiais didáticos – como livros, apostilas, vídeos, tutoriais – e em atividades educacionais como palestras, aulas etc. Mas também pode ser aplicado no nível meso, no planejamento de cursos, programas de treinamento, e no nível macro educacional, na elaboração de currículos e das estratégias e diretrizes político-pedagógicas institucionais, ou mesmo governamentais.

Dentre os benefícios, essa metodologia possibilita, segundo Smith e Ragan (1999): facilitar o desenvolvimento de soluções alternativas às práticas usuais em um determinado campo de ensino; situar o foco do processo de ensino-aprendizagem nos aprendizes; integrar o trabalho de designers instrucionais, designers gráficos, instrutores, gerentes e outros profissionais através de um processo de trabalho sistemático e colaborativo; facilitar o alinhamento ou a convergência entre demandas ou problemas, objetivos educacionais, atividades e avaliações.

Um dos motivos da rejeição do DI por parte de educadores, principalmente a partir da década de 1980, foi pelo fato de este estar associado à tecnologia educacional de base behaviorista. Uma das grandes contribuições do behaviorismo foi o reconhecimento do valor de uma aprendizagem mais individualizada, realizada passo a passo, conforme o ritmo de cada aprendiz, e reforçadora. Por outro lado, o behaviorismo aplicado como tecnologia educacional reforçava uma perspectiva mecanicista, autoritária e transmissiva de educação. Quando autores se referem a "educação instrucionista" ou "instrucionismo" estão se referindo a um modo de educação transmissivo, tecnicamente fundamentado, voltado principalmente para a memorização de informações e a repetição de procedimentos. O entendimento da educação segundo essa abordagem é o da adaptação à sociedade, ao trabalho, e não o seu questionamento, crítica ou mudança da mesma. Essa visão de educação foi fortemente questionada e objetada por diversos movimentos sociais e pelo desenvolvimento e disseminação das pedagogias de base crítica e construtivistas.

Vale saber

Behaviorismo

O behaviorismo é uma teoria de aprendizagem que predominou sobretudo no contexto anglo-saxão até a década de 1970, baseada no estudo empírico do comportamento e de sua modificação por meio de estímulos condicionantes presentes no ambiente. Em 1954, B.F. Skinner publicou o artigo "A ciência da aprendizagem e a arte do ensino". Nele, descreve os requisitos necessários para a aprendizagem humana e especifica as características de materiais instrucionais efetivos. Esses materiais, chamados de "instrução programada", deviam (a) apresentar a instrução em pequenos passos, (b) exigir respostas abertas para perguntas frequentes, (c) fornecer *feedback* imediato e (d) permitir que o aprendiz seguisse seu próprio ritmo. Segundo Skinner, como cada passo na instrução era pequeno, os aprendizes responderiam corretamente às questões e seriam assim motivados pelo *feedback* recebido, melhorando sua aprendizagem. Muitos materiais didáticos atuais, como tutoriais e jogos educacionais, seguem esses princípios, embora não se apresentem como seguindo princípios behavioristas.

Assim como outras metodologias de elaboração e gestão de projetos, o DI prioriza a racionalidade, a eficiência, a produtividade, o controle e a objetivação dos processos e resultados de aprendizagem. Esses princípios são fundamentais especialmente quando se planejam materiais didáticos que serão distribuídos em larga escala, cursos cuja elaboração tem custo elevado ou contextos em que a aprendizagem correta dos conhecimentos e habilidades é crítica (por exemplo, cursos na área de segurança, primeiros socorros etc.).

O fato de a instrução ser intencional e tecnicamente planejada não significa que ela deva ser concebida segundo uma abordagem behaviorista. De fato, o DI procura aproveitar contribuições valiosas de diferentes teorias na área de educação, inclusive das abordagens construtivistas e socioconstrutivistas. Principalmente a partir da década de 1990, o DI se enriquece e amplia com a adoção de "novos paradigmas" teórico-metodológicos que priorizam, entre outros aspectos:

> maior autonomia e responsabilidade dos aprendizes em relação à própria aprendizagem;
> maior diversidade de métodos e tecnologias disponíveis para seleção e utilização por parte de professores e de estudantes;
> tanto a aprendizagem individual quanto a aprendizagem baseada na interação e na colaboração em grupo;
> enfoques motivacionais e lúdicos (por exemplo: jogos), baseados na aprendizagem de adultos (andragogia) e na resolução de problemas (*problem-based learning*) e casos (*case-based learning*), realização de projetos (*project-based learning*) e de pesquisas (*inquiry-based learning*) e/ou de tarefas colaborativas (*team-based learning*) em grupos e comunidades de aprendizagem;
> o desenvolvimento das múltiplas inteligências; a metacognição (autoconsciência e compreensão dos próprios modos de aprender); as dimensões éticas e afetivas da aprendizagem; questões relativas à diversidade (sociocultural, de gênero etc.);
> o desenvolvimento de cursos, ambientes, tecnologias e recursos educacionais mais flexíveis, abertos, hipermidiáticos (baseados em hipertextos, multimídia, Internet etc.) e de base socioconstrutivista, influenciando tanto a aprendizagem presencial quanto a semipresencial e a distância;
> o professor atuando mais como guia, orientador e mobilizador do que como transmissor de saberes.

Não é incomum encontrar no mercado *webdesigners*, roteiristas *web*, programadores, entre outros profissionais, que erroneamente se intitulam *designers* instrucionais, quando sua função reside apenas em revisar e roteirizar conteúdos para materiais didáticos digitais. Existem, no entanto, profissionais que possuem formação voltada ao DI, geralmente em

nível de pós-graduação. Esses profissionais devem possuir várias competências que, geralmente, profissionais sem essa formação específica não têm:
> Competências de *design* instrucional em **nível macro**. Tratam do planejamento e da gestão de um projeto educacional como um todo. O foco está no planejamento de currículos, cursos, programas de capacitação e na concepção abrangente de livros, materiais didáticos, vídeos educativos etc., e em seu processo de desenvolvimento quase sempre através de equipes multiprofissionais, implementação e avaliação.
> Competências de *design* instrucional em **nível micro**. Tratam do planejamento específico para uma determinada unidade de conteúdo, aula, oficina etc. Dentro de um determinado material, como um texto ou tutorial, por exemplo, pode haver a inserção de diferentes recursos, como ilustrações, narrações, vídeos, animações (utilizando *software* como Flash) etc. Cada um desses elementos demanda roteirização e frequentemente a criação de *storyboards*. Esse tipo de material didático tem sido muito utilizado na EAD corporativa, e provavelmente por isso seja tão comum a noção equivocada de que essa é a principal (senão única) atividade de *designers* instrucionais.

No caso da gestão de projetos educacionais, quanto maiores a relevância, a complexidade, os recursos, os custos e riscos envolvidos etc., maior a necessidade de os projetos serem gerenciados por profissionais especializados. É importante ressaltar que a aplicação do DI e o trabalho do *designer* instrucional não se restringem à EAD. *Designers* instrucionais são profissionais competentes no planejamento de *software* educativos, vídeos, livros e outros materiais didáticos, pesquisa e seleção de conteúdos, gestão de projetos, concepção do projeto político-pedagógico da organização, roteirização de materiais didáticos digitais, concepção de "objetos de aprendizagem", cursos e treinamentos *on-line*, semipresenciais ou presenciais, planos de mediação docente, entre outras tantas soluções e serviços com fins educacionais. (Adaptado de IBSTPI, 2002.)

Conhecer a metodologia do DI também é útil a profissionais que não se denominam "*designers* instrucionais" mas trabalham com o planejamento de soluções educacionais: professores, coordenadores de cursos, gestores de universidades corporativas, autores e editores de materiais didáticos em geral.

Existem diversas empresas e consultorias especializadas em DI que podem ajudar a implementar projetos educacionais em empresas, mas é fundamental que os gestores da educação corporativa entendam o processo geral do DI e o papel dos *designers* instrucionais, para melhor acompanhar e avaliar o seu trabalho. Nesse sentido, apresentaremos a seguir as principais etapas que compõem o trabalho do DI. Para um aprofundamento específico em cada uma, sugerimos a leitura dos livros: FILATRO (2008); ROMISZOWSKI (2003) e SMITH e RAGAN (1999).

As etapas do *design* instrucional

Existem muitos modelos que representam as etapas do processo de DI, e o modelo ADDIE é um dos mais utilizados. A sigla significa: *Analize* (analisar); *Design* (planejar); *Develop* (desenvolver); *Implement* (implementar) e *Evaluate* (avaliar). Essas etapas geralmente são apresentadas de forma sequencial, porém, na prática, comumente ocorrem de forma cíclica e iterativa. Veremos nas seções a seguir, de forma mais aprofundada, cada uma dessas fases.

Fase de análise

Primeiro é preciso diferenciar a análise dos problemas instrucionais das soluções propostas. Esse é um dos pontos mais difíceis na prática do DI. Com frequência, pressionados por prazos e demandas de produtividade, gestores de organizações propõem de maneira precipitada soluções com as quais têm maior familiaridade ou preferência mas que nem sempre são adequadas aos verdadeiros problemas. É um erro comum certas organizações criarem programas e cursos na expectativa de resolver problemas que não podem ser completamente resolvidos por iniciativas de educação ou treinamento. Em muitos casos a solução exige ações integradas de treinamento e comunicação juntamente com mudanças em tecnologias, processos de trabalho, estruturas organizacionais. Em outros casos, mudanças como a reestruturação das equipes, o ajustamento das recompensas e remunerações ou a mudança das chefias podem ser suficientes para resolver problemas de desempenho. Quando precipitamos a definição do formato de uma solução instrucional, corremos o risco de cristalizar uma alternativa que pode não ser a melhor se considerados todos os dados referentes ao projeto. *A solução não deve ser definida até que tenham sido bem pensadas as informações sobre o contexto, as características dos aprendizes e a natureza da aprendizagem que se deseja promover.* Daí a importância crucial da fase de análise.

> **Para refletir e debater**
> Voltando à situação vista no início deste capítulo: será que um bom curso de capacitação de vendedores será capaz de resolver os problemas apontados pelos diversos profissionais da empresa X?

A fase de análise inicial corresponde ao exame e à descrição do problema instrucional que deve ser solucionado. No contexto da educação corporativa, a expressão "problema instrucional" se refere a uma diferença entre o nível de competência/desempenho atual e o nível de competência/desempenho necessário ou desejado para um determinado grupo de profissionais. Aqui é importante ressaltar que:

- aquilo que é "necessário" ou "desejado" o é sempre para alguém. Esse alguém pode ser a organização, o departamento de GP/ RH, o grupo de trabalho, o superior ime-

diato ou o próprio profissional desejoso de resolver um problema, de se aprimorar, de obter uma promoção, interesse e curiosidade etc. Por isso, a iniciativa de buscar identificar e solucionar o problema instrucional não precisa partir, necessariamente, "de cima para baixo";
- o nível de competência/desempenho necessário ou desejado pode ser estabelecido devido a uma demanda atual – uma deficiência no desempenho, um problema ou desafio existente que exige novas competências ou novos patamares de desempenho etc. – ou devido a uma demanda ou oportunidade futuras. Isto é, o desempenho dos indivíduos e das equipes de trabalho pode ser bom ou mesmo excelente, mas uma organização, pensando em inovações, aprimoramentos e mudanças futuras, pode querer aprimorar ainda mais aquilo que já sabe ou aprender coisas totalmente novas;
- o desempenho insatisfatório nem sempre se deve à falta de competências individuais. Diversos fatores podem influenciar esse desempenho: problemas pessoais; baixa motivação ou insatisfação com o trabalho, com a liderança e com a organização; equipamentos ou processos de trabalho inadequados, entre outros. Quando a falta de conhecimento ou de competência é um elemento real e necessário para o aprimoramento do desempenho, seja este profissional ou acadêmico, temos o que se chama de "problema instrucional".

A análise da natureza dos problemas/demandas

Não é incomum o *designer* instrucional se deparar com a demanda de criar um curso ou material didático em determinada modalidade ou formato (por exemplo, EAD) para atender objetivos já definidos pela organização. O *designer* instrucional precisa nesses casos analisar essas demandas cautelosamente, pois frequentemente organizações exigem soluções específicas sem considerar profundamente a natureza e as causas dos problemas que desejam atender.

Primeiramente, um *designer* instrucional precisa identificar essas demandas e problemas e diferenciar os de natureza instrucional dos não instrucionais (de motivação, infraestrutura, processos etc.). Para isso pode recorrer a conversas informais, entrevistas formais, questionários e enquetes, observação de situações de trabalho, discussões em grupos focais, análise de documentos e relatórios da organização, entre outras fontes.

> **Para refletir e debater**
> No estudo de caso que vimos, de que forma a Márcia buscou identificar os problemas da empresa X? Quais foram suas fontes de informação? Se fosse você, pesquisaria outras fontes? Quais problemas ela identificou? Quais foram os problemas instrucionais que ela descobriu? E os não instrucionais? Quais seriam as soluções não instrucionais para alguns dos problemas identificados?

Em relação aos problemas de natureza não instrucional, o *designer* deve apontá-los para a organização e mostrar claramente que as soluções de caráter instrucional não serão suficientes para resolver esses problemas. Apontar essa limitação não invalida o trabalho do DI, pelo contrário, serve de salvaguarda para não alimentar expectativas irrealistas por parte dos gestores e para estimular que estes busquem soluções complementares adequadas.

Uma vez que o *designer* é responsável por soluções instrucionais, é preciso aprofundar as análises dos problemas dessa natureza. Para isso, ele precisará considerar:

> os problemas de desempenho ou as demandas/necessidades em termos de conhecimentos, habilidades ou atitudes a serem desenvolvidos, suas causas e os objetivos de aprendizagem propostos;
> as características do público-alvo que precisa desenvolver tais competências;
> as características ou especificidades dos conhecimentos, habilidades e/ou atitudes a serem desenvolvidos;
> as formas como cada um dos atores (não só os aprendizes, mas também os gestores e a organização) percebe e avalia a efetividade da solução dos problemas e demandas instrucionais apontados;
> elementos do contexto organizacional e sociotécnico mais amplos, que influenciam ou limitam o problema instrucional e possíveis soluções, tais como: estrutura e processos de trabalho; cultura organizacional; cultura regional; objetivos, estratégias, políticas organizacionais e de formação (projeto político-pedagógico); tempo, espaço, tecnologias, recursos financeiros e infraestrutura material e pessoal disponíveis; experiências de aprendizagem (cursos, treinamentos etc.) anteriores e seus resultados.

São muitas as formas de análise desses fatores. Além disso, como veremos adiante, essas análises são interdependentes. Todo trabalho de *design* instrucional é necessariamente contextualizado. Desde a etapa inicial de análise até a etapa final de avaliação, tudo precisa ser adaptado ao contexto. Certas análises podem ser mais ou menos aprofundadas, a depender de sua complexidade, dos custos e do tempo disponível. Caberá ao DI, juntamente com a organização, identificar quais são as análises mais importantes e viáveis, o nível de detalhamento necessário e quais os riscos ou custos de não realizá-las.

Análise do público-alvo
Uma das principais causas da má adequação instrucional é assumir que todos os aprendizes de uma mesma turma são semelhantes a quem projeta determinada solução (em seu conhecimento prévio, preferências etc.). Ao analisar as características de grupos de aprendizes, interessa compreender o que seus integrantes têm em comum e o que os torna diferen-

tes. Embora cada indivíduo seja único, existem características comuns aos seres humanos em geral e características particulares a diferentes grupos conforme sua idade, cultura, nível de desenvolvimento cognitivo, capacidades sensoriais, aprendizagens anteriores etc. Esse exame nos permite planejar o processo de ensino-aprendizagem de acordo com as necessidades e preferências dos aprendizes e pode ser feito através da análise de quatro grandes categorias: 1) cognitivas; 2) afetivas; 3) físicas/psicomotoras; e 4) demográficas/socioeconômicas/culturais. Cada uma dessas compreende vários elementos, e o quadro a seguir relaciona alguns deles. A listagem não é exaustiva, trata apenas de ilustrar a diversidade dentro de cada categoria.

Características cognitivas	Características socioafetivas	Características físicas/ psicomotoras	Características demográficas, culturais e socioeconômicas
Estágio de desenvolvimento cognitivo	Motivação / interesse	Saúde física	Idade (aspectos socioculturais)
Nível de desenvolvimento da linguagem verbal, leitura e escrita	Atitudes relativas à aprendizagem, aos conteúdos e métodos, aos professores e colegas	Nutrição Idade (aspectos biológicos) Deficiências físicas / necessidades especiais	Gênero (aspectos socioculturais) Classe socioeconômica Formação / profissão
Estratégias habituais de aprendizagem	Autoconceito Nível de ansiedade	Destreza psicomotora, tempo de reação	Região geográfica Religião
Conhecimento prévio sobre o assunto a ser aprendido	Crenças Desenvolvimento afetivo e moral	Capacidades perceptivas visuais, olfativas, auditivas, táteis	Cultura local/ regional
Personalidade e inteligências (aspectos cognitivos)	Tendências de cooperação ou competição Personalidade e inteligência afetiva		Cultura e linguagem profissional Posição social, *status*, papéis e poder dentro da organização Tempo (antiguidade) dentro da organização

Os elementos a serem privilegiados na análise dependerão dos problemas e objetivos instrucionais e das características das próprias competências a serem desenvolvidas. Se o problema de desempenho está ligado a habilidades manuais de precisão, como por exemplo operar um equipamento de soldagem, será importante analisar a acuidade de visão e as habilidades psicomotoras dos aprendizes. Se a demanda for o desenvolvimento de habilidades de negociação, a prioridade da análise pode ser a competência relacional e comunicacional dos aprendizes.

Entre os métodos utilizados para coletar informações sobre os aprendizes os mais comuns são: convivência e observação; entrevistar profissionais que conheçam os aprendizes; coletar dados através de questionários ou grupos focais; examinar a descrição de cargos organizacionais; ler estudos especializados em determinados grupos (grupos etários, étnicos, sociais etc.) que informem sobre seus interesses, desenvolvimento, características físicas etc.; ler textos sobre um determinado aspecto e sua relação com o desempenho educacional (por exemplo: estratégias de ensino para portadores de deficiência visual).

> **Para refletir e debater**
> Na situação apresentada no estudo de caso, o que você considera mais pertinente ser analisado em termos do perfil desse público? E como Márcia, a nova gerente educacional da empresa X, poderia obter as informações para fazer essa análise?

Análise dos objetivos de aprendizagem

A análise de objetivos de aprendizagem contribui para identificar, diferenciar e explicitar as expectativas em relação às finalidades da aprendizagem, em termos de desempenho e/ou das competências a serem desenvolvidas. Além disso, facilita a seleção de métodos de ensino-aprendizagem, da especificação das mídias e do ambiente de aprendizagem e das formas de avaliação.

A partir da definição de objetivos gerais que visam solucionar o problema instrucional colocado, definem-se objetivos específicos que, por sua vez, são desdobrados em conjuntos de objetivos ainda mais específicos. O nível de detalhamento dos objetivos varia de acordo com a filosofia educacional adotada, a natureza e especificidade das competências em vista, o grau de abertura e flexibilidade do planejamento e a autonomia dos aprendizes, os recursos financeiros, de tempo e de pessoal disponíveis, entre outros fatores.

Os objetivos de aprendizagem são declarações de intenção em que se especifica o que os aprendizes devem se tornar capazes de fazer. Tais declarações são definidas e redigidas segundo um modelo que se convencionou chamar de ABCD: **Audiência** (*Audience*) – deixa claro quem são os aprendizes; **Comportamento** (*Behavior*) – indica o comportamento que, se realizado pelos aprendizes, fornece boa evidência de sua aprendizagem; **Condições** (*Conditions*) – descreve as condições sob as quais os aprendizes devem desempenhar o comportamento observável; **Grau** (*Degree*) – especifica os critérios de avaliação do comportamento.

A aprendizagem é um processo intrapsíquico. Não pode ser observada diretamente, mas apenas inferida a partir de comportamentos como o sucesso na resolução de um problema, a expressão (escrita ou falada) de ideias acerca de um assunto, a realização de uma atividade (por exemplo, desenhar, tocar música, jogar bola etc.). Ao priorizar os comportamentos observáveis, isto é, externalizados, o DI busca um modo concreto de direcionar e avaliar a aprendizagem do aluno. Isso não significa, no entanto, que os comportamentos se limitem a domínio psicomotor, ou somente a ações reprodutivas, repetitivas. Verbalizações de raciocínios, interpretações e outros processos e estados subjetivos como sentimentos, sensações, impressões etc. podem ser indicativos da aprendizagem de conceitos, de habilidades de análise e reflexão crítica ou de procedimentos complexos. Caberá ao *designer* instrucional definir quais comportamentos constituem evidência suficiente da aprendizagem desse ou daquele conteúdo.

> **Para refletir e debater**
> Na situação em estudo, um dos objetivos estabelecidos para a capacitação de vendedores pode ser: "os vendedores da empresa X..." (audiência) "...serão capazes de elaborar um plano de divulgação e vendas..." (comportamento) "...adequado às necessidades, à cultura e à infraestrutura de telecomunicações de sua região..." (condições) "...que atenda todos os critérios de qualidade e produtividade estabelecidos pelo departamento comercial da empresa X" (grau). Que outros objetivos e subobjetivos você considera relevantes para esse curso de capacitação?

Para que seja possível fundamentar uma série de decisões que vêm mais adiante no processo de DI, é preciso fazer três coisas em relação a cada objetivo de aprendizagem:

> **Redigi-lo conforme o modelo ABCD:** destacar aquilo que os aprendizes serão capazes de fazer, sob quais circunstâncias e com que critérios serão avaliados, conforme explicado anteriormente.
> **Mapear os objetivos específicos e pré-requisitos de aprendizagem:** desdobrar cada objetivo geral em unidades menores, definindo objetivos específicos de aprendizagem, que por sua vez podem ser divididos em subobjetivos ainda mais específicos. Quando os subobjetivos de aprendizagem mapeados já são conhecidos pelos aprendizes ou quando são exigidos para o ingresso em um curso, recebem o nome de *pré-requisitos ou competências de entrada*. Nem todo subobjetivo consiste em um pré-requisito de entrada, pois pode se referir a competências ainda não dominadas pelos aprendizes. Temos ainda pré-requisitos de entrada que não se referem a aprendizagens prévias, necessárias para o bom aproveitamento de um curso, mas a recursos tais como disponibilidade de tempo ou acesso a determinados equipamentos. Esses são pré-requisitos materiais ou condicionais. Para o mapeamento dos objetivos, sugerimos utilizar as técnicas de cartografia cognitiva (ver OKADA, 2008).
> **Classificar os objetivos e os pré-requisitos:** conforme o tipo de aprendizagem que demandam. Alguns objetivos implicam a simples memorização de fatos, a compre-

ensão de conceitos ou princípios. Outros visam a aplicação de procedimentos ou a resolução de problemas complexos. Há, ainda, aqueles que tratam de habilidades de comunicação e expressão. A classificação dos objetivos pode ser bastante variada conforme os referenciais teóricos que adotamos e nos ajuda a selecionar estratégias didáticas e métodos de avaliação adequados. Vários modelos de classificação podem ser utilizados, tais como as taxonomias de Bloom ou de Gagné. A classificação que sugerimos a seguir é baseada nesses dois referenciais. Lembramos, contudo, que nenhuma taxonomia é perfeita e nem sempre é possível estabelecer uma classificação precisa para um determinado tipo de aprendizagem. Além disso, frequentemente um mesmo objetivo pode ser considerado como pertencendo a mais de uma categoria. Por último, é útil distinguir objetivos de natureza mais reprodutiva (supletiva) e outros de natureza mais produtiva (generativa), que podem ser combinados de várias formas dentro de uma mesma experiência de aprendizagem.

Tipo	Exemplos de objetivos de natureza mais reprodutiva (supletiva)	Exemplos de objetivos de natureza mais produtiva (generativa)
Conhecimento fatual e conceitual	Rememorar nomes, números, frases, datas, instruções, regras e outras informações específicas; reproduzir a definição de conceitos; discriminar dois conceitos diferentes.	Explicar o significado de um conceito; dar exemplos de determinado fato ou conceito; reproduzir com as próprias palavras; criar definições semelhantes; associar fatos e conceitos.
Conhecimento de princípios	Citar ou assinalar os princípios da aerodinâmica, enunciar a primeira lei de Newton. Discriminar o significado de duas leis diferentes. Diferenciar princípios em situações distintas.	Explicar um princípio com as próprias palavras; dar exemplos de aplicações novas de um mesmo princípio; descobrir um princípio por trás de situações semelhantes.
Conhecimento de procedimentos	Ordenar os procedimentos de decolagem de um avião; listar etapas na elaboração de uma pesquisa; descrever como se faz um curativo. Discriminar dois procedimentos diferentes.	Adaptar procedimentos padronizados a situações novas; dar exemplos de aplicações não convencionais de um processo; criar um procedimento novo para resolver um problema.

(Continua)

(Continuação)

Tipo	Exemplos de objetivos de natureza mais reprodutiva (supletiva)	Exemplos de objetivos de natureza mais produtiva (generativa)
Habilidades psicomotoras e senso-perceptivas	Memorizar a posição dos dedos nos acordes de piano; discriminar notas distintas; discriminar sinais de trânsito; digitar; operar máquinas (de costura, guindastes, escavadeiras etc.); manipular instrumental cirúrgico; dirigir caminhões etc.	Improvisar um solo de guitarra (requer combinação de habilidades psicomotoras, sensoriais etc.); inventar passos de dança, manipular instrumental cirúrgico, dirigir caminhões etc. (quando não forem mera repetição, mas implicar movimentos criados).
Habilidade de resolução de problemas	Resolver problemas aplicando regras ou fórmulas padronizadas. Discriminar problemas diferentes.	Resolver problemas novos que requerem a combinação criativa de conceitos, princípios e procedimentos; criar um programa de computador; criar um projeto de educação corporativa.
Habilidades intra-pessoais, interpessoais e atitudes	Identificar e discriminar situações, papéis e comportamentos sociais; comportar-se dentro de padrões ou regras estabelecidos (ex.: atendimento de *call-center*). Reproduzir estados subjetivos e atitudes (ex.: manter-se calmo em situações de emergência).	Analisar comportamentos e atitudes em situações novas; aprender a aprender (percebendo e refletindo sobre sua própria dinâmica de aprendizagem); lidar emocionalmente com situações inusitadas, falar em público.

Essa análise e classificação dos objetivos de aprendizagem possibilita objetivar as expectativas em relação ao desempenho dos aprendizes (auxiliando tanto o *designer* instrucional no planejamento, quanto os alunos a compreender o que se espera deles); identificar as características necessárias ao ambiente de aprendizagem; estabelecer formas adequadas de avaliação; sugerir estratégias didáticas conforme o tipo de conhecimento envolvido; apontar mídias apropriadas; e evitar a inclusão de conteúdos irrelevantes. Quanto maior o nível de detalhamento dos objetivos, mais fácil a escolha de estratégias de avaliação e das metodologias didáticas necessárias. Quando criamos itens de avaliação com base imediata nos objetivos (geral, específicos ou subobjetivos), sua correspondência se mantém mais precisa.

Para refletir e debater

Na situação que tomamos como exemplo no estudo de caso, seria importante desdobrar em objetivos específicos o objetivo geral: "os vendedores da empresa serão capazes de elaborar um plano de divulgação e vendas adequado às necessidades, à cultura e à infraestrutura de telecomunicações de sua região que atenda todos os critérios de qualidade e produtividade estabelecidos pelo departamento comercial da empresa X". Por exemplo, para elaborar esse plano, os vendedores precisarão "descrever os elementos que compõem um plano de vendas" e também "identificar traços relevantes da cultura regional que afetam o comportamento dos clientes". Que outros subobjetivos você identifica para esse objetivo geral?

Como você classificaria os subobjetivos do curso de capacitação para vendedores segundo a tabela acima? Lembre-se de que cada objetivo pode envolver mais de um tipo de conhecimento.

Vale saber

O *Design* Instrucional propõe que os itens de avaliação derivem diretamente dos objetivos de aprendizagem de um projeto. Isso difere de práticas usuais em que se definem os objetivos, o conteúdo e as metodologias de ensino-aprendizagem, para só se definir ao final as formas de avaliação com base nos conteúdos e métodos didáticos. A articulação estreita entre objetivos e avaliação fortalece o compromisso de apoiar os aprendizes a alcançar cada objetivo. Tal abordagem revela uma filosofia educacional contextualizada e pragmática, que aproxima a aprendizagem e as avaliações das circunstâncias reais em que serão futuramente relevantes, representando bem o desempenho real esperado.

Fase de planejamento

O planejamento exige decisões racionais, sistêmicas e bem fundamentadas, pois é preciso encontrar alternativas que satisfaçam aos objetivos e às restrições do projeto. Mas isso não significa deixar de lado a criatividade. Vale fazermos uma analogia com a atividade de arquitetos, que precisam unir aspectos estéticos a aspectos técnicos que atendam as demandas de seus projetos.

Após reunir os resultados das análises, é necessário se perguntar: quais são as implicações de cada informação para o planejamento da solução instrucional? As melhores soluções encontram-se na área de convergência dessas implicações.

De modo geral, o planejamento envolve a definição de: modalidade de aprendizagem, as formas de agrupamento dos aprendizes; mídias e tecnologias; as formas de sequenciar os conteúdos e as atividades de aprendizagem; as formas de avaliação; e os aspectos motivacionais.

Modalidade

Soluções educacionais de modo geral podem ser estruturadas na modalidade presencial, a distância (EAD) ou semipresencial (híbrida). Essa definição tem impacto sobre várias decisões subsequentes. No meio corporativo há uma tendência crescente de se utilizar o *e-learning*, o *mobile learning* e outras modalidades tecnológicas, em detrimento da educação presencial. Muitas empresas "fornecedoras" de soluções educacionais literalmente "forçam a barra" no sentido de vender educação mediada por tecnologias sofisticadas. Contudo, é necessário cautela. Nem sempre uma solução de educação a distância, utilizando as tecnologias mais avançadas, será o mais eficaz. Um programa de desenvolvimento de habilidades interpessoais e de liderança de gestores, ou de integração de equipes, por exemplo, dificilmente atingirá seus objetivos se for realizado integralmente a distância.

Cada combinação entre os diferentes elementos que podem compor uma solução educacional oferece vantagens e desvantagens de acordo com o público e o contexto em que são utilizadas e os objetivos aos quais servem. Não existe, no entanto, alternativa perfeita. Por melhor que seja um projeto, nunca conseguimos atender plenamente todo o público de aprendizes em suas necessidades. Tendo isso em consideração, cada projeto em DI busca soluções que equilibrem custos, tempo de desenvolvimento e a qualidade das estratégias educacionais oferecidas.

Não existe uma fórmula ou modelo único para se definir o tipo de modalidade. Isso dependerá de vários fatores, entre os quais:

> **Contexto e características da organização:** no caso de uma empresa em que os colaboradores se comunicam costumeiramente via rede, pode ser mais vantajoso optar pelos recursos, ambientes e tecnologias já utilizados. Quando já existe toda uma infraestrutura disponível, seja um centro presencial ou um ambiente virtual de aprendizagem, isso pode influenciar a escolha da modalidade.

> **Características das tecnologias e recursos envolvidos:** as características específicas e disponibilidade ou não das tecnologias e recursos didáticos são fatores importantes que influenciam a definição da modalidade. Algumas tecnologias e recursos podem ser facilmente acessíveis, utilizáveis e ter custo baixo. Outras tecnologias e recursos podem ser escassos ou caros demais, e pode ser mais vantajoso produzi-los do que adquiri-los.

> **Perfil e dispersão espaço-temporal dos envolvidos:** caso os aprendizes estejam geograficamente dispersos e seja custoso e/ou problemático reuni-los presencialmente numa mesma localidade e horário, a modalidade a distância, na medida em que possibilita interações síncronas (ao mesmo tempo) e assíncronas (em tempos distintos), torna-se mais vantajosa. Isso também se aplica no caso de os professores ou especialistas estarem geograficamente distantes ou inacessíveis em certos horários. Vale considerar ainda seus hábitos e preferências quanto a diferentes estratégias de aprendizagem.

> **Objetivos, conteúdos, atividades e formas de avaliação da aprendizagem:** alguns tipos de conhecimentos e habilidades podem ser aprendidos por meio do estudo de

materiais didáticos, digitais ou não, e por meio de interações a distância (por exemplo, a discussão de um caso em um fórum de discussão ou o planejamento coletivo de um projeto por uma equipe virtual). Outros demandam a interação presencial dos participantes (por exemplo, aulas práticas que requerem operar determinados materiais e equipamentos, o uso de linguagem corporal e não verbal, ou o calor e a velocidade da interação face a face). Em relação à avaliação, dependendo de sua natureza, algumas podem ser realizadas a distância de forma relativamente confiável, enquanto outras requerem a proximidade física entre avaliador e avaliado (por exemplo, avaliação baseada em observação do desempenho);

> **Objetivos de natureza não instrucional**: se houver a necessidade de reunir as pessoas presencialmente para fins de integração, socialização, confraternização, motivação, ou como forma de descanso ou recompensa, a modalidade presencial ou híbrida é necessária. De fato, alguns cursos corporativos de maior duração (por exemplo, MBAs a distância) incluem momentos de encontro presencial não só para aulas práticas, mas também para fins de integração e confraternização.

Esses são apenas alguns dos fatores que podem pesar na decisão em relação à modalidade. É importante lembrar que cada modalidade, presencial, semipresencial ou a distância, comporta em si mesma uma enorme gama de variações e possibilidades. Um curso presencial pode ser uma sequência de palestras de especialistas, mas também pode ser, do início ao fim, um projeto colaborativo, ou uma prática orientada dentro do ambiente de trabalho. Um curso a distância pode ser um tutorial totalmente individualizado e automatizado, ou uma sequência de atividades em que os participantes interagem intensivamente com o professor e entre si. Podemos ainda ter combinações de cada uma dessas estratégias em momentos diferentes, de modo a aproveitar as vantagens de cada uma.

Ao mesmo tempo, verifica-se cada vez mais que as fronteiras entre essas modalidades tendem a se tornar mais tênues, na medida em que as tecnologias e recursos utilizados na educação a distância convergem cada vez mais para as tecnologias da Internet e para os dispositivos computacionais portáteis (*notebooks*, *netbooks*, *tablets*, *smartphones* etc.) e que os ambientes da educação presencial passam a integrar cada vez mais essas tecnologias.

Mediadores, mídias e tecnologias

Mediador da aprendizagem é toda pessoa, processo, objeto ou tecnologia (material ou imaterial) que se interpõe com o objetivo de viabilizar e/ou facilitar a relação entre aprendiz e aquilo que é aprendido. Linguagem, livros, músicas, computadores, professores, colegas de classe, museus e visitas guiadas são exemplos de mediadores.

Moore e Kearsley (2007) fazem distinção entre tecnologias e mídias. Apesar de muitas vezes esses termos serem utilizados como sinônimos, para esses autores a tecnologia "constitui o veículo para comunicar mensagens, e estas são representadas em uma mídia" (p.7). Texto, imagens fixas e em movimento e sons seriam mídias, que podem ser veiculadas por diferentes suportes tecnológicos. Segundo os autores,

> *"O texto é distribuído em livros e guias de estudo e eletronicamente on-line. O som é distribuído em CDs, fitas de áudio, por telefone e também on-line. As imagens são distribuídas em livros e em outras formas de tecnologia impressa, CDs, em videotapes (...) cada tecnologia suporta pelo menos um meio – e algumas podem suportar mais do que um"* (p.7).

Atualmente, com o desenvolvimento, a difusão e a interconexão das tecnologias de informação e comunicação – TICs, há uma tendência forte e irreversível no sentido do uso de suportes digitais, pelo fato de estes serem mais acessíveis, flexíveis e reproduzíveis. Porém, uma mídia ou tecnologia não pode ser considerada melhor do que outra, independentemente do contexto e dos objetivos a que se destina. O quadro a seguir dá ideia dos potenciais de algumas mídias/tecnologias.[1] Incluímos também os professores, não por serem mídia ou tecnologia, evidentemente, mas por serem importantes agentes mediadores dos processos de ensino-aprendizagem.

Mediadores, mídias e tecnologias	Algumas características
Professores, instrutores, facilitadores, tutores, orientadores etc.	Professores são mediadores da aprendizagem, na medida em que expõem e explicam verbalmente conceitos, estimulam o diálogo e a discussão, questionam e desafiam os aprendizes a refletir sobre os assuntos. Sua mediação é (ou pode ser) criativa, flexível e interativa, coautoral (adicionando aos conteúdos os conhecimentos adquiridos na vivência e no estudo do professor). Podem ser adaptáveis e flexíveis em suas estratégias didáticas, mudando os rumos da instrução quando entendem necessário. Podem criar, selecionar e utilizar múltiplos recursos didáticos para cada situação específica. Além disso, a interação socioafetiva, seja presencial ou a distância, influi fortemente na motivação e na atenção dos aprendizes. A compreensão empática e o potencial de se apresentar como modelo inspirador de atitudes e comportamentos são algo que outros mediadores (não humanos) não podem alcançar. Obviamente, estamos considerando aqui a atuação dos bons professores. Um mau professor pode levar a resultados inversos.

(Continua)

---

[1] Aqui discutimos algumas características de mídias/tecnologias mais frequentemente utilizadas. Contudo, a quantidade e a diversidade das mesmas são crescentes, assim como suas possibilidades de uso. Para uma discussão mais aprofundada sugerimos a leitura de: Moore e Kearsley (2007, cap. 4) e Holden e Westfall (2010).

(Continuação)

Mediadores, mídias e tecnologias	Algumas características
Impressos: livros, apostilas, manuais, guias de bolso, panfletos etc.	De modo geral são relativamente baratos para se produzir e duplicar, exceto quando incluem impressão colorida, de alta definição, papéis especiais e/ou conteúdos que exigem pagamento por direito de uso. Apresentam diversas vantagens em termos de usabilidade: são portáteis; não exigem equipamentos especiais ou baterias etc.; seu formato com páginas numeradas e acesso ao conteúdo através de índices tem alta usabilidade; permitem que aprendizes sigam seu próprio ritmo de modo independente; permitem todo o tipo de anotações. Sua durabilidade em geral é grande. Livros podem ser reutilizados por vários anos. Contudo, não são meios tão flexíveis, facilmente atualizáveis e distribuíveis como são os textos digitais.
Textos digitais: html, pdfs, .doc, .odf, textos em Flash etc.	Com a disseminação de dispositivos com telas de alta qualidade: monitores de LCD, notebooks, netbooks, tablets, smartphones etc., o uso de textos eletrônicos tem crescido. Oferecem custo ínfimo para reprodução e distribuição quando não é preciso pagar por direitos de uso. A usabilidade é variável, dependendo do suporte. Um texto em formato DOC ou PDF possui muitas facilidades em termos de leitores e dispositivos em que podem ser exibidos. Um texto em Flash, por outro lado, pode ser de difícil navegação, marcação, impressão, reprodução etc. De modo geral, os textos digitais permitem fácil agregação de recursos interativos e multimídia: hiperlinks, pesquisa por palavras-chave, anotações, ilustrações com zoom, animações, áudio e vídeos. Outra vantagem é que não há limites para seu tamanho. Em um único arquivo é possível armazenar grande quantidade de informações que, se impressas, poderiam ocupar inúmeros volumes, dificultando a portabilidade. Hoje cresce o número de bases de dados e bibliotecas digitais, gratuitas ou pagas, onde podem ser encontrados textos digitais. Alguns serviços permitem inclusive que capítulos de diferentes obras sejam recombinados em volumes organizados por coordenadores de cursos e professores. Há ainda serviços de impressão sob demanda conforme as necessidades de estudantes e instituições. Dentre as desvantagem dos textos digitais é que estes dependem de dispositivos eletrônicos para serem lidos/consultados (desktops, tablets, celulares etc.), e, portanto, estão sujeitos a problemas e limitações técnicas, tais como falta de energia, incompatibilidade de formatos, corrompimento de arquivos, cópias ilegais, custo dos dispositivos etc.
Apresentações, *slides*, animações multimídia, tutoriais e objetos de aprendizagem em PowerPoint, Flash, Prezi e outros suportes	Slides, digitais ou analógicos, são muito utilizados para ilustrar e guiar palestras e apresentações. Os digitais podem incluir imagens, animações, sons e hiperlinks, atraindo a atenção dos espectadores e possibilitando uma apresentação hipermídia. O ritmo de exposição pode ser facilmente controlado, adiantando ou voltando imagens conforme a necessidade da apresentação. Podem usar destaques e closes direcionando a atenção para as imagens desejadas. Tutoriais digitais muitas vezes são projetados para uso independente da mediação de professores, ficando disponíveis para públicos numerosos. Podem também fazer parte de cursos com mediação docente.

(Continua)

(Continuação)

Mediadores, mídias e tecnologias	Algumas características
Apresentações, *slides*, animações multimídia, tutoriais e objetos de aprendizagem em PowerPoint, Flash, Prezi e outros suportes	Se forem criados conforme determinados padrões de interoperabilidade (SCORM, AICC), enviam dados às plataformas de ensino a distância onde são hospedados e assim indicam informações como o tempo de navegação e resultados de testes e avaliações feitas por usuários. Por outro lado, materiais elaborados com variedade de elementos multimídia exigem, não raro, considerável investimento para seu desenvolvimento, algo que se justifica apenas quando possuem amplo público de aprendizes em potencial. Além disso, sua má utilização pode desviar a atenção dos espectadores ou confundi-los. O uso excessivo de cores, imagens e "recursos pirotécnicos"; narrações e textos apresentados simultaneamente; avanços automáticos e impossibilidade de controle do ritmo de exposição pelo espectador; frases telegráficas, superficiais e desconexas são alguns dos problemas mais comuns.
Áudio analógico e digital: rádio, DVDs, CDs, mp3 etc.	Em algumas localidades o rádio ainda é o recurso de comunicação de maior audiência. Mesmo nas grandes cidades o rádio pode servir para alcançar o grande público, uma vez que os dispositivos para áudio são amplamente disseminados: rádios a pilha, DVD e MP3 players, celulares etc. Podem ser utilizados enquanto se realizam outras atividades tais como: deslocamento em trânsito, espera em filas de banco etc. Permitem veicular orientações, avisos, aulas expositivas, entrevistas, ensino de idiomas, de música etc.
Audiovisuais: vídeos e filmes em CDs, DVD, avi, mpg, e disponibilizados por meio de *websites* (YouTube), redes de tv, tv a cabo, tv digital, transmissão de satélite etc.	Nos últimos anos, com o barateamento e a difusão das câmeras e filmadoras digitais, e com o advento de sites de hospedagem de vídeos em formato digital, e com o aumento da velocidade de acesso na Internet, há uma explosão na produção e disponibilização do audiovisual. Se antes era caro armazenar e transmitir fotos e vídeos, hoje há serviços que fazem isso por valores acessíveis ou mesmo sem custo algum. Se antes era difícil prever quais dispositivos para exibição de vídeos os usuários dispunham em seus PCs, hoje quase todos podem reproduzir vídeos através de Flash Players ou do padrão recente HTML5. Antes os critérios de qualidade tinham como referência produções de cinema e televisão. Porém, essa explosão de produções amadoras e semiprofissionais tornou mais flexíveis os padrões de exigência do público. Essas produções passaram a ser utilizadas em cursos oferecidos tanto por pequenas quanto por grandes instituições. Apesar das vantagens, os vídeos e filmes não são indicados para a apresentação de grandes quantidades de texto, pois em geral o tempo de leitura não fica sob o controle do espectador. A localização de informações específicas em seu interior oferece dificuldade, a não ser que sejam indexados ou produzidos em pequenos módulos. A produção profissional de vídeos, filmes e programas de TV (analógica ou digital) e a emissão de teleconferências de qualidade são caras, pois requerem equipamentos e infraestruturas de gravação, edição e transmissão sofisticados, bem como equipes profissionais especializadas.

(Continua)

(Continuação)

Mediadores, mídias e tecnologias	Algumas características
Computadores e dispositivos móveis interconetados em rede (*desktops, notebooks, netbooks*, pdas, *smartphones, tablets* etc.) E tecnologias da web.	Dispositivos computacionais conseguem armazenar e processar grandes quantidades de informação e integrar diversas mídias como textos, imagens, sons etc. Quando em redes (intranets, Internet etc.), podem acessar e transmitir rapidamente vasta quantidade de informação. Especificamente, dispositivos tais como *notebooks*, *netbooks*, *tablets* e *smartphones* oferecem adicionalmente a vantagem da mobilidade dos usuários. Aprendizes podem utilizá-los em casa, em ambientes escolares, no trabalho, enquanto estão se deslocando etc. Quando interconectados, esses dispositivos permitem que pessoas se comuniquem e colaborem a distância, de forma síncrona e assíncrona, por meio de recursos como e-mail, *chats*, fóruns, sistemas de mensagens, voz, videoconferência, listas de discussão, blogs, compartilhem arquivos e interajam através de redes sociais e plataformas próprias para fins educacionais (ambientes virtuais de aprendizagem). Muitos desses recursos fazem parte da chamada Web 2.0, um termo criado para identificar ferramentas, interfaces e outros recursos que facilitam a interação e a colaboração na *web*.[2] Possibilitam alto nível de interatividade automatizada, obtendo respostas do aprendiz e respondendo a ele de maneira relativamente individualizada se forem programados para isso. Quando adequadamente preparados, facilitam o estudo, o acesso à Internet e a comunicação de portadores de deficiências físicas, cognitivas ou sensoriais. Permitem a conversão de conteúdos entre diferentes mídias, por exemplo: a passagem de textos digitais ou impressos para áudio através de programas leitores de tela. A produção de materiais instrucionais digitais pode ser barata ou muito cara, dependendo dos recursos selecionados. São capazes de reutilizar continuamente materiais didáticos em formatos digitais, permitindo diluir custos de produção, e permitem que informações e processos comunicacionais alcancem pessoas dispersas geograficamente a custos reduzidos.

Há muitos profissionais e fornecedores de soluções de *e-learning* que exageram nos aspectos estéticos e no uso de recursos tecnológicos, propondo ambientes virtuais de aprendizagem complexos e caros, sistemas sofisticados de teleconferência, apresentações animadas em Flash repletas de personagens coloridos de gosto duvidoso e jogos infantilizadores, que pouco agregam à aprendizagem. Ao mesmo tempo, fornecedores desse tipo costumam descuidar da elaboração de textos bem escritos e fundamentados, na escolha de imagens relevantes e no alinhamento das estratégias didáticas com as necessidades efetivas de aprendizagem, bem como subutilizar as potencialidades e benefícios de uma mediação docente experiente e interativa. A decisão acerca

---

[2] Para ver uma lista com vários exemplos e links para eles, sugerimos visitar o site: http://www.internality.com/web20/ (acesso em: 12 dez. 2011).

dos mediadores, mídias e tecnologias precisa derivar, não de um apelo estético ou comercial, mas de uma análise sistêmica de todas as informações coletadas na fase inicial de um projeto e suas implicações. Especificamente em relação às tecnologias, cabe considerar o princípio do minimalismo tecnológico (COLLINS e BERGE, 2000), isto é:

> "o uso não apologético de níveis mínimos de tecnologia, cuidadosamente escolhida com detalhada atenção às suas vantagens e limitações, a fim de apoiar objetivos instrucionais bem definidos" (p. 9).

Tal abordagem aplicada a todos os conteúdos de um curso e depois a todos os cursos de um currículo gera significativa economia em termos de tempo de desenvolvimento, orçamento e carga de trabalho colocada sobre equipes de desenvolvimento e também sobre os aprendizes.

Para refletir e debater

Que mídias e tecnologias você escolheria para a realização de um programa de capacitação para vendedores dispersos em todo o país, na empresa de nosso estudo de caso? Que perguntas usaria para orientar suas decisões?

Formas de agrupamento dos aprendizes

Outro elemento importante do planejamento da solução instrucional diz respeito às diferentes formas de agrupar aprendizes. A seguir apresentamos as mais comuns, chamando atenção para o fato de essas formas não serem excludentes, podendo ser combinadas.

Instrução individual	Nela o aluno trabalha sozinho com os materiais didáticos. Métodos autoinstrucionais são adequados em situações em que há grande variabilidade no tempo de aprendizagem de cada indivíduo e se deseja oferecer estratégias didáticas adaptadas às necessidades/perfil de cada um. Por exemplo: algumas escolas de idiomas ou de música oferecem aos alunos uma biblioteca ou sala de recursos onde podem encontrar diversos materiais didáticos autoinstrucionais, tais como gravações de áudio, vídeos, CDs, DVDs, jogos de computador etc., para que os alunos possam complementar e aprofundar sua aprendizagem, exercitando-se de acordo com o seu ritmo e necessidade.
Orientação individual	Um professor/orientador trabalha com apenas um aluno. O acompanhamento é próximo e a orientação é focalizada e intensiva. Exemplos: aulas particulares de música, orientação de monografias, treinamento de atletas profissionais, processos de mentoria e *coaching*, dentro de organizações.

(Continua)

(Continuação)

Grupos pequenos	Grupos pequenos favorecem a aprendizagem cooperativa. Nesses grupos, dois ou mais estudantes trabalham e resolvem problemas, juntos, complementando-se em suas habilidades e conhecimentos. Exemplos: realização de pesquisas e projetos na faculdade, dinâmicas de grupo para treinamento em habilidades interpessoais.
Grupos médios	O professor interage com uma turma de algumas poucas dezenas de alunos. Ele apresenta conteúdos, os alunos fazem exercícios (inclusive em pequenos grupos) e respondem às questões colocadas. Frequentemente é permitido interromper o professor para esclarecer dúvidas, interagir e debater temas.
Palestras (para grupos médios e grandes)	São amplamente usadas para transmitir informações a grupos de porte médio (algumas dezenas) ou grande (centenas de alunos). Têm caráter expositivo, e os espectadores não podem seguir pelo seu próprio ritmo, como fariam sozinhos ou com um orientador individual. Palestras oferecem menor possibilidade de interação entre o palestrante e a audiência. Por outro lado, oferecem um modo prático de apresentar ideias e transmitir informações para grande quantidade de pessoas em reduzido intervalo de tempo.
Grupos e comunidades *on-line* fechadas ou abertas	Podem incluir dezenas, centenas ou mesmo milhares de pessoas com diferentes níveis de participação. São viabilizados por listas de discussão por *e-mail*, salas de aula *on-line* em ambientes virtuais de aprendizagem e sistemas para redes/mídias sociais como Facebook e Twitter.

Para refletir e debater
Que formas de agrupamento você utilizaria em um curso voltado à capacitação de vendedores em todo o país? Quais seriam os critérios para chegar a esse tipo de decisão?

Estratégias e princípios didáticos

Na fase de análise de objetivos de aprendizagem mencionamos exemplos de objetivos de natureza supletiva e generativa. Eles dão origem, respectivamente, a **estratégias didáticas supletivas** – baseadas na reprodução de fatos, conceitos, princípios ou procedimentos predefinidos e padronizados – e a **estratégias didáticas generativas** – baseadas na produção (construção) de conhecimentos ou procedimentos novos por parte dos aprendizes.

O quadro a seguir sintetiza as características de cada abordagem (com base em ROMISZOWSKI, 2003 e SMITH e RAGAN, 1999).

Características	Estratégias supletivas	Estratégias generativas
Aplicações e tipo de tarefa de aprendizagem	Exposição das informações, definição de conceitos, demonstração, explicação, exercícios com respostas predefinidas. São adequadas para tarefas de aprendizagem simples, bem definidas, perigosas ou que precisem ser aprendidas uniformemente por todos os aprendizes.	Construção do conhecimento, interação com objetos e colegas, pesquisas, jogos, respostas em aberto, generalização a partir de casos específicos etc. São adequadas para tarefas de aprendizagem complexas, pouco definidas e sem necessidade de domínio similar por todos os aprendizes.
Processamento cognitivo	Demandam processamento cognitivo mais superficial.	Demandam processamento cognitivo mais profundo e diversificado.
Motivação	Funcionam mesmo quando o nível de motivação dos aprendizes é moderado. Os aprendizes podem obter sucesso repetindo aquilo que lhes foi apresentado.	Requerem um alto nível de motivação e engajamento por parte dos aprendizes. Se estes não participam, a aprendizagem é muito prejudicada.
Pré-requisitos de conhecimento	Exigem dos aprendizes menor base de conhecimentos e competências.	Exigem dos aprendizes maior base de conhecimentos e competências.
Tempo	Exigem dos aprendizes e professores menos tempo e menor esforço.	Demandam mais tempo para cobrir os mesmos assuntos e demandam mais esforço.
Memória	Os conhecimentos e procedimentos aprendidos, quando decorados, podem ser esquecidos se não forem utilizados com frequência.	Os conhecimentos e procedimentos gerados no processo tendem a ser aprendidos de maneira mais profunda e são mais dificilmente esquecidos.

Cada abordagem representa um extremo dentro de um contínuo possível. Smith e Ragan (1999) resumem em duas proposições os princípios que podem guiar tal escolha:
> - Uma estratégia instrucional ótima procura seguir rumo ao polo generativo tanto quanto possível, ao mesmo tempo em que oferece suficiente suporte aos aprendizes no intuito de que atinjam os objetivos dentro do tempo disponível, com níveis aceitáveis de ansiedade, frustração e risco.
> - Durante a instrução, esta deve deslocar suas práticas para o polo generativo na medida em que os aprendizes desenvolvem seus conhecimentos, habilidades, motivação e autoconfiança.

Um exemplo disso é a aprendizagem de idiomas. Inicialmente, para os alunos que não conhecem o vocabulário, oferecem-se muitos exemplos e exercícios de memorização, baseados em repetição e *feedback* audiovisual (estratégias supletivas). Na medida em que estes começam a dominar o vocabulário básico e alguns verbos, pode-se pedir que criem frases simples e pequenos diálogos, até o ponto em que sejam capazes de iniciar e manter uma conversa (estratégias generativas). Esse processo, contudo, não é linear, podendo envolver ciclos de atividades de caráter mais supletivo e outras de caráter mais generativo.

Além dos aspectos generativos ou supletivos, existem outros princípios a considerar na seleção de estratégias didáticas. Merrill (2002) analisou a obra de diversos autores e concluiu que a aprendizagem é mais efetivamente promovida quando:

> Os aprendizes resolvem problemas reais e, se possível, relevantes do ponto de vista profissional ou pessoal. É demonstrado a eles o tipo de tarefa que serão capazes de realizar ao final de um módulo de estudo, em vez de se apresentar apenas objetivos abstratos. A resolução de problemas segue uma progressão de dificuldade.
> O conhecimento prévio é ativado como base de novos conhecimentos. Os aprendizes relembram, descrevem ou aplicam conhecimentos prévios, relevantes à compreensão do novo conhecimento.
> O novo conhecimento é demonstrado e exemplificado aos aprendizes. Faz-se uso de recursos visuais, e sua atenção é direcionada para os aspectos importantes inicialmente; com o decorrer da instrução, deixa-se que eles mesmos aprendam a identificar o que é relevante. São levados a comparar diferentes perspectivas. A mídia selecionada representa adequadamente os conceitos estudados e/ou o mundo real.
> O novo conhecimento é demonstrado e aplicado pelos aprendizes através de práticas condizentes com os objetivos. Os participantes são guiados, recebem *feedback* e são auxiliados na detecção de problemas e sua correção. O suporte é gradualmente removido com o decorrer da instrução. Cometer erros deve ser considerado natural, parte do processo de aprendizagem. A prática é repetida em uma variedade de configurações diferentes.
> O novo conhecimento é integrado ao mundo do aprendiz. Os aprendizes demonstram publicamente suas novas habilidades e conhecimentos. Eles refletem, discutem, defendem e compartilham suas ideias e realizações. Exploram e criam maneiras de usar seus novos conhecimentos e habilidades. Os novos conhecimentos e habilidades devem ser rapidamente aplicados na vida após a instrução, do contrário tendem a ser esquecidos.

Esses são princípios gerais. Contudo, ensinar habilidades interpessoais e de negociação em vendas é muito diferente de ensinar filosofia, que, por sua vez, é distinto do ensino de estatística ou de música. Assim, cabe ao *designer* instrucional analisar os princípios didáticos específicos de um determinado assunto ou domínio de conhecimento e adaptá-los ao seu projeto.

> **Para refletir e debater**
> Dê exemplos de estratégias didáticas que poderiam ser utilizadas em um curso semipresencial voltado para a capacitação de vendedores da empresa X.

Fatores motivacionais

O estudo dos fatores motivacionais e a inclusão de elementos que favoreçam o envolvimento afetivo dos aprendizes com os objetivos de aprendizagem são um dos aspectos mais importantes do *design* instrucional. De modo geral, quanto menor a motivação para aprender, menor o desempenho na aprendizagem. Reciprocamente, quanto maior a motivação do aluno, maior o seu esforço para aprender e maiores o tempo investido e a predisposição à cooperação com os demais (WLODOWSKI, 1993).

Existem várias teorias motivacionais, e delas derivam diversos princípios aplicáveis à educação. Dentre essas teorias sobre motivação aplicada à educação, uma contribuição importante é o modelo ARCS, desenvolvido por Keller na década de 1980. A sigla ARCS significa: Atenção (*Attention*), Relevância (*Relevance*), Confiança (*Confidence*) e Satisfação (*Satisfaction*). Sua teoria foi desenvolvida com o objetivo de favorecer a motivação de aprendizes através de soluções interessantes, significativas e desafiadoras. Conforme esse modelo, é importante criar estratégias e utilizar recursos e materiais didáticos para:

> - ganhar a **atenção**, de modo que os aprendizes voltem sua atenção para os conteúdos e atividades instrucionais e a mantenham durante o tempo necessário;
> - estabelecer a **relevância**, de modo que os aprendizes valorizem os objetivos e conteúdos de aprendizagem;
> - gerar **autoconfiança**, de modo que os aprendizes não se intimidem pelas dificuldades apresentadas pelos desafios propostos;
> - gerar **satisfação**, de modo que as experiências de aprendizagem sejam positivas.

Além disso, a educação corporativa envolve a educação de adultos (andragogia), e estes possuem características e demandas específicas que precisam ser consideradas. Wlodowski (1993) defende que a motivação do adulto para aprender aumenta desde que o ensino proporcione a possibilidade de: fazer escolhas; aprender algo que eles próprios valorizem; vivenciar uma aprendizagem agradável; obter sucesso em objetivos pessoais ou profissionais imediatos.

Ainda que não seja o único determinante da motivação do aluno, o professor ou instrutor pode influenciá-la positivamente. Wlodowski (1993) resume as principais características e habilidades de professores "bons de motivação":

> - *Expertise*. O professor detém um conhecimento que é importante para os alunos e está preparado para orientá-los.

> **Empatia.** O professor possui uma compreensão realista das necessidades e expectativas dos aprendizes e sabe adaptar a proposta de ensino às perspectivas, ao nível de experiência e às habilidades deles.
> **Entusiasmo.** O professor demonstra interesse e valoriza o que está sendo ensinado, expressando-se com animação e energia.
> **Clareza.** O professor se comunica de forma clara e organizada e, se os alunos necessitarem, utiliza diversas formas diferentes para explicar, esclarecer e orientar, lançando mão de conceitos, argumentos e exemplos adicionais.

Vale saber
Educação de adultos (andragogia)
Gomes et al. (2001, p. 4) sintetizam algumas proposições baseadas em princípios da andragogia: 1) os adultos são motivados a aprender quando possuem necessidades e interesses que a aprendizagem satisfará; então, esses são os pontos de partida apropriados para organizar as atividades de aprendizagem de adultos; 2) a orientação de adultos para a aprendizagem é centrada na vida; portanto, as unidades apropriadas para organizar a aprendizagem de adultos são as situações da vida, não os conteúdos; 3) experiência é o recurso mais rico para a aprendizagem de adultos, então a metodologia básica da educação de adultos é a análise da experiência; 4) os adultos têm uma grande necessidade de ser autodirigidos; assim, o papel do professor é engajar-se em um processo de mútua investigação em vez de transmitir o seu conhecimento e então avaliar a adequação deles em relação ao processo; 5) as diferenças individuais entre as pessoas se acentuam com a idade; portanto, a educação de adultos deve considerar as diferenças de estilo, tempo, local e ritmo de aprendizagem.

Para refletir e debater
Como tornar o programa de capacitação interessante para o público de vendedores da empresa X? Além de elementos internos ao curso, seria adequado estabelecer políticas de incentivo? Em caso afirmativo, quais poderiam ser elas?

Articulação, sequência e etapas instrucionais
Uma vez definidos a mediação, as mídias e tecnologias, as formas de agrupamento dos aprendizes e os fatores motivacionais, cabe estabelecer como serão a articulação dos conteúdos, o tipo de sequência e as etapas específicas da instrução.

Em termos da articulação de conteúdos, existem quatro formas que revelam maior integração da aprendizagem:
- A aprendizagem **centrada no domínio do conhecimento,** forma mais comumente utilizada, que organiza os diversos conteúdos segundo as categorias estabelecidas pela literatura sobre o tema, refletindo a visão de autores ou especialistas consagrados. Por exemplo, um curso de estatística que segue uma organização lógica fornecida por manuais sobre o assunto.
- A aprendizagem **centrada na experiência** utiliza atividades como a resolução de problemas ou o desenvolvimento de projetos. Por exemplo, uma oficina baseada em pedagogia de projetos, em que os conhecimentos são organizados segundo sua relevância para o momento em que o projeto se encontra.
- A **abordagem centrada no aluno,** em que são considerados os interesses dos aprendizes e as expectativas dos professores com relação ao seu desempenho. Projetos são desenvolvidos com o objetivo de promover a aprendizagem direcionada pelos estudantes. Por exemplo, um programa de mentoria, em que cada aluno é acompanhado individualmente por um mentor que adapta os conteúdos e atividades a serem realizados.
- A **aprendizagem centrada nas funções sociais,** que busca levar os aprendizes a desenvolver competências voltadas a situações e questões sociais significativas para sua faixa etária e a sociedade em que vivem. Por exemplo: programas de educação para cidadania.

Em termos de sequência de atividades, tanto no nível do macroplanejamento quanto no nível do microplanejamento, elas podem ser categorizadas como:
- **Estruturas relacionadas ao mundo:** seguem a organização natural, espacial ou temporal dos assuntos a serem estudados.
- **Estruturas relacionadas à investigação:** adotam sequências guiadas pelas etapas necessárias à realização de descobertas.
- **Estruturas relacionadas à utilização:** agrupam as experiências de aprendizagem conforme determinada sequência de utilização.
- **Estruturas relacionadas à aprendizagem:** organizam a informação de modo que a aprendizagem se construa sobre conhecimentos prévios. Esse tipo de sequência depende fortemente da análise dos objetivos de aprendizagem, conforme abordamos.

As etapas instrucionais, por sua vez, se referem ao microplanejamento, isto é, às unidades de conteúdo organizadas dentro de disciplinas, aulas ou materiais didáticos. Nesse nível de planejamento, procuramos responder às seguintes questões: Como o conteúdo será apresentado? Como promover as experiências de aprendizagem necessárias? Qual é a

sequência mais adequada? Não existe uma receita universalmente eficaz, mas pode servir de referência a sequência de "eventos instrucionais" proposta por Gagné em 1972:
- **Introdução:** a) chamar a atenção, b) estimular o interesse e a motivação, c) definir o propósito da instrução, d) prever o percurso de estudos.
- **Corpo:** a) relembrar conhecimentos prévios, b) processar informação (ler, assistir aulas, fazer experimentos etc.), c) aplicar estratégias de aprendizagem (fazer anotações, criar mapas conceituais, pesquisar na biblioteca ou na *web*), d) exercitar habilidades e conhecimentos (resolver problemas práticos, verificar a própria aprendizagem), e) receber comentários de caráter motivacional e avaliações para melhoria do seu desempenho.
- **Conclusão:** a) revisar a lição/estudos, b) remotivação (refletir sobre o valor e a aplicabilidade de seus estudos e seu desempenho).

> **Para refletir e debater**
> Como você imagina a forma de organização, a sequência e as etapas da capacitação para os vendedores da empresa X, que vimos no estudo de caso?

Fase de desenvolvimento

Conforme a dimensão e complexidade do programa, será necessário capacitar instrutores, adquirir equipamentos e recursos didáticos, desenvolver outros etc. A criação de materiais e a implementação de programas de educação ou treinamento comumente demandam a contratação de equipes multiprofissionais. São questões-chave do DI nessa fase: Como coordenar equipes, alocar verbas e gerir a sequência de atividades necessárias para o desenvolvimento do projeto? Como gerenciar os riscos inerentes a cada etapa? Os produtos em desenvolvimento estão de acordo com o plano instrucional? Como podem ser melhorados antes de sua implementação?

Nessa fase é fundamental consolidar o **projeto gerencial**. Trata-se de um planejamento que complementa o projeto instrucional. Enquanto este último estabelece a análise do contexto, do público de aprendizes, dos objetivos de aprendizagem e o planejamento de uma solução educacional para as necessidades identificadas, o projeto gerencial focaliza os meios pelos quais essa solução se tornará realidade, ou seja, os aspectos tático-operacionais do desenvolvimento da solução educacional.

Usualmente o projeto gerencial é composto das seguintes partes:
- **Escopo:** define as características da solução que será desenvolvida, implementada e avaliada. Corresponde à descrição da solução presente no projeto instrucional e inclui a quantificação de itens de entrega como: unidades de material didático a produzir,

especificações de qualidade, quantidade de turmas a serem oferecidas, número de participantes a atender, prazos gerais, limites etc.
> **Orçamento:** indica o valor total do projeto e a alocação de verbas de acordo com intervalos de tempo semanais ou mensais, e ainda conforme diferentes categorias de gastos. Estabelece ainda margens de segurança caso haja variação no escopo definido inicialmente ou imprevistos.
> **Cronograma:** decompõe os itens de entrega estabelecidos no escopo em atividades necessárias para sua realização/produção e as organiza em uma sequência lógica com marcos de referência, as atividades dos diferentes integrantes da equipe e avaliações do projeto e seus produtos junto a clientes internos e externos.
> **Equipe:** lista e descreve todos os envolvidos em cada fase do projeto. Define claramente os papéis e as responsabilidades dos integrantes. Inclui o gerente de projetos (que geralmente é um profissional com formação em DI e gestão de projetos) e profissionais como: coordenadores de cursos, especialistas em conteúdos, professores/instrutores/tutores, redatores, revisores, *designers* gráficos, *designers* para mídias digitais, fotógrafos, ilustradores, produtores de vídeo, especialistas em TI, pessoal de secretaria, pessoal de apoio etc.
> **Processos de comunicação:** estabelece a frequência e os canais de comunicação que serão utilizados pela equipe para tratar do projeto, bem como os canais usados para comunicação com clientes internos e externos e processos de validação. Os canais de comunicação podem incluir, por exemplo: *e-mail*, listas de *e-mail*, *Twitter*, *blogs*, áudio e videoconferências, reuniões presenciais etc. Processos de comunicação bem definidos e ativos são essenciais para manter a integração de todos na equipe e estabelecer uma boa relação com clientes.
> **Gestão de riscos:** lista e descreve todos os riscos que se pode antecipar no projeto e as medidas preventivas correspondentes.

Controle das etapas de um projeto

Uma vez que as informações de um projeto são dinâmicas e interdependentes, torna-se recomendável o uso de *software* para gestão de projetos (ex.: Microsoft Project, dotProject etc.) que organizam cronogramas, calculam custos por tipo de recurso, geram relatórios, entre várias funcionalidades.

Gerentes de projetos precisam equilibrar os custos, o cronograma e o escopo, comunicando-se e coordenando as atividades de sua equipe. Segundo England & Finney (1999), projetos educacionais que demandam o uso de múltiplas mídias podem envolver atividades em etapas e níveis como:

> Início:
  • definição do escopo, elaboração de proposta (projeto instrucional), assinatura de contrato.
> Produção:
  • nível 1 (Administrativo): acordos e especificações sobre processos de trabalho, validações em momentos-chave;
  • nível 2 (Detalhamento de especificações): acordo quanto a conteúdos, escolha da plataforma/ambiente virtual de aprendizagem, mídias e tecnologias, tipos de interface e *design* gráfico;
  • nível 3 (Administrativo): recrutamento e gestão da equipe;
  • nível 4 (Produção de materiais): textos, áudios, vídeos, integração dos elementos nas plataformas;
  • nível 5 (Administrativo): gestão dos aspectos de direitos autorais dos elementos criados;
  • nível 6 (Testes): durante a fase de desenvolvimento de materiais (avaliação formativa de materiais, validações por etapa junto a clientes internos e externos) e testes de integração dos elementos.
> Conclusão:
  • nível 7: (Administrativo) Validação e aceite do projeto junto a clientes externos.
  • nível 8: (Administrativo, procedimento interno) Arquivamento das informações e materiais produzidos para futura referência.

Vale saber

Algumas dicas para gerentes de projetos de educação corporativa:

Proteja a integridade de seu projeto. Não pule etapas essenciais por pressão de clientes ou mesmo de seus chefes. É preciso partir de condições iniciais adequadas (escopo, verbas e prazos) e garantir que todos compreendam a importância de cada fase.

Especialistas em conteúdos usualmente são profissionais da área produtiva das empresas clientes e dispõem de pouco tempo para colaborar com equipes de produção de materiais didáticos e consultoria educacional. Por esse motivo, é importante logo de início incluí-los como responsáveis oficiais pelo sucesso do projeto e garantir que compreendam como são as etapas de produção e a importância de sua consultoria e validação de cada elemento.

É importante considerar sempre a possibilidade de reuso de materiais didáticos existentes, mesmo aqueles não digitais, como livros e apostilas. Isso evita que se busque "reinventar a roda" ao investir na criação de materiais que possuem similares no mercado. Precisamos sempre perguntar se as vantagens oferecidas pelo desenvolvimento

(Continua)

> *(Continuação)*
> de um novo recurso são realmente significativas e justificáveis perante o investimento necessário.
> Construa gradualmente um arquivo ou base de dados com dados de prestadores de serviços em diferentes áreas necessárias aos projetos de educação corporativa.

Caso for contratar empresas e profissionais prestadores de serviços na área de educação corporativa, vale considerar: a) Sua metodologia parte de análises bem fundamentadas sobre as necessidades expostas: o contexto de aprendizagem, o perfil do público de aprendizes e a natureza dos objetivos de aprendizagem, ou trazem soluções predefinidas, sem adaptações significativas? b) Qual a formação dos profissionais que desenvolverão o projeto? Eles têm estudos formais e experiência com Educação Corporativa? c) A equipe de produção de materiais didáticos possui excelentes redatores? d) Seus *designers* prezam pela legibilidade dos textos e clareza dos gráficos? e) O portfólio de soluções anteriores do prestador de serviços preza mais aspectos estéticos e tecnológicos ou a efetividade no alcance dos resultados de aprendizagem? f) Seguem padrões para a produção de materiais didáticos e ambientes que tenham excelente usabilidade e sejam acessíveis a portadores de necessidades especiais? g) Os materiais didáticos que produzem funcionarão bem no AVA de sua empresa? Seguem padrões de interoperabilidade (SCORM, AICC). Podem fazer testes antes da contratação? h) Os materiais poderão ser reutilizados em diferentes cursos? i) Quais os custos envolvidos na atualização dos materiais? Sua empresa ficará dependente desse fornecedor sempre que for preciso fazer modificações? Ou conseguirá atualizá-los sozinha? j) Como é seu processo de avaliação e validação dos materiais e atividades educacionais? k) Os prestadores de serviços são capazes de criar soluções simples e efetivas? l) Já trabalharam antes com empresas semelhantes à sua? m) Podem indicar outros clientes com quem possam conversar?

Na etapa de desenvolvimento, podem ser elaborados protótipos dos produtos e pilotos das ações educacionais para fins de testes. Diversos modelos de trabalho com DI enfatizam a necessidade da avaliação formativa dos materiais e das estratégias de aprendizagem ao longo do seu desenvolvimento. Há quatro meios básicos para realizar avaliações formativas: a revisão do planejamento, a validação pelos futuros aprendizes, a validação por especialistas e a avaliação contínua durante e após a implementação (SMITH e RAGAN, 1999). Mais adiante, trataremos dos aspectos avaliativos de modo mais detalhado.

> **Para refletir e debater**
> Na situação da empresa X, quais problemas podem ser identificados quanto à etapa de desenvolvimento?

Fase de implementação

Após o desenvolvimento e a preparação da infraestrutura necessária e dos materiais e metodologias, passa-se para a fase de implementação. As perguntas-chave do DI nessa fase são: A instrução está sendo implementada corretamente? Onde estamos? Onde deveríamos estar? Como estão os custos? Os resultados estão dentro do cronograma? Como está a equipe? Como está a qualidade dos serviços educacionais prestados?

Aqui as tarefas operacionais correspondem às ações estabelecidas no plano gerencial relativas ao acompanhamento e à avaliação da solução instrucional. O gerente de projetos e o DI comumente realizam reuniões com sua equipe, principalmente os instrutores/docentes, e com os clientes externos, e monitoram as ações. É preciso ainda examinar junto com sua equipe os resultados das avaliações de aprendizagem (testes, provas, trabalhos etc.) e as avaliações dos participantes sobre o processo de capacitação que concluíram.

No caso de projetos de grande porte, complexidade ou custo, é comum se implementar um teste piloto antes de aplicar a solução em grande escala, com a finalidade de fazer ajustes e correções. Em caso de problemas, cabe verificar quais as medidas de correção definidas previamente, ou, caso não tenham sido previstos, definir novas ações corretivas. Também é importante documentar eventuais mudanças no projeto, sobretudo de eventuais ajustes de cronograma e de orçamento, e obter a validação dessas mudanças junto às partes interessadas.

Fase de avaliação

Avaliar significa analisar o valor de certa atividade ou produto segundo critérios determinados (por exemplo, objetivos educacionais, satisfação dos alunos, empregabilidade, cidadania etc.). São perguntas-chave do DI nessa fase: Qual a efetividade dos resultados de aprendizagem? Como melhorar processos e materiais didáticos para as próximas implementações?

Não é só a avaliação da aprendizagem que deve ser levada em conta. Esta deve estar articulada com um processo mais amplo que envolve a avaliação da solução como um todo, incluindo seu conteúdo, atividades, materiais didáticos, atuação do professor tutor, da equipe de suporte técnico-administrativo, bem como os processos e resultados para os alunos em termos de satisfação e da aprendizagem; e os resultados de médio e longo prazos do desempenho dos alunos nos contextos de trabalho em que estão inseridos e, finalmente, o retorno sobre o investimento para a instituição e para a sociedade.

Essa **avaliação somativa** é feita ao final do curso ou um período após sua conclusão. Kirkpatrick (1976) diferencia quatro níveis de avaliação somativa, que adaptamos e sintetizamos no quadro a seguir:

DESIGN INSTRUCIONAL NA EDUCAÇÃO CORPORATIVA

Foco da avaliação somativa	O que é avaliado?	Quando?	Como?
Reação dos aprendizes (atitude / satisfação)	Sentimentos, opiniões, reações, atitudes, nível de satisfação dos alunos em relação à atividade formativa.	Durante e logo após o curso, treinamento etc.	Formulários, questionários, entrevistas, observações dos educadores.
Aprendizagem (conhecimentos e habilidades adquiridos)	Quantidade e nível de conhecimentos e habilidades adquiridos pelos alunos.	Durante e logo após o curso, treinamento etc.	Trabalhos, testes, provas de conhecimentos e habilidades.
Desempenho efetivo	Grau de aplicação dos conhecimentos e habilidades aprendidos. Verificação efetiva da melhoria do desempenho em situações de trabalho.	Após o curso, treinamento etc. em situações práticas de trabalho.	Observações, entrevistas, questionários com ex-alunos e/ou seus chefes e supervisores.
Foco da avaliação somativa	**O que é avaliado?**	**Quando?**	**Como?**
Resultados para a organização	Efeitos das mudanças de comportamento e desempenho sobre os resultados organizacionais (em termos de produtividade, lucratividade, qualidade nos serviços, satisfação dos clientes, da população etc.), retorno sobre o investimento (ROI), retorno sobre as expectativas (ROE).	Algum tempo (geralmente algumas semanas ou meses) após o curso, treinamento etc.	Entrevistas, questionários com ex- alunos e/ou seus chefes e supervisores, avaliação dos resultados organizacionais.

Em relação ao quarto nível da avaliação – dos resultados organizacionais –, é importante ressaltar que o retorno sobre o investimento (ROI) não se resume apenas ao aspecto financeiro, mas inclui o investimento de outros recursos igualmente valiosos, como o tempo e a energia das pessoas. Pode, inclusive, extrapolar a fronteira organizacional e considerar o retorno de médio e longo prazos para a sociedade em geral. Kirkpatrick defende que, antes de qualquer investimento em formação (cursos, treinamentos, oficinas etc.), se devem investigar as expectativas dos diferentes públicos interessados. Essas expectativas precisam ser traduzidas em medidas observáveis de sucesso, isto é, indicadores capazes de responder a perguntas tais como: "Que evidências demonstrarão que a formação surtiu bons resultados?" Algum tempo após a formação, verifica-se se essas expectativas foram cumpridas.

Esse processo é chamado retorno sobre as expectativas (ROE), e corresponde a um aspecto mais subjetivo, porém igualmente importante, do retorno sobre o investimento (ROI).

Especificamente em relação ao modo como uma avaliação de aprendizagem é planejada e implementada, ela pode ser: mais direta, aplicada diretamente no "objeto" da avaliação, por meio de testes, trabalhos, observação da participação e desempenho etc.; e/ou mais indireta, feita observando os efeitos do desempenho, por meio de indicadores variados, da percepção de terceiros etc.; pode focalizar cada aprendiz individualmente ou considerar o desempenho e a produção coletiva dos alunos; pode combinar aspectos qualitativos e/ou quantitativos; pode ser focada nos processos e/ou nos resultados; pode ser não participativa (somente o professor avalia o aluno) e/ou participativa, envolvendo negociações e julgamentos compartilhados tanto pelo professor quanto pelo(s) aluno(s). Pode articular a autoavaliação (quando o aluno reflete sobre o que aprendeu e/ou sobre seu desempenho), a coavaliação (quando os alunos avaliam uns aos outros ou os processos e produtos de seu trabalho colaborativo). Esses são apenas alguns dos fatores que compõem o desenho de uma avaliação. Esta não é uma tarefa trivial e, por isso, requer do DI um alto nível de *expertise*. Sobretudo, a avaliação deve ser compatível com os objetivos instrucionais definidos anteriormente, caso contrário não haverá como saber se estes foram alcançados.

Testes de múltipla escolha ou de questões dissertativas são comuns, mas constituem apenas alguns dos muitos instrumentos ou recursos que podem ser utilizados para se avaliar a aprendizagem. Além desses, podemos mencionar: os produtos gerados por projetos educacionais individuais ou coletivos, o relato pessoal quanto a vivências de aprendizagem, a avaliação dos pares, os portfólios reunindo trabalhos e atividades do curso ou programa, o resultado de jogos e simulações, o comportamento e o desempenho efetivo no trabalho. Evidentemente, a lista não se esgota aí. A escolha dos meios de avaliação dependerá dos objetivos instrucionais, da natureza dos conteúdos e das condições e limitações do contexto de aprendizagem.

Finalmente, nessa etapa é importante realizar reuniões com as diferentes partes interessadas no projeto, de modo a validar seus resultados e quais aspectos devem ser aprimorados nas próximas iniciativas. Para isso é importante registrar e arquivar toda documentação relacionada ao projeto para servir de referência futura.

Para refletir e debater

Na situação da empresa X, como você avaliaria a efetividade da capacitação dos vendedores? Releia o estudo de caso apresentado no início deste capítulo e procure responder às questões colocadas ao longo deste capítulo em relação a ele. Forme um grupo com dois ou três colegas e discuta com eles as soluções que cada um apresentou, buscando chegar a um consenso em relação às melhores.

Considerações finais

Neste capítulo apresentamos o *design* instrucional (DI) como uma metodologia que tem muito a contribuir para o planejamento, a implementação e a avaliação de soluções de educação corporativa. Descrevemos as etapas do DI conforme o modelo ADDIE e alguns dos principais aspectos a considerar dentro de cada etapa. Ressaltamos que o DI é uma área de práticas e saberes bastante abrangentes e fundamentados em grande quantidade de pesquisas. Trata-se de uma área em contínuo desenvolvimento, e a perspectiva aqui apresentada oferece apenas uma breve visão de elementos comumente apresentados nessa abordagem. Ao leitor que quiser se aprofundar no assunto, recomendamos a leitura de REIGELUTH (1999), ROMISZOWSKI (1999) e SMITH e RAGAN (1999).

Resumo executivo

- *Design* Instrucional é uma metodologia interdisciplinar para a análise, o planejamento, o desenvolvimento, a implementação e a avaliação de projetos educacionais em diferentes níveis de complexidade.
- O termo instrução se refere a soluções educacionais que buscam apoiar objetivos bem definidos, inclusive aqueles de caráter construtivista e socioconstrutivista.
- A não aplicação da metodologia do DI pode levar a problemas como: insatisfação do público de aprendizes, evasão e não aprendizagem.
- Suas principais etapas incluem: a) análise do contexto e das necessidades de aprendizagem, b) a análise do perfil do público de aprendizes, c) o mapeamento detalhado de objetivos de aprendizagem, d) o planejamento de uma solução instrucional, e) o desenvolvimento dos materiais didáticos e preparação da equipe, f) a implementação da soluçao e g) sua avaliação.
- Ao realizar o planejamento de soluções educacionais, cabe definir: o papel dos mediadores e as características de diferentes mídias, tecnologias, formas de agrupamento e modalidades de ensino-aprendizagem.
- É preciso ainda definir e ponderar sobre: estratégias e princípios didáticos supletivos e generativos, os fatores motivacionais dos aprendizes e docentes, a articulação, sequência e as etapas instrucionais.
- O desenvolvimento e a implementação de projetos devem se orientar por metodologias de gestão que acompanhem seu escopo, cronograma, orçamento, equipe, processos de comunicação e gestão de riscos.
- A avaliação de projetos educacionais em contexto corporativo deve considerar os níveis de: reação dos aprendizes, aprendizagem efetiva, desempenho no contexto de trabalho e resultados organizacionais decorrentes.

Teste seu conhecimento

> Faça uma lista das experiências de aprendizagem formais mais positivas que você já vivenciou na condição de aluno. Em seguida, procure identificar e listar os elementos que tornaram essas experiências de aprendizagem memoráveis. Agora faça o mesmo com relação às experiências de aprendizagem negativas. Identifique e liste os principais problemas dessas experiências. Compartilhe essas listas com seus colegas e identifique quais são os aspectos em comum, tanto nas experiências positivas quanto nas negativas. A partir daí, crie junto com eles um miniguia com dicas e recomendações para o planejamento de experiências de aprendizagem de qualidade. Procurem organizar as recomendações desse guia em termos das fases do DI apresentadas neste capítulo.

> A partir do conteúdo deste capítulo, elabore três questionários para:

1. Descrever as características de um contexto organizacional à sua escolha e diagnosticar uma necessidade de aprendizagem específica.
2. Descrever o perfil do público-alvo que necessita de capacitação em vista.
3. Mapear e descrever os objetivos de aprendizagem que, se alcançados, atenderão às necessidades identificadas em seu diagnóstico.
4. Descreva uma solução educacional que ajude o público de aprendizes a alcançar os objetivos mapeados. A solução deve ser simples, efetiva, eficaz, eficiente e agradável para todos os envolvidos. Cabe indicar as mídias, tecnologias, estratégias didáticas, elementos motivacionais, estrutura, formas de sequência etc.

> Crie um projeto gerencial que especifique os itens de entrega do projeto, o cronograma e orçamento necessários, a composição da equipe e seus meios de comunicação, bem como possíveis riscos do projeto e meios para evitá-los.

Bibliografia

COLLINS, M.; BERGE, Z.L. Technological minimalism in distance education. **The Technology Source**, nov.-dez., 2000. [*on-line*] Disponível em: http://technologysource.org/article/technological_minimalism_in_distance_education/ Acesso em: nov. 2011.

ENGLAND, E.; FINNEY, A. **Managing multimedia:** project management for interactive media. 2. ed. São Paulo: Pearson Education, 1999.

FILATRO, A. **Design instrucional contextualizado**. São Paulo: Senac, 2004.

_____. **Design instrucional na prática**. São Paulo: Pearson, 2008.

GOMES, R.C.G.; PEZZI, S.; MIRANDA, R. **Tecnologia e andragogia: aliadas na educação a distância.** Anais... VIII Congresso

Internacional de Educação a Distância. Brasília: ABED, 6 a 8 de agosto de 2001.

International Board of Standards for Training, Performance and Instruction - IBSTPI (trad. Hermelina P. Romiszowski). Domínios, competências e padrões de desempenho do Design Instrucional (DI). *Revista Brasileira de Aprendizagem Aberta e à Distância*, ago., 2002. [*on-line*] Disponível em: http://www.abed.org.br/revistacientifica/Revista_PDF_Doc/2002_Dominios_Competencias_Padroes_Hermelina_Romiszowski.pdf. Acesso em: nov. 2011.

KIRKPATRICK, D.L. Evaluation of training. In: CRAIG, R.L. (org.) **Training and development handbook**. New York: McGraw-Hill, 1976.

MERRILL, D. First principles of instruction. **Educational Technology Research and Development**, v. 50, n. 3, 2002, p. 43–59. [*on-line*] Disponível em: http://cito.byuh.edu/merrill/text/papers/5FirstPrinciples.pdf. Acesso em: nov. 2011.

MOORE, M.; KEARSLEY, G. **Educação a distância:** uma visão integrada. São Paulo: Thomson, 2007.

OKADA, A. O que é cartografia cognitiva e por que mapear redes de conhecimento. In: OKADA, A. **Cartografia cognitiva** – mapas do conhecimento para pesquisa, aprendizagem. São Paulo: KCM, 2008. Disponível em: http://people.kmi.open.ac.uk/ale/chapters/c14kcm2008.pdf. Acesso em: nov. 2011.

REIGELUTH, C.M. (ed.) **Instructional-design theories and models:** a new paradigm of instructional theory. v. 2. Mahwah, NJ: Lawrence Erlbaum Associates, 1999.

ROMISZOWSKI, A.J. Design e desenvolvimento instrucional: um modelo sistêmico em quatro níveis. **Revista Brasileira de Aprendizagem Aberta e a Distância**, v. 2, 2003. Disponível em: http://www.abed.org.br/revistacientifica/_brazilian/Edicoes/2003/2003_Edicao.htm. Acesso em: Nov. 2011.

_____. **Designing instructional systems:** decision making in course planning and curriculum design. London: Kogan Page,1999.

SMITH, P.L., RAGAN, T.J. **Instructional design**. 2. ed. Toronto: John Wiley & Sons, 1999.

WLODOWSKI, R.J. **Enhancing adult motivation to learn**. San Francisco: Jossey-Bass, 1993.

Capítulo 7

Gestão de Aprendizagem *On-line* na Educação Corporativa

Renata Kurtz

Contextualização

Com a intensidade e a velocidade das mudanças na economia, na tecnologia, no contexto político mundial, enfim, na sociedade atual, cada vez mais empresas buscam a inovação como ponto importante em sua estratégia nos mais diversos setores do mercado. Seja a inovação em produtos ou em processos, é preciso investir em aprendizagem, em geração de novas ideias e novos conhecimentos, ou seja, investir nas pessoas que trabalham na empresa, pois são elas que conhecem as demandas da empresa, as necessidades de melhorias, e por meio de quem pode se originar a inovação.

O ambiente empresarial que se dedica à educação dos empregados também passa por modificações. A área responsável pela promoção de treinamentos instrumentais, que atendam às exigências para a realização das tarefas, apesar de essencial à execução do trabalho, não traz por si só inovação. Novas competências são requisitadas, e cursos à disposição no mercado podem não ser mais suficientes para capacitar os empregados para as novas necessidades de aprendizagem.

Em um país de dimensão continental como o Brasil, as estratégias de ensino a distância impulsionadas pela tecnologia da Internet atraem vantagens de custo importantes para as empresas, uma vez que investimentos com passagens aéreas, hospedagem, alimentação, além do deslocamento das pessoas de seus postos de trabalho, são reduzidos ou eliminados.

Após o mapeamento de competências, identifica-se a demanda real para ações de desenvolvimento educacional e é verificado também o orçamento disponível para a sua realização, o gestor precisa concentrar sua atenção na tecnologia e na equipe capazes de criar programas de qualidade que atendam à estratégia da empresa, ou seja, é preciso que sejam também sustentáveis, que possam ser mantidos em longo prazo e continuamente aprimorados.

Este capítulo pretende contribuir para a preparação dos profissionais que atuam no âmbito da gestão de processos educacionais virtuais na Educação Corporativa, através da apresentação das seguintes etapas:
- planejamento conforme os objetivos e o público-alvo;
- organização da equipe e do ambiente virtual;
- formação e capacitação dos profissionais envolvidos;
- decisões sobre ferramentas pedagógicas e acompanhamento do progresso e do desempenho dos participantes em busca dos resultados esperados pela empresa.

Estudo de caso

> Na sociedade do conhecimento, a capacidade de aprender continuamente pode ser um dos diferenciais competitivos buscados pelas empresas. Organizações de todos os setores da economia, públicos e privados, com atuação em grande parte do território brasileiro têm metas de desenvolvimento em seus planejamentos estratégicos.
>
> Em consonância com cada estratégia, desenvolver talentos e competências é objetivos específicos das Universidades Corporativas – sistemas de desenvolvimento de equipes e pessoas –, seja em parcerias com instituições de ensino, seja em programas educacionais gerados e oferecidos pela própria empresa, que encontra cada vez mais na tecnologia propiciada pela internet opções integrais ou parciais para cursos antes inteiramente oferecidos aos empregados na modalidade presencial.
>
> Tomada a decisão de criar um programa educacional, as demandas iniciais para a gestão de aprendizagem da UC nesse contexto são:
> - planejamento do programa educacional;
> - formação de uma equipe que contemple as áreas acadêmica, metodológica (no que se refere à EAD), tecnológica (suporte da área de TI) e administrativa;
> - seleção das ferramentas que poderão ser utilizadas pelos professores.

Conceitos para entender a prática

Aprendizagem no contexto do trabalho: de que aprendizagem estamos falando?

A aprendizagem é um fenômeno interdisciplinar, que interessa a diversas áreas do saber, como a Pedagogia, a Psicologia, a Biologia do Conhecimento e também a Administração. A aprendizagem na ótica empresarial é conhecida por aprendizagem organizacional, e ocorre nos processos envolvidos no trabalho, isto é, na execução de tarefas no dia a dia, quando se aprende uma nova maneira de realizar um procedimento ao ver um colega trabalhando, quando se aprendem normas de comportamento adotadas na empresa, e não somente pela educação formal buscada em cursos e programas de capacitação promovidos pela empresa.

Para melhor compreender os objetivos organizacionais no que se refere à aprendizagem, é preciso então compreender o conceito de aprendizagem organizacional. No capítulo Gestão do Conhecimento, vimos que são as pessoas quem aprendem nas empresas; no entanto, essa aprendizagem não acontece de forma isolada, resultante somente de um processo interno, de cada indivíduo. Diferentemente da aprendizagem individual, a aprendizagem nas organizações é definida como a capacidade ou os processos de uma organização de manter ou aprimorar seu desempenho, com base na experiência, compreendendo os sistemas de produção como sistemas de aprendizagem (NEVIS et al.,1995).

A natureza social da aprendizagem organizacional, influenciada pelo pensamento de Vygotsky, caracteriza-a como uma atividade relacional intrínseca à vida cotidiana do trabalho na empresa; envolve a capacidade das pessoas de desempenhar as competências situadas requeridas, formando, segundo aponta Elkjaer (2008), uma complexa rede de relacionamentos entre pessoas e atividades, considerando questões de conflitos e de poder associadas a essa rede. Conhecer, segundo essa visão, trata da formação de identidade das pessoas, do que são na empresa e naquilo que se transformarão dentro dela; o que inclui no estudo a participação das pessoas no contexto social, e tem a linguagem como elemento central nesse processo. A aprendizagem é onipresente na vida das pessoas na organização, no sentido que as pessoas atribuem às experiências vividas na empresa, o que está intrinsecamente relacionado ao contexto e às demais pessoas, ou seja, a aprendizagem não pode ser compreendida somente como um processo que ocorre dentro da mente das pessoas, separadamente de seu contexto social e organizacional.

De acordo com Illeris (2004), para a geração de aprendizagem organizacional, é preciso então que haja interação entre aquisições individuais e processos sociais, pois ela ocorre através do encontro entre os ambientes de aprendizagem nas organizações (ambiente técnico-organizacional e ambiente sociocultural) e os processos de aprendizagem próprios dos seus funcionários. Esses elementos convivem em inter-relação dinâmica, conforme a figura a seguir, e somente podem ser separados como elementos desconectados analiticamente, ou seja, para fins de estudo.

Espaço de aprendizagem organizacional (ILLERIS, 2004)

Processos de aprendizagem dos funcionários:
- experiências profissionais
- educação e treinamentos
- experiências sociais

Espaço de aprendizagem

Ambiente técnico-organizacional de aprendizagem:
- divisão do trabalho e conteúdo do trabalho
- autonomia e aplicação das qualificações
- possibilidades de interação social
- tensão e estresse

Ambiente sociocultural de aprendizagem:
- comunidades de trabalho
- comunidades culturais
- comunidades políticas

Para refletir e debater

Você já pensou na aprendizagem como um processo social dentro de uma empresa?

A aprendizagem organizacional é um processo integrado, coletivo e contextualizado, formado:
> por fatores relativos à importância da comunicação e da abertura da informação a todos;
> pelo estímulo à participação e sugestão de novas ideias e valorização de todos e não apenas de um "herói";
> pela essencial interação das lideranças com seus funcionários;
> pela compreensão sistêmica do contexto, em que há interdependência entre as unidades da empresa, em que os problemas e soluções são vistos como relações sistêmicas entre os processos, conectados pelas necessidades e objetivos da empresa;
> pela relevância do relacionamento com o ambiente externo à organização.

(Adaptado de NEVIS et al.,1995.)

Na ótica integrada da aprendizagem organizacional, além do espaço físico, compõem uma empresa também os espaços simbólicos em que valores, crenças, sentimentos, conhecimentos e aspectos técnicos, políticos e culturais da organização são gerados e compartilhados pelos grupos que constituem essa organização.

Esse pensamento pautará as decisões tomadas na gestão da aprendizagem nas empresas, cientes de que, a fim de promover a aprendizagem, deverão gerar ambientes que promovam interações sociais, a fim de potencializar o compartilhamento de experiências profissionais e sociais, fundamentais nos processos de aprendizagem de funcionários.

Contextualização da aprendizagem na empresa e na equipe

O planejamento do programa começa assim com a contextualização em que a aprendizagem deverá ocorrer na empresa. Para isso, a gestão de EC deverá responder a questões como:

> Por que momento a empresa está passando atualmente?
> Quais os seus objetivos no planejamento estratégico em geral e no planejamento para as áreas envolvidas no programa de capacitação?
> Quais os objetivos do programa de capacitação, de acordo com o planejamento estratégico?
> Qual (e como) é a natureza das tarefas desempenhadas pelos participantes?
> Que experiências os participantes do curso têm vivenciado no que diz respeito ao tema do curso?
> Quais as reais dificuldades identificadas pela equipe/participantes em seu trabalho (no que se refere ao tema do curso)?
> Que histórias de sucesso e de fracasso podem ser relatadas?
> Como as pessoas foram selecionadas para a capacitação? Elas se interessaram e se candidataram ou foram escolhidas pela empresa para realizarem o curso? (O que pode impactar em sua motivação e comprometimento com o curso.)

Questões como essas ajudam a delimitar o contexto cotidiano dos empregados a fim de se conhecerem as necessidades profissionais dessas pessoas/equipes, seus objetivos, bem como características pessoais dos participantes (nível de escolaridade, formação acadêmica, tempo de serviço e de empresa, cargo etc.) para planejar um curso ou programa de capacitação. Essas reflexões serão o norte do programa, devem ser compartilhadas pela equipe envolvida nessa capacitação, pois fundamentarão decisões sobre como elaborar o currículo do programa, o conteúdo dos módulos e que estratégias e atividades podem ser mais indicadas para os objetivos da empresa.

Em empresas com uma equipe ou área de Educação Corporativa, assunto abordado a seguir, esse trabalho é desempenhado pelo *designer* instrucional.

> **Você sabia?**
> Um bom exemplo é uma empresa que atravessa um contexto de mudança organizacional, de reestruturação organizacional, das suas lideranças e equipes, o que gera uma ambiência de incertezas e insegurança nas pessoas acerca de seu futuro.
>
> Investir na análise do contexto dessa empresa traz grandes benefícios para a preparação do conteúdo e das estratégias educacionais, bem como na preparação dos professores. Em um contexto de mudança organizacional, será preciso adotar uma proposta que valorize e estimule a experiência profissional que esses gestores adquiriram com as suas equipes em suas práticas profissionais, a fim de mobilizar o interesse e a motivação desses participantes. Você já havia pensado em como a área de EC pode contribuir para o envolvimento das pessoas de forma positiva para a mudança?

Organização da equipe do programa de EC e cronograma de trabalho

A organização da equipe requer uma discussão aprofundada da divisão do trabalho. Conhecemos o modelo produtivo em série, que divide as pessoas de acordo com a tarefa que ela oferece na linha de montagem: separamos quem pensa e decide de quem faz e executa as ordens decididas pelos primeiros. Esse modelo arrisca-se a alienar as pessoas reduzindo-as a peças da máquina, a mera "mão de obra", dificultando, senão impedindo, as possibilidades de as pessoas encontrarem sentido e significado no trabalho. Em Educação, isso pode ser traduzido pela divisão entre coordenadores, professor-conteudista ou professor-autor, *web* roteirista, *web designer*, programador, *designer* instrucional, professor-tutor, monitores e funcionários de suporte de TI.

A organização da equipe é caracterizada pela diferenciação de papéis (aspecto criado pela especialização de cargos e pela divisão do trabalho) e pela exigência de integração entre eles, ou seja, pelo grau em que os subgrupos de especialistas trabalham juntos e empregam seus esforços, de forma que o trabalho seja coordenado em um resultado único. Assim, com os papéis definidos e distribuídos pelas pessoas/equipes, cada qual com suas competências, conforme as necessidades levantadas identificadas, cabe ao gestor estabelecer procedimentos de comunicação e colaboração, além de garantir o acesso de todos às informações pertinentes, para que cada um compreenda o trabalho de forma sistêmica, interdependente, de natureza interdisciplinar, ou seja, para que fiquem claramente compreendidos:

> - os objetivos do programa, traduzidos em metas e responsabilidades para cada pessoa/equipe;
> - a importância de cada tarefa e de cada pessoa para o resultado final da equipe, ou seja, cada unidade é uma etapa do desenvolvimento do mesmo trabalho;
> - o impacto da qualidade do trabalho de uma equipe para as demais equipes envolvidas no programa.

Nas reuniões de trabalho características dessa etapa, a busca do diálogo entre as pessoas e as equipes pode favorecer o seu envolvimento no planejamento e na tomada de decisão sobre as atividades e metas que precisarão, respectivamente, realizar e alcançar.

Apresenta-se, a seguir, uma relação completa dos especialistas que usualmente compõem uma equipe em programas de médio a longo prazo, o que demanda a distribuição do trabalho por mais pessoas. Em cursos de curta duração, esses papéis podem ser aglutinados em poucas pessoas ou equipes menores de especialistas, mas as atividades se mantêm. Vamos conhecer alguns desses especialistas e suas respectivas atividades:

Especialista	Atividades
Coordenador administrativo	Planeja, implementa, acompanha e avalia todos os processos e ações – *on-line* e presenciais – do programa (aspectos tecnológicos, logísticos, de pessoal etc.).
Coordenador acadêmico	Planeja o currículo do programa, as ementas das disciplinas, assegurando-lhe excelência e atualidade dentro do contexto em questão.
Coordenador pedagógico	Interage com o *designer* instrucional (ver a seguir) para em conjunto definirem material didático, tipo de atividades, mídias e recursos tecnológicos, formas e critérios de avaliação. Acompanha a produção de material didático para o curso em conjunto com o coordenador acadêmico. Capacita os professores e monitores para o desempenho das tarefas. Acompanha o progresso da aprendizagem com os professores e monitores em todas as etapas do curso e realiza, com os demais especialistas, avaliações periódicas.
Professor conteudista	Cria e seleciona os conteúdos (normalmente em forma de texto explicativo/dissertativo), exercícios e provas de cada disciplina.
Web roteirista (no caso de cursos *on-line*)	Articula o conteúdo elaborado pelo conteudista em um roteiro, a partir do uso de linguagens e formatos variados (hipertexto, mixagem e multimídia).
Web designer (no caso de cursos *on-line*)	Desenvolve o roteiro criado pelo *web* roteirista, a fim de criar a arte-final do conteúdo.
Programador (no caso de cursos *on-line*)	Desenvolve os AVAs, por intermédio de programas e interfaces de comunicação síncrona e assíncrona, atividades programadas, gerenciamento de arquivos, banco de dados.

(Continua)

(Continuação)

Especialista	Atividades
Designer instrucional (profissional com experiência em tecnologia educacional)	Analisa as necessidades, constrói o desenho do ambiente de aprendizagem, seleciona as tecnologias de acordo com as necessidades de aprendizagem e condições estruturais dos cursistas, avalia os processos de construção e uso do curso. Interage com toda a equipe de especialistas.
Professor (também conhecido como professor-tutor)	Estuda todo o material didático e interage com o professor conteudista sobre qualquer revisão, sugestão, alteração etc. Prepara a sala de aula *on-line*; conduz o processo de ensino-aprendizagem em conformidade com a metodologia adotada.
Monitor	Realiza processos e procedimentos acadêmicos (providencia documentação, cadastro de cursistas no AVA, envio de material, aplicação de provas presenciais, entrega de certificados). Acompanha o acesso de alunos ao AVA e busca comunicação via *e-mail* ou telefone periodicamente com alunos sem acesso. Dá suporte a cursistas e professores sobre assuntos acadêmico-administrativos e encaminha tais assuntos ao respectivo responsável.
Suporte de TI	Cria as salas de aula *on-line* no AVA, gera dados de acesso *(login* e senha) para todos os usuários, cadastra os participantes no AVA, acompanha todas as salas de aula *on-line* e interage com os participantes a fim de responder dúvidas tecnológicas.

Equipe de especialistas envolvidos em um programa educacional corporativo. Adaptado e modificado de SANTOS, 2003.

Para refletir e debater

Pense na última equipe em que você trabalhou. Como funcionaram a comunicação e a colaboração nessa equipe? Houve mal-entendidos, tarefas que não foram realizadas no prazo, retrabalho? Se você fosse o gestor de uma equipe de EC, o que faria para promover a colaboração entre as pessoas de diferentes especialidades?

Aplicação prática

Agora, você pesquisará sobre a organização da equipe de Educação Corporativa em uma empresa real. Pense na empresa em que trabalha, trabalhou ou em que gostaria de trabalhar. Procure algum profissional envolvido com a área e pergunte como a equipe é formada e o que faz cada membro da equipe. Preencha então a tabela a seguir, adaptando-a para as nomenclaturas e peculiaridades que encontrou na pesquisa. A seguir, reflita sobre cada um dos integrantes e seus papéis no programa. Quais papéis poderiam ser aglutinados em uma mesma pessoa?

Compare com a pesquisa de outros colegas ou pesquise diferentes empresas e compare os resultados entre ambas. Quais as diferenças? Quais as semelhanças?

O que você mudaria se fosse o coordenador? Por quê?

Especialista	**Nomes**
Coordenador administrativo	
Coordenador acadêmico	
Coordenador pedagógico	
Professor conteudista	
Web roteirista (no caso de cursos *on-line*)	
Web designer (no caso de cursos *on-line*)	
Programador (no caso de cursos *on-line*)	
Designer instrucional (profissional com experiência em tecnologia educacional)	
Professor (também conhecido como professor-tutor)	
Monitor	
Suporte de TI (no caso de cursos *on-line*)	

Equipe de especialistas envolvidos em um programa educacional corporativo.

Encerrado o planejamento, definidos os objetivos e estruturada a equipe, as etapas seguintes na gestão do processo serão a capacitação das pessoas e a preparação do ambiente virtual de aprendizagem.

Em Educação Corporativa, dentre todos os profissionais apresentados anteriormente, são os professores e os monitores em especial que merecem atenção redobrada, em razão de a probabilidade da formação profissional dos funcionários de empresas não contemplar necessariamente formação pedagógica docente. Nas empresas, é possível que: o coordenador administrativo tenha experiência em gestão, o coordenador acadêmico tenha experiência no "negócio", no tema do programa educacional, o coordenador pedagógico seja capacitado na metodologia educacional que será adotada, mas os professores-tutores e os monitores, que interagirão com os cursistas, provavelmente serão empregados da empresa, colegas dos participantes, sem formação docente.

Por essa razão, para o sucesso do programa, é preciso dar ênfase à imprescindível capacitação dessas pessoas.

> **Para refletir e debater**
> Reveja o Capítulo 3 de Gestão de Conhecimento e reflita sobre a espiral do conhecimento, por exemplo, sobre o desafio, para as empresas, de promover o compartilhamento do conhecimento, tanto tácito (na mente e na forma de trabalhar das pessoas) entre seus empregados como explícito, o que revela a importância do conhecimento de cada profissional individualmente e da capacitação desses empregados para o compartilhamento e a multiplicação do conhecimento.

A seguir, sugere-se um modelo de cronograma com base nas funções e equipes apresentadas, que deve ser adaptado para cada programa educacional e suas peculiaridades (relembrando: objetivos, público-alvo, tamanho do curso, número de módulos e disciplinas, tamanho das turmas etc.). O cronograma proposto contém seis meses de planejamento, elaboração, realização e avaliação do curso.

Atividade	Equipe de especialistas	Mês 1	Mês 2	Mês 3	Mês 4
Definição de currículo (objetivos, público-alvo, disciplinas, ementas etc.)	Coordenação acadêmica (em conjunto com a coordenação pedagógica e o *designer* instrucional)				
Definição dos professores conteudistas e tutores	Coordenação (administrativa, acadêmica e pedagógica)				
Definição do *design* instrucional do curso (ambiente, seleção da tecnologia etc.)	*Designer* instrucional (em conjunto com o coordenador pedagógico e o acadêmico)				
Produção de material didático (incluindo revisões)	Professores conteudistas e revisores				

(Continua)

(Continuação)

Atividade	Equipe de especialistas	Mês 1	Mês 2	Mês 3	Mês 4
Produção de roteiro de ambiente	*Designer* instrucional e *web* roteirista				
Produção do *design* do ambiente	*Web* roteirista (em conjunto com o *designer* instrucional)				
Programação do ambiente	*Web designer* (em conjunto com o *designer* instrucional)				
Capacitação dos professores	Coordenador pedagógico				
Capacitação dos monitores e suporte de TI	Coordenador pedagógico				
Seleção dos participantes	Coordenação administrativa				
Processos de inscrição	Coordenação administrativa				
Início e realização do curso	Professores, monitores, suportes de TI (com o acompanhamento das coordenações) e interações com os demais especialistas sempre que necessário				
Avaliação do curso	Coordenações acadêmica, pedagógica e administrativa, e integração com as demais equipes para *feedback*				

(Continua)

(Continuação)

Atividade	Equipe de especialistas	Mês 5	Mês 6	
Definição de currículo (objetivos, público-alvo, disciplinas, ementas etc.)	Coordenação acadêmica (em conjunto com a coordenação pedagógica e o *designer* instrucional)			
Definição dos professores conteudistas e tutores	Coordenação (administrativa, acadêmica e pedagógica)			
Definição do *design* instrucional do curso (ambiente, seleção da tecnologia etc.)	*Designer* instrucional (em conjunto com coordenador pedagógico, acadêmico)			
Produção de material didático	Professores conteudistas			
Produção de roteiro de ambiente	*Designer* instrucional e *web* roteirista			
Produção do *design* do ambiente	*Web* roteirista (em conjunto com o *designer* instrucional)			
Programação do ambiente	*Web designer* (em conjunto com o *designer* instrucional)			
Confecção do material didático nas respectivas mídias	Coordenação administrativa			
Capacitação dos professores	Coordenador pedagógico			
Capacitação dos monitores e suporte de TI	Coordenador pedagógico			
Seleção dos participantes	Coordenação administrativa			
Processos de inscrição	Coordenação administrativa			
Início e realização do curso	Professores, monitores, suportes de TI (com o acompanhamento das coordenações) e interações com os demais especialistas sempre que necessário			nº de semanas
Avaliação do processo geral	Coordenações acadêmica, pedagógica e administrativa, e integração com as demais equipes para *feedback*			

Proposta de cronograma de planejamento de programa educacional corporativo.

Capacitação dos professores

Segundo Tractenberg et al. (2005), as competências necessárias para a função docente abarcam quatro dimensões: (1) técnicas e pedagógicas, (2) socioafetivas, (3) gerenciais e (4) tecnológicas.

Assim, a capacitação dos empregados que desempenharão funções de professores e monitores não se limita às competências técnicas, referentes ao domínio do assunto do curso, do seu conteúdo, nem tampouco às competências tecnológicas, voltadas para o uso do ambiente de aprendizagem ou das ferramentas educacionais. Para as competências pedagógicas, socioafetivas e gerenciais, na EC deve-se preparar esses profissionais para uma nova visão da educação, diferente da corrente pedagógica tradicional (de acordo com o Capítulo 4, Fundamentos da Educação no Século XXI), do modelo unidirecional de transmissão do saber, do professor para o aluno passivo, receptor do conhecimento. Mesmo com o apoio da tecnologia, esse modelo pode ser facilmente reproduzido, basta que a postura, a atitude e o comportamento do professor na sua relação com os cursistas não se modifiquem.

O modelo interativo baseado na aprendizagem colaborativa, em rede (segundo o Capítulo 4, Fundamentos da Educação no Século XXI), requer novas competências do educador, distintas das requeridas na corrente tradicional.

A respeito das competências pedagógicas, os professores são capacitados a exercer novos papéis:

- **Provocador:** o que abre a discussão, introduz um tema, fazendo referências ao material didático, contextualiza o assunto, questiona, polemiza, apresenta diferentes pontos de vista, contrapõe opiniões, diverge etc.
- **Moderador:** concilia e integra diferentes visões e contribuições dos cursistas, converge para o objetivo planejado e o resultado de aprendizagem. Orienta e reconduz, se for o caso, o rumo do debate para os objetivos do curso, evitando a sua dispersão. Pesquisa e aprofunda os pontos necessários, explica melhor algo que não foi compreendido pelos participantes, pede-lhes maiores esclarecimentos.
- **Sintetizador:** costura todas as contribuições, ressalta o conhecimento gerado e fixa para os participantes a aprendizagem gerada por intermédio do debate.

No que se refere às competências socioafetivas, no modelo interativo, é preciso acolher idiossincrasias e a divergência de ideias, provocar o diálogo e a interlocução, mediar debates com foco nos objetivos e gerar e fixar o conhecimento coletivamente proporcionado como resultado de aprendizagem.

Os empregados precisam, então, experimentar situações novas para (i) vivenciarem as necessidades e dificuldades que seus futuros alunos sentirão; (ii) se sensibilizarem para a busca de soluções para tais demandas; e (iii) se apropriarem das novas competências para a nova visão da Educação.

Aprendemos no Capítulo 2, Gestão por Competências, que as competências são compostas por conhecimentos, habilidades e atitudes e, ainda, que estas últimas têm componentes cognitivos (o que eu penso sobre algo/alguém/uma situação) e afetivos (o que eu sinto/como me sinto sobre esse algo/esse alguém/essa situação). Por essa razão, para que os empregados desenvolvam competências docentes para atuar em EC, é preciso que desenvolvam aspectos não só cognitivos mas também afetivos sobre o comportamento que precisarão expressar com a turma.

Consequentemente, se o programa previr uma parte *on-line*, mediada pela Internet, idealmente os professores precisarão ser primeiro alunos *on-line*, precisarão ser capacitados à função docente por intermédio da modalidade *on-line* e não presencial, pois somente dessa forma vivenciarão o que seus alunos viverão. Da mesma forma, a capacitação requer tempo para o amadurecimento dessas competências, para a elaboração e consolidação dessas vivências no aparato comportamental dos professores. Capacitações "intensivas" presenciais de três ou cinco dias não oferecem a mesma eficácia, por não permitirem em pouco tempo e no ambiente presencial a situação e o tempo de amadurecimento de quatro ou seis semanas *on-line*.

Em um curso *on-line* como alunos, os empregados aprenderão que a distância *on-line* não é sinônimo de solidão *on-line*. A distância geográfica existe, mas, quando se constrói um relacionamento real de respeito (não somente no sentido da polidez social, e sim no sentido mais integral, de consideração e aceitação legítima do outro no espaço de convivência[1]) e confiança, o sentimento de solidão pode diminuir.

Assim, mais do que apostar na empatia (capacidade de se colocar no lugar do outro), os empregados de fato viverão o lugar de alunos e experimentarão a importância de acolher, receber, aceitar e respeitar as diferenças dos alunos como atitude disponível do professor, como disponibilidade ao outro, ao relacionamento.

Essa atitude sincera do professor se reflete em cada mensagem, palavra, "gesto" da escrita do professor, e é percebida pelos participantes a cada "passo" do professor.

> **Para refletir e debater**
>
> Sentir-se percebido, respeitado e valorizado inicialmente pelo professor e posteriormente pelo grupo pode contribuir grandemente para o comportamento cooperativo do aluno com a turma, para a sua participação e para a sua aprendizagem. Ter uma equipe de professores com essas competências pode ser um grande valor para a EC de uma empresa.
>
> Como você avalia sua prática docente? Mais próxima do modelo tradicional, ou mais próxima do modelo interativo? Percebe alguma necessidade de mudança em sua atuação?

---

[1] Maturana e Varela estudam a natureza dos relacionamentos sociais do ponto de vista da Biologia Cognitiva e dão ao relacionamento com base na aceitação do outro como legítimo outro na convivência o nome de amor.

As competências gerenciais dizem respeito ao acompanhamento do desenvolvimento dos alunos (planejamento, prazos, resultados), o que é registrado em um portfólio de desempenho, compartilhado com os alunos (o que favorece sua autonomia e autoavaliação, dentro de uma concepção formativa da avaliação, uma vez que o aluno pode identificar uma lacuna em sua trajetória e a retomar) e com os monitores, que colaboram com o acompanhamento do progresso da turma, tema abordado a seguir.

Capacitação dos monitores

Os monitores trabalham de forma integrada com os professores no acompanhamento do progresso dos alunos durante o curso, por intermédio do monitoramento dos acessos ao ambiente de aprendizagem, das entregas das tarefas e da verificação de participação em debates e atividades. Essas ações são atualizadas e registradas semanalmente pelos monitores em um documento como um histórico de participação dos alunos. Esse histórico funciona como guia para os contatos que os monitores fazem com os alunos: um lembrete de tarefa, uma mensagem perguntando em que pode ajudar para a retomada do curso, demonstrando a mesma postura disponível e interessada que o monitor também manifesta com a turma.

O trabalho dos monitores inclui, assim, o contato individual com os alunos no novo modelo colaborativo, o que requer também uma capacitação atenta ao acolhimento das diferenças e necessidades de cada um.

O histórico preenchido com a resposta do aluno ao contato do monitor é compartilhado com o professor integrando o trabalho desses dois profissionais, da mesma forma que o portfólio de resultados preenchido pelo professor é também acessado pelo monitor.

Reunimos na tabela a seguir as principais competências e suas diferentes gradações para diferentes especialistas, o que indica a necessidade de capacitação.

Competências e atribuições por especialistas	Autoria do conteúdo e do material	Ingerência sobre o conteúdo e o material didático	Autonomia quanto às atividades	Competência no assunto	Competência pedagógica	Competência em TICs
Monitor *on-line*	Não	Baixa	Não	Média	Média	Alta
Monitor de cursos parcialmente presenciais e parcialmente *on-line*	Não	Baixa	Não	Média	Média	Alta

(Continua)

(Continuação)

Competências e atribuições por especialistas	Autoria do conteúdo e do material	Ingerência sobre o conteúdo e o material didático	Autonomia quanto às atividades	Competência no assunto	Competência pedagógica	Competência em TICs
Professor de curso parcialmente presenciais e parcialmente *on-line*	Não	Baixa	Variável de acordo com a instituição	Domínio do assunto	Alta	Alta
Professor exclusivamente de cursos *on-line*	Não	Baixa	Variável de acordo com a instituição	Domínio do assunto	Alta	Alta
Professor-autor e condutor do curso *on-line*	Sim	Total ingerência	Variável de acordo com a instituição	Domínio do assunto	Alta	Alta

Competências e atribuições por especialistas	Competência gerencial	Dedicação à motivação do aluno	Acompanhamento do progresso dos alunos	Carga horária para tarefas (por turma)	Carga horária para interação (por turma)	Natureza da interação
Monitor *on-line*	Média	Alta	Alta	Média de 5 h/semana (1 h por dia)	1 h por dia, diariamente	Acompanhamento do desempenho dos alunos (atividades, acesso, participação, informações etc.)
Monitor de cursos parcialmente presenciais e parcialmente *on-line*	Média	Alta	Alta	Média de 5 h/semana (1 h por dia)	1 h/dia, 2 a 3x/semana	Acompanhamento do desempenho dos alunos (atividades, acesso, participação, informações etc.)

(Continua)

(Continuação)

Competências e atribuições por especialistas	Competência gerencial	Dedicação à motivação do aluno	Acompanhamento do progresso dos alunos	Carga horária para tarefas (por turma)	Carga horária para interação (por turma)	Natureza da interação
Professor de cursos parcialmente presenciais e parcialmente *on-line*	Média	Alta	Alta	Média de 5 h/semana (1h por dia)	1 h por dia, diariamente	Provocadora, interativa dialógica e educadora
Professor exclusivamente de cursos *on-line*	Alta	Alta	Alta	Média de 5 h/semana (1 h por dia)	1 h por dia, diariamente	Provocadora, interativa dialógica e educadora
Professor-autor e condutor do curso *on-line*	Alta	Alta	Alta	Média de 5 h/semana (1 h por dia)	1 h por dia, diariamente	Provocadora, interativa dialógica e educadora

Competências e atribuições por especialistas.

As próximas ações serão preparação do ambiente virtual de aprendizagem, conforme a seleção de ferramentas que serão utilizadas.

Preparação do ambiente virtual e seleção de ferramentas

A escolha do ambiente virtual deve levar em consideração de que forma o ambiente atenderá às necessidades de:
- armazenamento de arquivos, materiais, conteúdos, bancos de dados, tarefas, trabalhos dos alunos, avaliações etc;
- comunicação aberta e flexível, para atender aos objetivos pedagógicos que requererem interações síncrona e assíncrona, e também a comunicação todos-todos, como por exemplo fóruns de discussão que permitem que as pessoas se dirijam ao grupo, em rede, e não somente a cada participante individualmente de cada vez, de forma linear;
- produção de conteúdos pelos participantes através de ferramentas que acolhem a reflexão, a elaboração dos alunos (individualmente e em grupo) de forma livre e criativa, de acordo com a metodologia adotada pelo professor, diferentemente de

uma plataforma estática em que o aluno consome o conteúdo e envia as respostas em "cliques" somente em questões objetivas autocorrigidas pelo AVA;
> acompanhamento, por professores, monitores e coordenadores, do processo de aprendizagem seja em ferramentas de comunicação, seja em relatórios gerados pela plataforma virtual, sobre acessos, participações e ações dos alunos no curso, ou seja, o gerenciamento do trabalho realizado. Tais relatórios fornecerão informações importantes para o trabalho de acompanhamento dos alunos realizado pelos monitores, pois destacam tarefas entregues, últimos acessos ao ambiente etc.

Dessa forma, o uso que se pode fazer da tecnologia, isto é, do ambiente virtual, não se limita ao armazenamento de conteúdo e o envio de tarefas. Em cursos semipresenciais, o ambiente virtual tem o mesmo potencial para ser mais uma estratégia de aprendizagem, desde que utilizada de forma interativa, incentivando o debate, o posicionamento crítico diante de visões diversas, a reflexão e a conseguinte produção criativa e autoral do aluno. Ferramentas que possibilitam atividades para essas estratégias são: fóruns de discussões, *chats* (por texto, áudio ou videoconferência), *wikis*, *blogs*, sempre com a mediação do professor, coerentemente com os objetivos que se quer alcançar em cada atividade.

Vamos pesquisar?
Pesquise na internet as experiências de instituições com alguns ambientes virtuais de aprendizagem, como os listados a seguir. Identifique as características, as possibilidades e vantagens de cada um e compare com os resultados das pesquisas de seus colegas. Qual deles você adotaria para sua empresa?
> AulaNet;
> BlackBoard;
> e-ProInfo;
> Learning Space;
> Moodle;
> Teleduc;
> WebCT.

O ambiente virtual pode ser novo para muitos cursistas, e, como tudo o que é novo, pode gerar ansiedade e inibição no começo de seu uso, de sua participação. Um ambiente desorganizado, confuso e ambíguo pode aumentar essa ansiedade, desmotivar e até impactar no índice de evasão do curso. A decisão sobre o *layout* das telas no que se refere aos objetos no espaço gráfico da plataforma merece cuidado especial, uma vez que a organização desse espaço, a coerência nas informações fornecidas em todos os recursos e relativa constância na apresentação gráfica dos *links* e demais objetos (atividades etc.) pelas telas etc. contribuem para a ambientação do cursista a esse novo espaço, ele aprende a transitar pelo espaço, apropria-se das possibilidades e uso da plataforma, sentindo-se mais seguro para participar e estudar nesse novo espaço.

A seguir, ilustraremos a tela inicial do curso Teoria e Prática da Docência *On-line*, oferecido pela Livre Docência Tecnologia Educacional, no Moodle. O modelo é definido como um mapa, facilmente aprendido pelo cursista, que o ajuda a se localizar e transitar pelo espaço e por essa razão pode ser padronizado para diferentes cursos da empresa. Nesse ambiente, há referências a nomes já conhecidos pelos alunos no ambiente tradicional, que podem ser livremente renomeados pela equipe de EC. Começaremos pela coluna central do ambiente, que pode ser adaptada a qualquer outro ambiente, nomenclatura e interface gráfica.

Mural do curso

É importante que os alunos saibam que encontrarão todas as informações de que precisarão, como conteúdo programático, cronograma, critérios de avaliação, em suma, a leitura de todos esses documentos ajudará o aluno a se orientar e se programar para o estudo, ao longo das semanas, módulos, unidades. Todas as informações fornecidas no mural do curso precisam ser cuidadosamente verificadas em todas as demais do curso. A coerência e, quando os alunos são iniciantes em ambientes virtuais, a redundância de informações podem ser bem-vindas. Como exemplo, estão as informações sobre tarefas que estão no Guia de estudos, que se repetem nas orientações de cada semana e novamente nos enunciados individuais de cada tarefa. Além disso, a prática de enviar uma mensagem ao final de cada módulo ou semana, com informações sobre o trabalho realizado nesse período e orientações relembrando o trabalho que será realizado no período seguinte, é mais um reforço que deve ser utilizado. A essa mensagem semanal pode ser anexado um portfólio de desempenho dos alunos, um documento em que se registram todas as atividades já produzidas e o desempenho individual de cada participante em cada atividade.

GESTÃO DE APRENDIZAGEM ON-LINE NA EDUCAÇÃO CORPORATIVA

Curso Teoria e Prática da Docência *On-line*, oferecido pela Livre Docência Tecnologia Educacional.

O portfólio de desempenho é preenchido pelo professor, o que pode ser um comentário, uma nota de entrega, de participação etc. O portfólio é um importante instrumento de apoio para alunos, professores e monitores.

Para os alunos, o portfólio facilita:
> a sua orientação na trajetória do curso, ou seja, os alunos reconhecem facilmente uma pendência, que atividade retomar caso não tenha sido efetuada, e, se precisar se ausentar por uns dias, que passos deve cumprir;
> o acompanhamento de seu progresso, pelos comentários e *feedback* que o professor preenche, o que provoca reflexões em uma espécie de autoavaliação, o que estimula a autonomia e a responsabilidade do aluno pelo seu desempenho, além de propiciar, em uma visão formativa, melhorias decorrentes do aprendizado durante o processo e não somente ao final.

Para os professores e monitores, o portfólio contribui:
> para o acompanhamento individual de cada aluno, pois sinaliza quem está mais afastado do curso e precisa ser procurado. Como dito anteriormente, o monitor utiliza esse documento para construir seu próprio instrumento de acompanhamento de cursistas: o histórico de cada turma;
> para a avaliação formativa que o professor faz de cada participante, pois se constrói um dossiê comentado de cada um; no momento de atribuir o grau final, o resultado do curso pode ser o resultado do próprio portfólio.

Tutoriais

Os tutoriais são documentos muito bem-vindos pelos alunos, pois revelam o passo a passo de onde clicar para agir no ambiente. Detalhadamente preparados, devem demonstrar todos os movimentos necessários para cada objetivo. Os tutoriais devem ser apresentados no início do curso e permanecer disponíveis durante todo o curso, pois eles serão necessários quando os cursistas desejarem utilizar cada ferramenta respectiva a cada tutorial.

Espaços de interação

Apresentaremos a seguir características de três ferramentas para a interação. A decisão de quais ferramentas adotar deve ser tomada em conjunto com o *designer* instrucional, conforme cada objetivo educacional. São elas: fórum de discussões, *chat* e *wiki*.

Fórum de discussão

É a ferramenta mais utilizada pela natureza assíncrona da interação todos-todos, isto é, os participantes podem acessar e contribuir em horários diferentes, em todas as etapas do curso, sem limite de número de participantes. O fórum é um campo aberto para provocação de debates, divergências de visões, aprofundamentos de pesquisas, análises, contrapontos e consequentes resultados dessa produção coletiva, de acordo com a mediação do professor e seus objetivos pedagógicos para essa discussão.

Devem ser agrupados em um mesmo espaço, com uma finalidade específica: concentrar o trabalho do professor e dos alunos em um mesmo campo, pois assim facilitam a orientação dos alunos para a participação e a mediação, pelo professor, das respectivas contribuições.

O fórum "Sala de aula" pode ser chamado de espaço de interação, discussão, comunicação. O importante é que o aluno identifique facilmente que ali estarão os pontos de encontro para os debates sobre o conteúdo e o estudo do programa do curso. É lá que ele encontrará o professor à disposição, e é lá onde deve encontrar a turma e participar dos diálogos propostos pelo professor.

Sugere-se que a Sala de aula contenha os seguintes fóruns:
> Boas-vindas e apresentações pessoais.
> Tira-dúvidas.
> 1 para cada *Chat* (para orientações, envio de pautas, acolhimento de dúvidas, sínteses do professor pós-*chats* e mensagens e comentários de quem não pode participar).
> 1 conceitual para cada unidade.
> 1 para as mensagens semanais de *feedback* das atividades passadas e seguintes, com o portfólio atualizado.
> 1 para cada atividade (para orientações, enunciados, acolhimento de dúvidas e *feedbacks* coletivos do professor).
> 1 de encerramento do curso.

Segundo Moore e Kearsley (2007), os alunos esperam respeito do professor ao trabalho realizado; explicação e justificativa das notas atribuídas; indicações claras de como podem melhorar em termos de respostas específicas às perguntas e em geral; incentivo e renovação da confiança a respeito de sua capacidade e progresso; críticas e conselhos construtivos; oportunidades para responder, se desejado; respostas na ocasião certa. O que denota que o *feedback*, individual e coletivo, é uma exigência sempre, seja sobre as tarefas produzidas, seja às participações e discussões nos fóruns.

Além da constância do professor (diária em muitos cursos), a sua atitude nos fóruns, bem como em todos os espaços do ambiente, deve espelhar as competências para as quais foi capacitado: deve ser atento, próximo (provocador do sentimento de proximidade ao invés da solidão *on-line*), motivador, apoiador, e exercer a interação socioafetiva. Seu papel é de educador, proativo e não reativo, por meio da dinâmica em espiral "provocação-mediação-síntese-provocação-..." , estimulando o diálogo, a interlocução, dando o exemplo em suas próprias mensagens em que realiza costuras textuais, evitando a sequência linear de comunicação um-um e incentivando o comportamento todos-todos. Conforme Mendonça (2009),

> "A costura textual é uma técnica pedagógica, desenvolvida por Feenberg em seus primeiros cursos on-line, para promover a participação e interação ativas. Consiste em selecionar elementos comuns a várias mensagens e combiná-los numa única resposta, em lugar de responder uma a uma às colocações e perguntas feitas pelos alunos. Isso faz com que o aluno citado se sinta reconhecido e valorizado em sua participação, levando o restante da turma a interagir com seu comentário e também com os comentários do professor. Centraliza, ainda, a discussão em torno das contribuições dos alunos, encoraja-os a participar, fazendo-os se sentir essenciais à discussão. Ao mesmo tempo que o professor responde, ajuda a construir, aos poucos, uma síntese do que está sendo conversado, envolvendo os alunos na discussão."

O fórum do modelo exemplificado como Planos de Docência *On-line* é o espaço destinado aos grupos de trabalho para a elaboração dessa atividade, construção dos planos de docência *on-line*. O espaço é de gestão de cada grupo, em que os componentes interagem, com o acompanhamento e apoio do professor. Além dos fóruns, cada grupo tem o suporte de *chats* e *wikis* abertos durante todo o tempo para se reunirem, dialogarem e produzirem.

Chat
A adoção de um *chat*, assim como de qualquer outra ferramenta pedagógica, precisa atender a objetivos claros, específicos, que justifiquem a escolha por essa ferramenta interativa e não um fórum ou *wiki*, por exemplo. Um *chat* interativo (em que todos possam contribuir e participar ativamente) exige também limitação no número de participantes – entre 10 e 12 pessoas, por exemplo – e limitação na duração – cerca de 01h30, por exemplo.

Alguns possíveis objetivos do *chat* são:
> aproximar as pessoas no período de ambientação, como em um *chat* de abertura, na primeira semana do curso;
> trazer de volta a turma em um momento em que podem se afastar, pois as pessoas podem se programar para acessar naquele dia, naquela hora, estabelecidos pelo programa do curso. Exemplo: *chat* no meio de um curso muito longo;
> despedidas de forma afetiva, trocas de *feedback* e percepções sobre a aprendizagem, o curso, o professor etc. Exemplo: *chat* de encerramento na última semana;
> abrir um tema, despertar interesse, provocar e aguçar a atenção e prosseguir com a atividade em um fórum. Exemplos: *chat* para abrir o tema mais importante do curso; *chat* para iniciar uma atividade com pesquisa dos alunos e outras tarefas;

> fechar uma atividade que começou em um fórum e recebeu várias análises de colegas, reflexões etc. Nesse caso, o *chat* sintetiza e fixa a aprendizagem da atividade realizada. Exemplo: ao final de uma atividade sobre um dos temas mais importantes do curso;
> tirar dúvidas pontuais sobre algo específico e programado. Exemplo: *chat* na metade de uma atividade que pode requerer orientação sobre a sua execução ou o acompanhamento do professor sobre dados coletados em pesquisa.

Wiki

Wiki é uma ferramenta de produção colaborativa de documentos com o uso de navegador *web*. Sua principal vantagem é a possibilidade de vários participantes trabalharem juntos em um mesmo documento, além de permitir a interligação de infinitas páginas na Internet. Requer acompanhamento próximo do professor, para evitar o conjunto de produções individuais em sequência linear, sem que se construa um corpo único, coerente e coeso. É uma atividade muito indicada para estudos de caso e tarefas em grupo. Seu caráter interativo e dinâmico costuma interessar os participantes.

Módulos conceituais

O próximo campo do ambiente virtual ilustrado no Moodle destina-se aos módulos conceituais do curso. No início de cada módulo, recomenda-se uma nova orientação sobre o que deverá ser feito nessa etapa, de acordo com o Guia de estudos e o Programa. Relembram-se datas, atividades, tarefas, conteúdos que serão trabalhados nesse módulo, tudo o que o cursista encontrará e realizará individualmente e com a turma.

A coluna da esquerda do ambiente virtual de aprendizagem do nosso exemplo (curso Teoria e Prática da Docência *on-line*) lista: os participantes do grupo, cada qual com seu perfil pessoal, os *links* diretos para as atividades do curso, os *links* para os demais cursos em que os participantes estão inscritos. A área das notas das tarefas também fica disponível nesse campo, juntamente com uma ferramenta de busca nos fóruns.

A coluna da direita, no mesmo exemplo, informa as atualizações do curso, as atividades recentes e as próximas atividades, o calendário mensal, notícias e colegas que também estão conectados.

Comunidades de prática

As comunidades de prática são um importante ponto de encontro, compartilhamento de vivências e situações-problema em que se buscam soluções coletivamente. Ao compartilharmos experiências vividas por todos, a ideia de um pode ser a solução para todos, e a gratidão em receber uma sugestão, uma ajuda e a solidariedade e compreensão do que é vivenciado estimulam o comportamento colaborativo dos empregados dentro e fora da comunidade.

Cada comunidade é um ambiente virtual em que são criados espaços de interação, como fóruns e *chats*, mediados por um líder, de acordo com as atividades de cada área profissional. São particularmente eficazes quando:

> as pessoas têm tarefas/projetos em comum e trabalham de forma interdependente;
> as pessoas exercem a mesma tarefa, apesar de não necessariamente de forma interdependente, como professores da mesma disciplina, de turmas diferentes, mas de um mesmo programa educacional. Nesse caso, oferecem ao grupo de professores, bem como a quaisquer profissionais, apoio do grupo e do líder mediador durante a realização do trabalho;
> dão continuidade ao relacionamento construído nos cursos do programa, ou seja, continuam oferecendo aos participantes um ambiente para interação, a quaisquer hora e local, estimulando, pelas trocas entre eles, a continuação da aprendizagem começada no curso e agora, pela aplicação no dia a dia de cada empregado.

Apoio ao planejamento do professor

As comunidades de prática e a integração com as atividades dos monitores, já citadas, são importantes apoios ao trabalho do professor na condução do curso. Além dessas iniciativas, um planejamento detalhado de cada etapa e cada ação no tempo representa um grande suporte, ainda que acomode adaptações necessárias no transcurso do programa. A gestão do tempo na condução do curso é também um fator crítico para o sucesso, e o planejamento como o proposto a seguir, contendo todas as etapas, desde o pré-curso até a avaliação dos resultados e impactos para a organização, pode otimizar o tempo destinado, no trabalho do professor, às interações com a turma, revisões de produções dos participantes e *feedbacks*.

Dados do curso	
Instituição	
Nível de escolaridade (requisitado dos cursistas)	
Nível de escolaridade conferido pelo curso	
Nome da disciplina ou curso	
Duração e carga horária total e semanal	
Carga horária de dedicação semanal dos cursistas	

Dados do curso	
Carga horária de dedicação semanal dos professores e monitores	
Número de participantes por turma	
Objetivos	
Público-alvo	
Ementa	
Metodologia	
Programa	
Cronograma	
Bibliografia	

Antes do curso			
O quê?	**Quando?**	**Quem faz?**	**Documentos**
1. Estudar, revisar e reunir o conteúdo e o material do curso	3 meses antes do curso	( ) professor ( ) monitor	Explicitar todo o material didático que será utilizado
2. Verificar a adequação das atividades aos objetivos e público-alvo e se preparar para elas (quando definidas pela instituição). Caso não haja atividades previamente elaboradas pela instituição, é preciso produzi-las.	3 meses antes do curso	( ) professor ( ) monitor	Explicitar todas as atividades que serão realizadas
3. Preparar orientações, enunciados de atividades, mensagens de abertura de fóruns, *chats*, *wikis* etc.	Até a semana anterior ao início do curso	( ) professor ( ) monitor	
4. Inscrever os participantes no ambiente	Até a semana anterior ao início do curso	( ) professor ( ) monitor	

Preparar uma tabela para cada semana e adaptar todo o preenchimento.

Semana 1 – Período de ambientação			
O quê?	**Quando?**	**Quem faz?**	**Documentos**
Abrir o mural do curso: 1. Apresentação do curso, do programa e do calendário 2. ...	Sexta-feira anterior ao início do curso	( ) professor ( ) monitor	Anexar aqui todos os documentos preparados
Abrir as atividades da semana 1: 1. 2.	Sexta-feira anterior ao início do curso	( ) professor ( ) monitor	Anexar aqui as mensagens de abertura
...		( ) professor ( ) monitor	

Semana X – Período de encerramento			
O quê?	**Quando?**	**Quem faz?**	**Documentos**
Atividades de encerramento:		( ) professor ( ) monitor	

Pós-curso			
O quê?	**Quando?**	**Quem faz?**	**Documentos**
Avaliação do curso:		( ) professor ( ) monitor	
Propostas de aperfeiçoamento:		( ) professor ( ) monitor	
Emissão e envio dos certificados		( ) professor ( ) monitor	

> **Vamos praticar?**
> Reúna-se com seus colegas em grupos de cinco pessoas e elaborem um curso de que gostariam de lecionar. A partir das tabelas apresentadas no capítulo, forme com seu grupo uma equipe de especialistas para o curso, sugira um cronograma e planeje o trabalho do professor a partir da última tabela do capítulo.
>
> Que ferramentas vocês escolherão: fóruns, *chats*, *wikis*? Em que etapas do curso, e com que objetivos?
>
> Apresentem o material pronto ao professor e peçam-lhe para revisá-lo.

Resumo executivo

- A aprendizagem na ótica empresarial ocorre não somente pela educação formal buscada em cursos de capacitação promovidos pela empresa, mas também nos processos envolvidos no trabalho, na execução de tarefas no dia a dia, e não pode, por conseguinte, ser compreendida separadamente de seu contexto social e organizacional.
- Para geração de aprendizagem organizacional, é preciso que haja interação entre aquisições individuais e processos sociais, pois ela ocorre através do encontro entre os ambientes de aprendizagem nas organizações (ambiente técnico-organizacional e ambiente sociocultural) e os processos de aprendizagem próprios dos seus funcionários.
- Com o objetivo de mapear o contexto organizacional em que deverá ocorrer a aprendizagem, a gestão de EC deverá responder a questões sobre o planejamento estratégico em geral e o planejamento para as áreas envolvidas no programa de capacitação / natureza das tarefas desempenhadas pelos participantes / experiências dos participantes, entre outras.
- A organização da equipe do programa de EC é caracterizada pela diferenciação de papéis (aspecto criado pela especialização de cargos e pela divisão do trabalho) e pela exigência de integração entre eles, ou seja, pelo grau em que os subgrupos de especialistas trabalham juntos e empregam seus esforços, de forma que o trabalho seja coordenado em um resultado único.
- A capacitação dos empregados que desempenharão funções de professores e monitores não se limita às competências técnicas e tecnológicas, mas abrange as competências pedagógicas, socioafetivas e gerenciais na EC.

> O ambiente virtual deve ser selecionado e preparado para atender a necessidades de: armazenamento de arquivos e conteúdos; comunicação aberta e flexível; produção de conteúdos pelos participantes; e acompanhamento por professores, monitores e coordenadores do processo de aprendizagem.

Teste seu conhecimento

1. Quais as principais atividades de um coordenador de EC diante do desafio da demanda de um novo curso?
2. Como deve ser promovida a integração no trabalho de especialistas em uma equipe, por exemplo, professores e monitores em um programa educacional?
3. Quais as competências requeridas para a docência *on-line*? Descreva cada uma delas.
4. Por que é importante capacitar os professores na própria modalidade *on-line*?
5. Que diferenças podem ser identificadas entre fóruns, *chats* e *wikis*?
6. Que utilizações uma comunidade de prática pode ter em uma empresa?

Bibliografia

ELKJAER, B. Social learning theory: learning as participation in social process. In: EASTERBY-SMITH, M.; LYLES, M. **The blackwell handbook of organizational learning and knowledge management**. Malden: Blackwell Publishing, 2008.

_____. From digital administration to organizational learning. **Journal of Workplace Learning**, v. 17 (8), pp. 533-544, 2005.

_____. Knowing in Organizations: A Practice-Based Approach. **Management Learning**, v. 35 (4), pp.511-51. Dez. 2004.

_____. Organizational Learning.The third way. **Management Learning**, v. 35(4), pp. 419-434. Dez. 2004.

_____. Em busca de uma teoria de aprendizagem social. In: EASTERBY-SMITH, M.; BURGOYNE, J.; ARAUJO, L. (Coord.). **Aprendizagem organizacional e organização de aprendizagem**. São Paulo: Atlas, 2001.

ILLERIS, K. A model for learning in working life. **Journal of Workplace Learning**, v. 16, pp. 431-441, 2004.

LITTO, M.F.; FORMIGA, M.M.M. (org.). **Educação a distância**: o estado da arte. São Paulo: Pearson Education do Brasil, 2009.

MENDONÇA, A.F. de. **Docência *on-line***: comunicação mediada por computadores em rede na prática docente. 2009. Tese de doutorado. Orientadora: Mirza Seabra Toschi, Universidade Federal de Goiás, Goiás.

MOORE, M.; KEARSLEY, G. **Educação a distância** - Uma visão integrada. São Paulo: Thomson Learning, 2007.

NEVIS, E.C.; DiBELLA, A.J.; GOULD, J.M. Understanding Organizations as Learning Systems. **Sloan Management Review**, v. 36, 2, pp. 73-85, 1995.

PALOFF, R.; PRATT, K. **O aluno virtual**: um guia para trabalhar com estudantes *on-line*. Porto Alegre: Artmed, 2004.

_____. **Construindo comunidades de aprendizagem no ciberespaço**. Porto Alegre: Artmed, 2002.

SANTOS, E. Articulação de saberes na EAD *on-line*: por uma rede interdisciplinar e interativa de conhecimentos em ambientes virtuais de aprendizagem. In: SILVA, M. (Org.). **Educação online**. São Paulo: Edições Loyola, 2003.

SILVA, M. (Org.). **Educação *online***. São Paulo: Edições Loyola, 2003.

TRACTENBERG, L.; PEREIRA, M.; SANTOS, E. Competências para a docência *on-line*: implicações para a formação inicial e continuada dos professores-tutores do FGV on-line. In: CONGRESSO INTERNACIONAL DA ASSOCIAÇÃO BRASILEIRA DE EDUCAÇÃO A DISTÂNCIA. XII ABED, Salvador, Bahia, 2005.

Capítulo 8
Avaliação de Resultados em Educação Corporativa

Cristina Palmeira

Contextualização

Quantos CEOs, diretores, presidentes, gerentes e governantes (alta administração em geral) já não rejeitaram projetos por julgar que seus custos seriam superiores ao que poderiam agregar ao negócio? Conceitos, técnicas e tecnologias apresentadas neste livro sobre Educação Corporativa por vezes geram questionamentos por parte daqueles que a patrocinam, por apresentarem custos, mas nem sempre claramente seus resultados.

Na aprovação de uma nova solução educacional, muitos profissionais ainda hoje enfrentam frustração por não poder explicitar para a organização os impactos positivos ou os prejuízos a evitar com sua aplicação, ou, ainda, as competências que poderiam ser estimuladas para sua sustentabilidade. Quantos programas já não foram suspensos por esse mesmo motivo?

Foi com a necessidade de provar o retorno do investimento em treinamento que o tema vem ganhando destaque em discussões, congressos, pesquisas acadêmicas, publicações, ao longo dos 10 últimos anos, e hoje já podem ser colhidos exemplos em órgãos de educação corporativas de instituições públicas e privadas.

Milhares de reais investidos, combinando o estado da arte em EAD com equipamentos multimídia, os maiores especialistas em determinado tema, local privilegiado para o aprendizado (longe de possíveis fontes competidoras da atenção dos participantes, como a meta a ser alcançada e o cliente telefonando), chega a hora de revisão do valor gasto em um programa de educação corporativa. No início ou no estágio atual da carreira, o leitor já pode ter se perguntado: "Que benefício esse programa trará para a organização?"

Tendo ou não feito a pergunta, talvez o leitor já tenha se sentido frustrado por não conseguir mostrar o retorno de um evento de treinamento ou capacitação. Como provar esse retorno?

É possível trazer para Educação Corporativa o conceito de ROI (*return on investment*) – retorno do investimento, oriundo de finanças?

Ao final deste capítulo, além de responder as questões anteriores, o leitor estará apto a:

> estimular um ambiente favorável para o entendimento de práticas de mensuração e avaliação, disseminando-as entre seus pares, superiores e subordinados;
> sugerir medidas que garantam o alinhamento dos programas de educação corporativa às estratégias do negócio;
> propor práticas de avaliação integradas que indiquem os resultados da forma correta, desde o nível que checa a satisfação dos participantes de um treinamento ao impacto das soluções de desenvolvimento;
> definir a melhor forma para a metodologia de mensuração, indicadores e como explicitá-los com o apoio de *balanced scorecards*, considerando a realidade organizacional em que está inserido;
> tratar seu órgão de educação corporativa ou treinamento e desenvolvimento como uma unidade de negócios que impulsiona resultados e não como um centro de custos.

Estudo de caso[1]

Há 30 anos, uma organização estruturou, logo após sua criação, o seu departamento de treinamento e desenvolvimento (T&D), idealizado por seu fundador. Desde então, a cada início de ano, os coordenadores de T&D vinham fazendo o levantamento das necessidades de treinamento junto aos gestores e técnicos da organização (no entendimento de que só estes mereciam ser treinados devido aos custos implícitos nessas iniciativas). Ainda que não compreendessem o que todo aquele palavrório significava, a missão desses coordenadores era realizar cursos ou procurar fornecedores para atendimento dessas demandas.

Além da satisfação de ter sua missão cumprida, uma lei criada em 1975 (a Lei 6.297) permitia que o valor gasto em programas de capacitação de funcionários fosse multiplicado por dois e deduzido do imposto de renda. Ou seja, quanto mais cursos fossem oferecidos, quanto mais cursos os colaboradores fizessem, melhor para a estrutura financeira da empresa, que pagava menos à Receita. Ainda que tenha sido revogada em 1990, essa lei deixou como herança, por muitos e muitos anos, exemplos de investimentos em programas de T&D que não produziam impactos ou melhorias nos processos de negócio e não mostravam alinhamento com a direção que a organização buscava.

Na virada do século, a internacionalização da organização e as mudanças tecnológicas acontecendo a uma velocidade cada vez mais impressionante exigiram que o

---

[1] Convém destacar que este caso é uma mistura de muitos casos que a autora vivenciou, com adaptações para evitar que empresas e pessoas se sintam reconhecidas no relato.

departamento de T&D tomasse atitude proativa em relação às demandas dos clientes, realizando um moderno método de diagnóstico das necessidades de treinamento, em vez de apenas anotar sugestões. Foi aí que os coordenadores de T&D passaram a se interessar pelo que acontecia na produção, no administrativo, na comercialização, e perceberam a importância de todos os colaboradores serem treinados, tendo em vista que as estratégias da organização estavam ali para serem cumpridas por todos, do operário ao presidente.

Em adição, o diretor financeiro achou os custos do departamento um tanto altos, descobrindo que a facilitação da contratação ou a criação de cursos para abater seus custos do imposto de renda gerava uma "folia" de gastos. Foi então até o gerente de T&D pedir sua colaboração para reduzir os custos e não pôde deixar de notar sobre a mesa deste algumas avaliações de final de curso. Por curiosidade, começou a ler algumas.

Qual não foi sua surpresa ao ver, em comentários escritos ao final de cada formulário, que "o curso foi uma viagem", "o curso não tinha nada a ver com a empresa", "eu não sei o que vim fazer nessa sala, já que não trabalho com isso e nem sei se a empresa vai implementar", "o curso foi muito bonito, mas tenho a sensação de que era muita espuma e pouco conteúdo – tem só espuma nesse chope". Era tanto comentário desfavorável que era surpreendente que aquilo nunca houvesse chegado aos ouvidos da diretoria.

Aquela sensação de que o dia de treinamento tinha sido muito legal, divertido, mas sem conexão alguma com a realidade vivida, era o que sentiam os participantes, quando não se referiam ao desperdício de dinheiro que poderia, no lugar, ser adicionado aos seus salários.

Após a conversa com o diretor financeiro, o gerente de treinamento refletiu em como poderia deixar de ser visto como um centro de custos. Num congresso no exterior bancado pela organização, ao assistir à apresentação de várias empresas com seus órgãos de T&D modelados em um formato mais amplo, englobando outras iniciativas de desenvolvimento, conheceu o que poderia ser a solução para esse problema: educação corporativa.

Ao retornar, ele não trouxe apenas fotos e compras baratas, mas conceitos importantes para compartilhar com sua equipe no sentido de transformar o tradicional departamento de T&D em uma Universidade Corporativa.

Mas só registrar o nome não garante que a filosofia por trás desse modelo vire realidade. Para se tornar de fato um órgão de Educação Corporativa, algumas ações precisaram ser tomadas, como o leitor verá ao longo deste capítulo. Concorrendo por recursos cada vez mais escassos, a recém-implantada Universidade Corporativa percebeu que, se não fizesse algo rápido, a sensação dos treinandos e os altos custos poderiam ser de conhecimento de toda a direção e seu orçamento viria a ser ainda mais diminuído.

> **Para refletir e debater**
> Você já pensou nos impactos que um resultado negativo na avaliação dos participantes pode trazer a organização? Você se lembra de eventos de treinamento e desenvolvimento que após sua realização deixaram uma imagem negativa na empresa?

Conceitos para entender a prática

A importância de gerenciar resultados na aprendizagem organizacional

A necessidade de mostrar o valor das ações de educação corporativa, seja para manter sua sobrevivência (ou a manutenção de seu orçamento), seja para ganhar mais espaço (e verbas) na organização, provando que de centro de custos poderim se tornar centros impulsionadores de resultados na empresa, fez com que muitos departamentos de treinamento investigassem metodologias de mensuração e avaliação de treinamento.

Cada vez mais se cobram resultados de todas as áreas das empresas, e indicadores são medidas familiares para a alta administração, facilmente compreendidos por eles, que aprovam os orçamentos de recursos humanos, ainda que para compreendê-los, os profissionais de RH necessitem estudá-los (desmistificando o mito de que quem atua em RH não entende de números). Apresentar os resultados da educação corporativa por indicadores consolida de forma objetiva o que é necessário comunicar à organização.

Não investir em treinamento por causa de seus altos custos, investir pontualmente para atendimento de necessidades de desenvolvimento e treinar sem alinhamento à estratégia são formas de desperdiçar recursos financeiros e impedir o crescimento da organização, a partir do esvaziamento das competências necessárias na equipe. Habilidades e conhecimentos precisam ser aperfeiçoados, adicionados, substituídos, atitudes podem ser atenuadas ou estimuladas, e hoje quem contribuía para o resultado do negócio pode deixar de contribuir. A avaliação contínua dos programas de educação corporativa e a demonstração de seus impactos podem levar à aprovação de novas edições e outros programas, permitindo também a melhoria dos existentes.

Metodologias de mensuração e avaliação de resultados

Para avaliação dos resultados da educação corporativa, pode ser utilizada uma ou a combinação de mais de uma das diversas metodologias para avaliação de resultados em treinamento, como as apresentadas a seguir.

Kirkpatrick

É possível identificar traços da escala de avaliação de resultados de treinamento de Donald Kirkpatrick em outras teorias subsequentes. Publicada inicialmente em 1975 no *Training and*

Development Journal, ele sugere a mensuração em quatro níveis de avaliação (veja tabela a seguir).

Sempre reciclando sua escala, agora em parceria com outros membros da família, Kirkpatrick, há mais de 30 anos, já estimulava os gestores de treinamento a avaliarem seus programas de treinamento.

Escala de avaliação de Kirkpatrick (1975)

Nível 1	Reação	Avalia se os participantes gostaram do treinamento.
Nível 2	Aprendizagem	Observa o conhecimento adquirido pelos participantes ao final do treinamento, ou seja, o que eles sabem a mais em relação ao que não sabiam antes.
Nível 3	Mudança de Comportamento	Avalia o que há de diferente no comportamento dos participantes após o treinamento.
Nível 4	Resultados	Avalia o impacto gerado na organização a partir da realização do treinamento.

Adaptação da autora (PALMEIRA, 2009).

O nível mais avaliado pelas organizações é o primeiro, conceituado como o de reação ou satisfação, ou, ainda, pesquisa de opinião dos participantes. A continuidade, mantendo pontos fortes, incorporando itens sugeridos para melhoria, a extinção ou o desdobramento em mais cursos são exemplos de retorno que se tem desse nível.

Como ensina Kirkpatrick, para a avaliação de reação, qualquer questionário deve conter perguntas que explorem o que o departamento de treinamento ou o gestor da organização deseja descobrir.

> **Para refletir e debater**
> Você já pensou se sua empresa/instituição mede a satisfação da forma correta?

O autor também recomenda que a mensuração da reação seja feita tanto para programas realizados na empresa como em cursos externos. Porém, como enfatiza muitas vezes o autor, esse passo é apenas o início do processo de avaliação do treinamento, já que o fato de os treinandos terem gostado de um curso não garante que o aprendizado tenha ocorrido (nível 2), ou que o comportamento dos participantes tenha mudado (nível 3) devido ao treinamento, e, mais ainda, que haja alguma indicação de resultado (nível 4) proveniente da realização do programa.

O nível 2 (Aprendizagem) avalia então se princípios, fatos e técnicas foram entendidos e absorvidos pelos participantes, não considerando o comportamento no trabalho, que será avaliado no nível 3, que verifica se houve mudança no comportamento, pois após aprender, o participante só estará apto a aplicar o que foi aprendido, encontrando as condições para mudar e se estiver disposto a tal. O último nível na escala de avaliação de Kirkpatrick contempla os resultados obtidos com o programa de treinamento, que podem ser percebidos, como ensina o autor, quando após o treinamento são vistos redução de custos, aumento de vendas, redução da rotatividade, diminuição de reclamações, melhoria da qualidade e quantidade da produção, lucros mais altos e retorno do investimento e melhoria do moral do pessoal.

Mas como dizer que apenas o treinamento ou aquela ação de desenvolvimento foi responsável pelo efeito de incremento de um resultado na organização? Se as condições de ambiente ou mercado forem mantidas, é possível dizer que o treinamento promoveu isoladamente os resultados. É nesse ponto e na quantificação desses resultados que Jack Phillips foi além da metodologia de Kirkpatrick, conforme pode ser visto na próxima metodologia.

Phillips

Em sua metodologia, Phillips chama o nível 1 de reação, satisfação e ação planejada, inserindo um plano de ação para estimular resultados futuros nesse nível. Mantém o nível 2 como aprendizagem e destaca a aplicabilidade e implementação no nível 3, transformando o nível 4 em impacto nos negócios, quando então adiciona um quinto nível relacionado ao ROI, que compara os benefícios do programa aos seus custos, mostrando o valor que ele agregou (se houver).

Sua metodologia tem quatro estágios, em que o primeiro é o de planejamento da avaliação, em que são estabelecidos os objetivos do programa de avaliação, como ela será feita, a responsabilidade de cada um no processo avaliativo e os custos envolvidos para fazer a avaliação, para que estes não impeçam a avaliação de acontecer ou se tornem mais onerosos que os custos de treinamento em si. A seguir, ocorre a coleta de dados, na qual, durante o treinamento, são observados os níveis 1 e 2 (satisfação e aprendizagem, respectivamente, mas nada impede que sejam observados depois, se não houver essa oportunidade, enquanto o treinamento se desenrola); após o treinamento são coletados os níveis 3 e 4 (aplicação e impacto nos negócios, respectivamente).

Para coletar os dados nos níveis 3 e 4, além de questionários, pesquisas de atitude, testes e entrevistas (instrumentos válidos também para os níveis 1 e 2), Phillips ensina, entre outros, dois métodos: grupos de foco, ou focais, em que um pequeno grupo de discussão é conduzido por um facilitador experiente; por observação, em que é feito um acompanhamento do participante antes, durante e depois do programa a fim de observar mudanças em seu comportamento. Para o método de observação, o avaliador pode fazer uso de *check-list* (roteiro para avaliação previamente estabelecido), anotações, gravação em vídeo ou áudio, como os compradores misteriosos, frequentemente utilizados para avaliar resultados de treinamentos de vendas e atendimento ao consumidor.

> **Vale saber**
> Entre os métodos para isolar os efeitos do treinamento de outras iniciativas da empresa, Phillips cita a estimativa dos participantes, dos supervisores, dos gerentes, dos especialistas e até dos clientes; o uso de grupos de controle (que pode também ser aplicado no nível anterior de implementação e aplicação, em que se compara um grupo que participou da ação de T&D a outro que não participou); e linhas de tendência (em que é desejável conhecer estatística).

No terceiro estágio de sua metodologia, a análise dos dados, os dados do treinamento são isolados no que Kirkpatrick chama de separação de variáveis e então convertidos em valores monetários.

Dados físicos, como redução de desperdício, unidades adicionais vendidas, redução de horas paradas e horas de treinamento são facilmente convertidos em valores/unidades monetárias. Já outros, não físicos, como satisfação no trabalho, absenteísmo, lealdade dos funcionários, carecem de maior investigação. Para a conversão destes, Phillips sugere algumas estratégias que fornecem resultados financeiros em diferentes níveis de confiabilidade: custos históricos (se mantidos pela organização); opinião de especialistas (internos ou externos que conheçam o negócio); estudos externos (feitos para determinadas indústrias, por exemplo); estimativas dos participantes, gerentes ou do pessoal de Recursos Humanos.

Dados convertidos, custos calculados, o ROI será então calculado pela seguinte fórmula, no nível 5:

$$ROI = \frac{\text{Benefícios líquidos (benefícios - custos)}}{\text{Custos}} \times 100$$

Fonte: Phillips, J. 2003. (Tradução livre da autora.)

O que não puder ser convertido e calculado sob o formato de ROI será considerado um benefício intangível. Exemplos de benefícios intangíveis são: melhorias no relacionamento, melhoria na cooperação, aumento da comunicação etc.

Para observações dos efeitos do treinamento, o autor sugere o prazo de até um ano, pelo entendimento de que a observação dos efeitos do treinamento nos anos seguintes, concomitante a outras iniciativas, é mais difícil.

No quarto e último estágio, de comunicação dos resultados, observam-se os diferentes tipos de público. Para quem tem interesse, um relatório completo do processo. Para quem não está diretamente ligado à questão do treinamento, uma página demonstrando como ele foi importante para melhoria dos resultados do negócio. Para os respondentes, um resumo.

Para cada tipo de público, é necessário planejar o que será comunicado, quando será comunicado (porque não é bom deixar passar muito tempo após a conclusão da mensuração), que meio será usado para comunicar e quem comunicará.

> **Vale saber**
> Em pesquisa da ABTD em 2007 com uma amostra de 305 organizações brasileiras, 92,4% declararam que avaliavam a reação, 5,4% resultados, e apenas 2,4% mediam o ROI de treinamento; 85% dos respondentes declararam usar algum método de avaliação relacionado aos cinco níveis de Kirkpatrick e Phillips.

Ainda muito pouco calculado, por alguns acreditarem que leva tempo e é custoso, nem todos os programas têm o ROI calculado. E nem todo treinamento visa um resultado financeiro. Phillips ensina que os treinamentos que têm o retorno medido a esse nível devem ser os que mais custam para a organização, os que mais se repetem, e, acrescento, aqueles cujos resultados a organização quer observar mais atentamente, porque são tão explícitos que não convinha medir ou porque estão escondidos.

Dana e James Robinson

Outra metodologia de avaliação de resultados é o de Dana e James Robinson, de 1989, que, diferentemente das apresentadas anteriormente, não concorda que o treinamento possa ser apontado como o único responsável por tais resultados. A principal premissa da metodologia "Treinamento para Impacto" é que o treinamento se mova de uma abordagem voltada para atividades para uma orientação para resultados, com seus objetivos relacionados às demandas e aos objetivos do negócio, seja ele qual for. O conceito fundamental dessa metodologia pode ser resumido em uma fórmula, apresentada a seguir com uma comparação feita com os níveis de Kirkpatrick.

Fórmula da metodologia treinamento para impacto:

$$\frac{\text{Experiência de aprendizado}}{\text{Kirkpatrick Nível 2}} \times \frac{\text{Ambiente de trabalho}}{\text{Nível 3}} = \frac{\text{Resultados de negócio}}{\text{Nível 4}}$$

(Adaptação da autora.)

Brinkerhoff

Outro método, o chamado Avaliação de Caso de Sucesso (*Success Case Evaluation*), desenvolvido por Robert Brinkerhoff em 1988, baseia-se em pesquisas sobre avaliação de treinamento que permitem chegar a resultados de impacto práticos e rápidos, além de estimar o ROI das contribuições de treinamento aos objetivos principais do negócio.

Palmeira

Com base em minhas pesquisas e testado nos últimos anos, adaptei diversas metodologias criando modelo próprio, personalizando-o para as demandas das empresas brasileiras – é adicionado um nível 0 (zero), de embasamento estratégico, anterior ao nível 1 de Kirkpatrick, mantém-se o nível 2, e, adaptando à realidade brasileira, agrupam-se os níveis de 3 a 5 das escalas de Kirkpatrick e Phillips em um único nível 3, chamado de impacto, com recomendações para cada um dos níveis.

A Universidade Corporativa do estudo de caso, na ampliação da observação dos resultados para além do nível 1, implementou esse modelo.

Veja, a seguir, o modelo de avaliação de programas de treinamento, capacitação e formação profissional:[2]

Durante o planejamento de um novo programa de treinamento ou capacitação, devem ser definidos os níveis de avaliação em que o programa deseja promover um impacto (na satisfação dos participantes, no aprendizado de algo específico, em mudanças no trabalho ou nos resultados da organização).

Os objetivos do programa devem ser descritos considerando o alinhamento estratégico e o atendimento às metas organizacionais. Ou seja, antes de desenvolver um novo programa (ou tão logo o programa já existente passe por uma revisão ou as avaliações de reação indiquem que é preciso fazer ajustes), a primeira coisa a ser feita é verificar a qual meta organizacional ele irá suportar. Esse nível consiste na base do modelo de avaliação de programas de treinamento, capacitação e formação profissional e é denominado zero por anteceder o famoso nível 1 de reação: o embasamento estratégico.

Na hora de justificar a participação de um funcionário em um programa interno – do órgão de educação corporativa ou outro departamento – ou de inscrevê-lo em um evento externo, essa ação deve contribuir para uma meta individual, que por sua vez contribuirá para uma meta organizacional ou, ainda, deve contribuir para o aprimoramento/manutenção/aquisição de uma competência a fim de que a empresa disponha das competências necessárias para obter os resultados almejados.

---

[2] Palmeira (2009).

Avaliação da eficácia do treinamento

Muito se fala da necessidade da avaliação de eficácia do treinamento. A norma NBR ISO 10015 cita que o treinamento foi eficaz quando os objetivos do treinamento e o da organização foram ambos atendidos. A norma orientadora para as ações de educação corporativa recomenda que seja feita uma avaliação no curto prazo para verificação dos métodos e recursos adotados e apuração se conhecimentos e habilidades foram adquiridos[3] e a longo prazo para verificar a melhoria na produtividade e do desempenho do trabalho, por meio da observação do treinando e da avaliação da qualidade de seu trabalho.

Uma maneira de avaliar o impacto do programa de educação corporativa no trabalho do participante é estabelecer, já na sua avaliação de desempenho, o vínculo com a meta a ser conquistada, incluindo ao final do período uma avaliação, quantitativa e qualitativa.

A partir de uma afirmação como "O treinamento contribuiu para o alcance da meta relacionada", observa-se em uma escala de concordância o quanto a afirmação é verdadeira. "O treinamento contribuiu para a manutenção ou o aumento do nível de proficiência na competência" é outra afirmação possível em um questionário de avaliação de desempenho que aponta a eficácia para além dos resultados da avaliação de reação, aprendizagem ou impacto. Nos campos qualitativos, uma soma de observações indicará caminhos para o aprofundamento da pesquisa de resultados.

No entendimento dessa metodologia, não deve haver programa desenvolvido sem alinhamento estratégico. No exemplo da Universidade Corporativa do estudo de caso, a parte que avalia o embasamento estratégico do programa para uma turma ou várias turmas foi inserida no documento que estabelece as principais informações sobre o programa (seu projeto), indicando a qual ou quais meta(s) visa dar suporte. Veja a seguir.

Modelo de avaliação para nível 0 – Desenvolvimento do programa conforme estratégia da organização

Nome do programa = _____

Meta(s) organizacional(is) relacionada(s) =   ( ) 1 – Manter índice de 45%....

                                                         ( ) 2 – Atingir 30% de...

                                                         ( ) 3 – Ser a 2ª em...

(incluir no plano do curso e buscar justificativa para sua existência no planejamento estratégico da organização)

---

[3] Uma avaliação de reação que avalie os métodos e recursos aplicados e que inclua questões que investiguem se houve ganho de aprendizagem ou ainda a aplicação de uma avaliação de aprendizagem por escrito ou prática (com apoio ou não de observador, a depender do foco do evento, se técnico ou comportamental).

Já no alinhamento do participante ao programa, questionário específico na avaliação de desempenho incluiu a indicação da(s) meta(s) individual(is) a ser(em) alcançada(s) ou que competência(s) será(ão) desenvolvida(s) para dar suporte àquela(s) meta(s), com o auxílio da participação no programa.

Modelo de avaliação para nível 0 – Alinhamento do participante ao programa visando resultados

Nome do programa = _____

Meta individual a impactar = ( ) 1 – Alcançar 20% de... ( ) 2 – Rever os processos de...
( ) 3 – Criar ... ( ) 4 – Atingir nível 4 em...
(buscar no plano de metas do funcionário/avaliação de desempenho/plano de carreira)
Competência = (identificar a competência com seu hiato a ser preenchido ou a competência que deseja ser mantida, caso a organização trabalhe com algum grau de maturidade em gerenciamento de/por competências.)

Para o nível 1 (Reação), o ideal é que haja um questionário *customizado*, com questões escritas para verificar o alcance dos objetivos específicos de cada programa, mas com a inclusão de questões padrões para todos os programas, permitindo que se faça uma análise global das ofertas de soluções do setor de educação/treinamento.

No entanto, dados o volume de programas oferecidos (como é o caso da Universidade Corporativa estudada), a quantidade de profissionais com horas disponíveis para desenvolver as avaliações de reação *customizadas* e acompanhar seus resultados ou o próprio interesse da organização, é mais comum que haja um modelo único que atenda a todos os programas ou a determinados grupos de programas.

Essas questões padrões ou modelos padrões comuns a todos os programas avaliam de maneira geral a satisfação em relação ao curso/evento, itens relativos ao instrutor/professor e à qualidade.

A Universidade Corporativa em questão avaliava esses itens em uma escala de 1 a 10. No entanto, como herança dos tempos escolares, quase ninguém gosta de se ver avaliado, e, uma vez que a avaliação tem o sentido de apoiar o desempenho no trabalho, pela manutenção e melhoria dos programas, a organização empreendeu uma revisão em suas escalas de avaliação.

A opção de mudar a escala para uma estimativa em percentual para cada questão observada (ex.: Conteúdo do treinamento foi satisfatório – concordância estimada em 86%) seria uma mudança muito brusca, razão por que a Universidade Corporativa optou por redigir as questões de modo assertivo, aproximando o respondente do objeto avaliado. Se no modo antigo de avaliar solicitava-se uma nota de 1 a 10 para o conteúdo do curso, mudou-se para a afirmação de que "O conteúdo do curso foi desenvolvido de modo satisfatório" e foi adicionada uma escala de concordância – de discordo totalmente a concordo totalmente (outra maneira seria aplicar a escala Likert, sendo 1 fraco e 5 muito bom). Isso foi feito para os demais itens.

Comentários abertos também devem estimular que os participantes destaquem os pontos fortes e os pontos de melhoria do programa, justificando também suas respostas quando estas não alcançarem um padrão mínimo, independentemente da escala – p. ex.: notas abaixo de 7, 70% ou "abaixo de/igual a" ou questões de concordância ou discordância parcial.

É importante que se pergunte o que efetivamente pode ser melhorado ou mudado, ou que seja interessante perguntar por que há possibilidade de mudar. Não há sentido em gerar expectativas que não podem ser cumpridas. Dessa maneira, sugere-se não questionar se a infraestrutura disponível para a educação corporativa está satisfatória se ela está imobilizada por 20 anos.

Na consolidação da avaliação, recomenda-se fortemente o retorno a cada participante (se a identificação tiver sido feita ou a toda a turma caso haja a opção de anonimato – recomendada por muitos autores, e que garante a liberdade de expressão) em relação ao que foi apontado por eles, o que foi analisado e encaminhado para soluções, a justificativa para o não atendimento do ponto de melhoria ou até mesmo a solução para o problema trazido. Essa prática estimula uma cultura de bom índice de respostas, seja porque os participantes voltarão a participar de outros programas, seja porque os novos participantes verão a utilidade das avaliações feitas anteriormente, na melhoria do processo.

A consolidação rápida dos dados pode ser feita por meio de sistemas de resposta à avaliação e consolidação dos resultados por computador, que trazem a agilidade de resposta em turmas pequenas ou grandes, em instituições que disponham desse recurso, representando menor gasto de tempo de quem consolida os dados (transcrevendo informações de outros com alta possibilidade de equívoco) e uma boa prática de preservação ambiental.

Em relação ao tempo para aplicação da avaliação de reação, ela pode ser feita ao final do curso, em espaço reservado para seu preenchimento, ou entre uma semana e um mês após o término do programa, conforme a conveniência de tempo do participante, desde que se usem meios para estimular o envio das respostas. Sua aplicação posterior traz como ponto positivo fazer com que o participante se lembre do treinamento que realizou e avalie-o, sem o efeito potencializador da emoção do final de um curso comportamental ou a correria para um voo iminente. É preciso que o participante perceba que a avaliação é a conclusão do processo de capacitação e que perceba algum benefício para respondê-la. Alguns mecanismos podem ser utilizados – seja de recompensa (compartilhando o resultado consolidado, enviando um artigo relacionado ao tema do programa, oferecendo desconto para outro curso para o próprio respondente ou outro participante da empresa, computando o curso na ficha de dados/currículo do profissional apenas se a avaliação for preenchida) ou punição (associado às regras da instituição ou o não cômputo do curso no perfil do funcionário).

Convém destacar que na análise das respostas dos participantes é necessário que haja uma abordagem múltipla na análise dos itens de satisfação do programa, em que todos os envolvidos no programa devem manifestar sua opinião (é possível destinar um questionário para que o docente avalie o andamento do curso, por exemplo). Questões com resultados bem diferentes entre os participantes ou que necessitem de mais dados para compreensão geral do problema a ser tratado devem ser mais bem investigadas.

Modelo de avaliação de reação na Universidade Corporativa (padrão para todos os cursos)

Nome do programa: _____ Instrutor: _____

Nome do participante (opcional): _____

Data: _____

Prezado participante, convidamos você a nos ajudar na manutenção dos pontos positivos e na melhoria contínua deste programa de capacitação para edições futuras.

1. Considero que os objetivos propostos para o curso foram alcançados.
   a. Discordo totalmente
   b. Discordo parcialmente
   c. Concordo parcialmente
   d. Concordo totalmente
   e. Não concordo nem discordo

2. Obtive novos conhecimentos e habilidades por meio deste curso. (Nota: mesma escala, em que a posição de não concordância e não discordância, a famosa "em cima do muro", é deslocada da tendência central.)

3. De acordo com minha experiência até o momento, considero o conteúdo do curso aplicável em meu trabalho.

4. Acredito que vou aplicar no meu trabalho o que aprendi nesta disciplina.

5. O professor domina o assunto do curso.

Por favor, manifeste seus comentários e sugestões no verso, sobretudo se tiver discordado de alguma afirmação acima.

6. Em relação à meta individual ou competência para a qual esse programa de capacitação foi oferecido a você:
   a. Qual o percentual de contribuição do programa? _____%
   b. Em que ele contribuiu? Em que ele poderia ter contribuído mais?

(Refira-se ou cole aqui o formulário de apoio recomendado no nível 0.)

(Use o lado oposto para maiores observações.)

Muito obrigada,

Equipe de treinamento

O nível 2 de Aprendizagem, antes praticado apenas nas instituições de ensino, tem sido um pouco mais utilizado no âmbito organizacional. Em uma Universidade Corporativa, uma avaliação de aprendizagem ruim pode indicar que é preciso complementar de outra maneira a formação do participante, que a forma de apuração pode ter sido equivocada, que a seleção dos funcionários para aquele programa precisa ser melhorada ou ainda que a divulgação do público-alvo deve ser ajustada, ou que a solução educacional precisa ser repensada utilizando outros formatos, como a educação a distância.

É comum justificar que esse nível não é avaliado pela falta de ferramentas de mensuração de aprendizagem, ou porque demanda muito tempo e mãos para construí-las. No entanto, há formas mais simples de se medir a aprendizagem.

É possível aplicar um teste múltipla escolha ou discursivo com perguntas construídas a partir dos objetivos, checando o aproveitamento do conteúdo (exemplo praticado pela Universidade Corporativa do caso estudado); usar observações do superior imediato na avaliação do suprimento de hiatos de competências (conhecimentos, habilidades e atitudes); aplicar avaliações idênticas antes e depois da capacitação, observando o incremento do aprendizado; usar grupos de controle observando um grupo que se capacitou naquele conteúdo e outro que não; solicitar oralmente a resposta do participante. Um método rápido e que pode ser utilizado como complemento ou não das avaliações de reação é apresentado a seguir.

Modelo de avaliação de aprendizagem para um professor/instrutor em sala de aula (pode ser adaptado para um questionário ou respondido oralmente)

Sobre o tema, quanto, em %, você diria que foi o aumento do seu aprendizado?	O que você aprendeu em adição ao que já sabia?	Onde poderia aprender mais?	Como vai aplicar o que aprendeu?	Pontos fortes do curso*	Pontos de melhoria*

* Podem aqui ser explicitados itens de reação que interferem no aprendizado. Este quadro pode ser preenchido individualmente ou em conjunto pelos participantes, com a ajuda ou não do facilitador.

No nível 3 de impacto, para facilitar a análise, esta metodologia agrupou os níveis de mudança de comportamento/aplicabilidade, resultados e o ROI propriamente dito em um só nível, explicitando os resultados do modo mais conveniente à realidade de cada organização e aos dados disponibilizados.

O agrupamento não gera frustração quando o ROI não pode ser calculado porque os dados não estão facilmente disponíveis ou o programa não visa chegar a esse indicador. Os casos que revelam maior abrangência desse nível foram onde parceiros expuseram mais os números a ponto de completar a fórmula.

Para vencer a dificuldade em obter dados, é necessária a conscientização das áreas que fornecem os dados sobre a importância da mensuração. Algumas vezes, há a necessidade de "arrumar a casa", descrevendo melhor os custos de uma solução educacional (veja modelo de planilha de custos a seguir).

Modelo de Planilha de Custos da Universidade Corporativa	
Honorários do professor / instrutor	
Ambiente físico (colocar prorrata se vários eventos são conduzidos num mesmo espaço, associando gastos de manutenção da infraestrutura, iluminação etc.)	
Hospedagem e transporte (se houver. Substituir por custos de tecnologia e outros associados à EAD se a modalidade do evento foi a distância.)	
Material didático, equipamentos, tecnologia	
Alimentação (se houver)	
Percentual aplicado do salário de outros envolvidos no treinamento (e dos treinandos, se desejar)	
TOTAL	

Um alerta importante – antes de avaliar nesse nível, é preciso rever os resultados dos níveis 1 e 2. Não é conveniente prosseguir com a avaliação de impacto se já na avaliação de reação os participantes indicaram que o curso não foi bom ou que nada aprenderam. Para esses programas, definidos as ações, os responsáveis e o prazo máximo para solução do problema, a nova apuração dos resultados da avaliação de reação (na mesma turma ou em nova turma) apontará melhoria, quando então, nesse momento, será permitida a aplicação da avaliação de impacto do programa.

No caso estudado, a avaliação de impacto é aplicada em uma amostra de cursos da empresa (por grupos de foco ou questionários inseridos em um sistema de fácil consolidação, a depender da distância e da dispersão geográfica dos participantes).

Algumas das questões de uma avaliação de impacto nessa Universidade Corporativa:
> O curso é atualizado com a realidade da empresa? (De onde se extraiu **um índice de atualização do conteúdo**, a partir da opinião dos participante.)
> (*Dentro do exercício de coordenador acadêmico, mais rico para aplicação em grupos de foco*) O que poderia ser tratado em sala de aula que é importante para o cargo que ocupo na empresa? Quais temas você percebe hoje que contribuíram mais para sua atividade atual? (*Esses exemplos foram utilizados depois em novas turmas para*

mostrar a importância de estudar determinados assuntos, colaborando na contextualização da teoria com a prática.)
- As avaliações de aprendizagem retratavam coisas vistas na prática?
- Quanto do conteúdo do curso você percebe em aplicação hoje? (*De onde foi extraído um **índice de aplicabilidade do curso de formação profissional** – em que não havia a pretensão de que sempre se respondesse 100%, já que o curso atende diversas áreas da empresa.*)
- Se o curso não existisse ou você não tivesse participado dele, quanto tempo levaria para você aprender na prática o que aprendeu? (*De onde sairia o benefício a ser convertido para cálculo do ROI.*)
- Quais os benefícios desse curso a um curso feito inteiramente em uma entidade externa? (*Onde seriam descritos os benefícios intanqíveis*).

Em uma avaliação de impacto de um curso de formação profissional complementar para duas turmas de engenheiros com foco em um negócio específico da empresa, os indicadores extraídos das perguntas foram:
- Índice de Atualização do Conteúdo (IAC): 77% (indicando necessidade de maior relação da teoria com a prática).
- Índice de Aplicabilidade do Curso (IApC): 48,7% (próximo da meta, porque, ainda que a meta de 50% pareça baixa, é justificada pela diversidade de assuntos trabalhados no curso e as diversas áreas da empresa que enviam funcionários para ele).

Para cálculo dos custos, foram considerados: o tempo dos engenheiros em sala de aula (salário incluindo benefícios e impostos), os custos da capacitação por participante pela duração do curso (disponíveis em registros da empresa), bem como os custos da avaliação.
- No tempo do engenheiro em sala de aula durante 1 ano (a duração do curso) foi utilizada a taxa de 2,0 vezes o salário para inclusão de impostos e benefícios (no país varia de 1,7 a 2,0).
- No custo do curso por pessoa em curso, disponível na empresa, já haviam sido incluídos salários da equipe envolvida (professores, apoio) e custos relativos a materiais e infraestrutura.

Os custos da avaliação de impacto foram os relativos a hospedagem, transporte, deslocamento, hora de trabalho da consultora durante todo o trabalho, desde o planejamento até a análise.

Exemplos práticos com evidências de aplicação com resultados no negócio foram citados pelos participantes, totalizando quatro páginas. Pelo menos 10% dos exemplos poderiam ser mais investigados para indicar benefícios financeiros, mas, como esse não era o principal objetivo da avaliação, e sim garantir a continuidade do curso de formação profissional (e obter os valores dessas evidências seria muito complicado, em função do sigilo do negócio), calculou-se o benefício em função da pergunta de número 5.

Para calcular o benefício, os mesmos custos de salário incluindo impostos e benefícios foram atribuídos ao total de participantes das turmas pelos 6 anos e 10 meses (aproximadamente) que os respondentes afirmaram que seria o tempo necessário para aprenderem tudo que viram no curso se ele não existisse e se lhes fosse dada oportunidade de exposição às várias áreas da empresa. O benefício considerado foi o de economia do tempo.

Foram totalizados todos os custos. O custo total da avaliação, ainda que tenha sido alto para padrões brasileiros (com viagens para pelo menos quatro cidades para a realização de grupos de foco), foi de 0,07% do custo total do curso de formação profissional.

Apenas com a medida da economia de tempo (as evidências apresentadas pelos participantes poderiam ser mais estudadas ou ainda os benefícios intangíveis convertidos), aplicando os valores conhecidos na empresa na fórmula, alcançou-se:

$$ROI = \frac{\text{Benefícios líquidos (benefícios – custos)}}{\text{Custos}} \times 100$$

ROI = 327,79%

Além do ROI, os participantes das turmas reportaram também benefícios intangíveis:
> Criação de uma rede de relacionamento entre os participantes, os professores e os coordenadores acadêmicos, que já havia sido utilizada na identificação de soluções, transmissão de conhecimento, movimentação de pessoal etc.
> Melhor adaptação ao trabalho, uma vez que tiveram contato com professores com profundo conhecimento técnico e com vivência prática e o curso ajuda a acelerar essa adaptação, com o funcionário chegando ao seu posto de trabalho após o curso com a carga inicial necessária (fato com o qual alguns gerentes entrevistados também concordaram) para começar a produzir imediatamente (diferentemente de quem não passa pela formação profissional).
> Multiplicação do conhecimento – vários multiplicaram o que aprenderam para colegas, empregados terceirizados (*nota*: sem julgamento jurídico nessa observação) e superiores que não passaram por curso de formação profissional ou que já passaram há mais tempo.

> **Vale saber**
> Benefícios intangíveis podem ser agrupados na categoria de ativos intangíveis que já começam a ser mensurados por algumas organizações. Algumas metodologias comparam itens do balanço e estimam sua contribuição no resultado da empresa por meio de aplicação de estimativas percentuais de especialistas da organização (consultores, gerentes, gerentes executivos, diretores). Algumas categorias de ativos intangíveis são: Marcas, Sustentabilidade, Relação com Clientes e Fornecedores, Conhecimento, Talentos. Procure na literatura títulos sobre ativos intangíveis, se desejar aprofundar seu conhecimento no assunto.

Um roteiro de perguntas elaborado a partir de cada programa, tendo como base os resultados dos níveis 1 (reação) e 2 (aprendizagem) e variações das seis questões de avaliação de impacto apresentadas nesta seção, pode ser aplicado em uma entrevista telefônica, em um questionário estruturado para envio eletrônico ou em um grupo de foco com vários participantes (com a condução de um bom facilitador e desde que os custos para realizar a avaliação não superem os custos e benefícios do programa), ou ainda para os superiores imediatos dos participantes, seus clientes e parceiros. Para construção desse roteiro, recomenda-se aprender bastante sobre avaliação, o objeto do treinamento e o negócio da empresa.

Muito se discute quanto ao melhor momento de se fazer a avaliação de impacto e quanto se pode dizer em relação à duração desses resultados, bem como a quanto do programa de capacitação se podem atribuir os efeitos positivos (assim esperado!), uma vez que outras iniciativas organizacionais também auxiliam e o participante já carrega consigo conhecimentos prévios.

Cada programa e cada realidade do negócio implicam uma resposta diferente para a questão do momento certo para se realizar a avaliação de impacto. De um mês (avaliando apenas o comportamento) a um ano é o que a bibliografia de modo geral recomenda. Muitas vezes o cliente solicita antes do tempo recomendado, porque terá uma nova edição do programa, precisa tomar atitudes rápidas ou está sendo cobrado. Nesse caso, é importante destacar no relatório final que aqueles resultados dizem respeito ao período de tempo observado e que se recomenda que a medição seja feita novamente mais à frente, a fim de colher mais resultados maduros. É necessário dar tempo para que os participantes possam aplicar o que aprenderam, mais um tempo para que voltem à sua atividade normal sem pensar mecanicamente em aplicar, mas fazendo-o instintivamente.

Se pessoas mais motivadas produzem mais e melhor, possivelmente têm menos atrasos, faltam menos ou ficam pouco tempo ociosas, é possível mostrar em resultados o que alguns consideram que não é possível medir – o comportamento. Indícios de que horas de trabalho foram multiplicadas para benefício da organização mostram que o intangível pode sim ser tangível.

> **Para refletir e debater**
> Você já pensou em qual é a metodologia de mensuração e avaliação adotada na organização em que atua? Conhece organizações que avaliam seus programas de educação corporativa em outros níveis que não apenas o de reação ou satisfação do curso?

Quanto à questão "quem é o responsável pelo sucesso do programa", meses após sua edição, pode-se estimar, junto ao participante ou ao seu superior imediato, o quanto percentualmente ele atribui os resultados observados ao treinamento, mas, se o treinamento está atuando em parceria com outras estratégias organizacionais, já é válido compartilhar o pódio.

Por fim, a comunicação dos resultados agradecendo aos que responderam e facilitaram a análise é fundamental para aumentar o interesse da organização nesse importante retorno do trabalho do setor responsável pelo treinamento e/ou educação dentro da organização e para obter maior apoio das áreas responsáveis pelos dados que serão contabilizados e convertidos posteriormente, divulgando para toda a organização, sobretudo a alta administração.

Indicadores

Indicadores não confiáveis chegam a ser piores que os piores resultados, por ocultarem a real situação. Em educação corporativa isso também é verdade. Em se tratando de indicadores de desempenho ou de resultados, há de tudo um pouco, inclusive indicadores em que o gestor, pouco tempo depois, se pergunta: "Para que eles servem mesmo?"

Após algum conhecimento sobre indicadores, pode ser destacado um *check-list* para construir um indicador:

> Um indicador deve apontar, como o nome indica, aquilo que se deseja descobrir. O que quero conhecer/saber/descobrir?
> Quem vai observar os resultados do indicador?
> De que dados disponho para construí-lo? Se não estão visíveis, que trabalho prévio deve ser empreendido para a obtenção dos dados?
> Posso usar dados extraídos dos indicadores da empresa para a construção do meu indicador? Para construir o indicador de HHT, que será mais bem explicitado a seguir, é preciso saber quantos colaboradores a organização tem. É possível também se referir a resultados do planejamento da organização, como o custo de pessoal no indicador que avalia o investimento em educação corporativa, em relação ao que foi gasto com despesas com salário, benefícios, entre outras despesas.

- > Qual a melhor fórmula para apresentá-lo?
- > Quanto tempo é necessário para observação dos dados? Em uma avaliação de impacto, a apuração após 1 ano do evento pode dar um retrato mais fiel que aos 6 meses. Porém, o gestor pode solicitar a antecipação da medição com vistas a uma decisão estratégica para a qual o indicador pode contribuir. Em qualquer caso, é importante indicar o prazo da medição.
- > Quem pode fornecer os insumos para o indicador? Alguém é responsável por enviá-los até uma data determinada a quem centraliza os indicadores do órgão de educação corporativa (normalmente um setor de organização e gestão)?
- > O resultado apresentado é factível? Normalmente o indicador no qual se deposita maior crédito é aquele que em gráfico ou escala numérica provoca de imediato uma reação de quem o vê.
- > Está claro o resultado para quem o indicador foi construído? Se não estiver, volte à primeira questão. Para públicos distintos, indicadores distintos, para que todos compreendam o seu resultado.
- > O resultado obtido é facilmente indicado como satisfatório ou não? Convém usar referências internas ou de mercado, como os comumente vistos em fóruns de educação corporativa. Também chamados de metas ou gatilhos, contribuem para uma tomada de decisão mais precisa do gestor de educação corporativa, bem como facilitam a interpretação por parte das pessoas que trabalham com os dados utilizados ou produzidos pelo indicador. Sugere-se ainda trabalhar com intervalos de satisfação ou faixas. Exemplo: em uma análise do somatório das avaliações de reação, entre 70 e 80% pode ser o mínimo para ser considerado satisfatório, mas o alvo para a média é de 75%.
- > Como trabalhar o resultado do indicador? Indicador que é confiável implica ações. No exemplo do item anterior, o que estiver não adequado (não conforme, segundo a política de qualidade da organização) deve ser tratado para encaminhamento, com responsáveis e prazos definidos, bem como indicação de nova apuração para que se compare se as ações surtiram efeito. Se o indicador não puder ter seu resultado tratado, então para que o tempo investido em avaliar?
- > Criado o indicador, há outro que pode complementar sua observação?
- > Que outros indicadores precisam ser construídos? Volte à primeira questão.

Alguns exemplos de categorias de indicadores aplicáveis à educação corporativa:
- > **Prontidão dos líderes:** % de funcionários capacitados em programas de gestão que estão aptos para assumir posições de liderança em relação ao quantitativo total de líderes – ou seja, para o quantitativo de líderes presentes na organização, de quantas pessoas preparadas (tendo realizado todas as etapas do programa de gestão) a organização dispõe. Esse indicador pode ser ampliado para a prontidão de diversas

competências, usando no numerador o percentual de pessoas que dispõem de uma competência (ex.: visão estratégica) em estágio de amadurecimento total.
> **Quantitativo de determinado tipo de treinamento** *versus* **total de treinamentos:** a respeito do total de horas de treinamento, é interessante observar quantas foram investidas em treinamento comportamental, treinamentos técnicos, treinamentos administrativos, treinamentos de sistemas, programas de gestão, a fim de orientar os funcionários quanto à concentração extrema em determinado tipo em detrimento de outro.
> **HHT:** homens/hora/treinamento/ano (clássico): indicador clássico obtido pela divisão do somatório das horas de treinamento pelo número total de colabores da organização. Algumas organizações mostram esse indicador como somatório das horas de treinamento e chamam de HHT por pessoa o indicador que divide pelo número de pessoas.

Uma variação desse indicador é a divisão do volume das horas de treinamento pelo número de pessoas que efetivamente receberam treinamento, em um enfoque mais atual. No entanto, se não vier acompanhado pelo percentual de pessoas treinadas (percentual obtido do total de funcionários treinados dividido pelo total de funcionários), esse indicador pode mascarar uma situação em que só poucos têm acesso à capacitação na organização.

Um método de avaliar diferentes necessidades por áreas ou departamentos ou por tempo de casa é aplicar o indicador para grupos na organização (HHT por estratos da organização). Os funcionários recém-admitidos possivelmente terão no início uma carga horária maior de desenvolvimento. Os funcionários da área de operação podem ir a menos treinamentos que os funcionários da área administrativa, dado o nível de automação dos processos. É interessante observar também o quantitativo de horas investidas em treinamento e sua relação por pessoa nos diversos níveis hierárquicos.

O indicador de HHT pode ser levado para a área de educação corporativa, com o volume de horas aplicadas em iniciativas de capacitação e desenvolvimento dividido pelo número de funcionários.

Em um órgão de educação corporativa pode ser que existam instrutores ou docentes internos, externos ao órgão em outros departamentos da organização, ou ainda instrutores externos (profissionais ou entidades de educação e treinamento). Para os instrutores internos na organização, é conveniente observar se o HHT deles permite o aprimoramento contínuo, por meio da participação em cursos da Universidade Corporativa (para sua própria formação como docente, como um fórum de práticas pedagógicas) ou em eventos externos (para atualização técnica fora do âmbito da organização), ou se, na ânsia por atender a todas as demandas, o desenvolvimento do corpo funcional dedicado a desenvolver os funcionários da organização tem sido deixado de lado.

Custos

Os custos com inscrição, pagamento de docentes internos (se houver, como estímulo ao compartilhamento do conhecimento na organização), viagens e outras despesas de deslocamento para eventos de educação corporativa, infraestrutura (salas de aula, tecnologia), material didático, entre outros, devem estar agrupados em contas separadas, num mesmo centro de custo ou não. Parece óbvio destacar isso em um livro, mas ainda hoje algumas organizações se perdem na hora de calcular o ROI de um curso por não saberem a prorrata que deve ser aplicada para alocar despesas de infraestrutura, ou desconhecem quanto foi gasto com material didático.

O somatório e o valor gasto por pessoa são um ótimo orientador para o órgão de educação corporativa. Os treinamentos realizados internamente devem ter seus custos também bem definidos, por envolverem horas de trabalho de diversas pessoas. Analisando o custo do treinamento por pessoa, podem ser feitas comparações com outras empresas que possuem educação corporativa. Estamos contratando ou investindo em mão de obra interna pelo preço justo? Os gastos são compatíveis com o mercado?

Da mesma forma que são analisadas as horas investidas, os custos investidos por estrato da organização também devem ser avaliados. Possivelmente, os funcionários da área de tecnologia e inovação terão participado de eventos mais caros do que os funcionários da área administrativa.

A comparação do HHT com os custos possibilita perceber que os diretores da organização têm poucas horas de treinamento, mas os custos delas representam o dobro do custo de treinamento de outras esferas da organização. Esse tipo de observação facilita a análise quando da redução de custos em treinamento, típico de momentos de necessidade de adequação na organização, mas isso ainda é melhor do que não prover treinamento nenhum.

Coaching[4]

Indicador composto pelo percentual obtido da divisão entre o número de horas alocadas em ações de *coaching* sobre o total de horas de trabalho num mês (usualmente 220 horas).

Práticas como assessoramento, consultoria interna e desenvolvimento de conteúdos podem ter suas horas apontadas da mesma forma. Outros números relativos a *coaching* que devem estar prontos nos órgãos de educação corporativa são o total de pessoas atendidas, o custo total, o somatório de horas e, por fim, o custo por hora por pessoa atendida.

> **Vagas disponibilizadas ou oportunidades oferecidas *versus* demandas planejadas:** o quantitativo de vagas disponibilizadas sobre o quantitativo de demandas

---

[4] Milioni (2004).

de treinamento planejadas. Esse indicador mostra o trabalho do órgão de treinamento em converter demandas em cursos, eventos, participações em congresso etc.

> **Vagas atendidas ou oportunidades oferecidas *versus* utilizadas:** o percentual obtido da divisão das vagas utilizadas pelas vagas oferecidas indica se a demanda planejada foi superior ao que poderia ter sido realizado, quando vagas são ofertadas, e se os participantes não se inscrevem ou perdem inscrição porque a carga de trabalho pode estar impedindo sua liberação para o treinamento. Com a correria do dia a dia, muitos treinamentos planejados não são realizados ou deixam de atender a outras pessoas porque os participantes inicialmente inscritos não tiveram tempo de participar.

Indicadores de aprendizagem

Indicadores relativos a esse nível podem ser obtidos pela média das avaliações de aprendizagem realizadas (para os cursos que tiverem aplicação de prova, trabalhos de grupo ou outras formas de avaliação). Outra maneira encontrada na Pedagogia para avaliar o que foi aprendido é a autoavaliação. É possível perguntar qual nota o participante se daria antes do curso e depois, avaliando o percentual de variação. Também é possível pedir ao participante que estime percentualmente o quanto aprendeu sobre um tema – apenas para verificação do ganho, não sendo possível usar referência em sua análise, uma vez que pessoas distintas têm conhecimentos distintos em níveis distintos sobre um mesmo tema.

Indicadores de impacto

Pode ser questionado ao participante de um treinamento, algum tempo após sua realização, o quanto ele percebe que o treinamento está atualizado com a realidade, que é uma demanda de muitas áreas de negócio às suas universidades corporativas, o índice de atualização do conteúdo. Somado ao indicador, deve haver observação qualitativa do que falta para que esse indicador atinja 100%. Mas estar atualizado não significa que o conteúdo do curso seja aplicável, uma vez que para cada participante pode haver uma razão para participar daquele treinamento. A análise do índice de aplicabilidade do curso pode auxiliar na melhor definição do público-alvo, desdobramento em outros cursos ou atualização do conteúdo do curso. O ROI é outro indicador, já explicitado neste capítulo.

Outras fontes de indicadores

Indicadores podem ser construídos a partir de dados de fontes internas e externas, em relatórios de gestão, balanço contábil e pesquisas. Indicadores de educação e treinamento surgem da resposta da aplicação de formulários, entrevistas, na atividade de encerramento de um programa, mas podem também ser obtidos em ferramentas não relacionadas ao processo de desenvolvimento, como a pesquisa de clima e a entrevista de desligamento.

Na pesquisa de clima avaliam-se itens como remuneração e benefícios, a liderança, relações na equipe, a comunicação, as metodologias de reconhecimento e treinamento e desenvolvimento. Por meio de questões apresentadas por concordância (como já visto neste capítulo em relação à avaliação de reação), somam-se os percentuais da concordância total e da concordância parcial para a obtenção do percentual de favorabilidade do conjunto de questões que abordam a função da educação corporativa / treinamento e desenvolvimento.

Exemplos de questões que avaliam do planejamento aos programas educacionais da organização em uma pesquisa de clima:

> Meu plano anual de desenvolvimento é feito por mim em parceria com meu líder imediato.
> Realizo o que foi planejado para meu desenvolvimento.
> Estou satisfeito com os treinamentos de que participo na empresa.
> Considero que os eventos de desenvolvimento contribuem para meu processo de aprendizagem.
> Os treinamentos oferecidos pela Universidade Corporativa dosam teoria e prática de forma adequada.
> Os conhecimentos que obtenho ou reciclo em programas de desenvolvimento são aplicados em meu trabalho.

Algumas questões mostram relação com os diversos níveis de avaliação. A comparação do resultado de determinadas perguntas como a terceira (satisfação) com o resultado da média das avaliações de reação comprova o alinhamento entre a observação do treinando em relação ao evento ao seu término e na análise anual sobre todos os treinamentos realizados.

Na entrevista de desligamento, quando esse poderoso instrumento não é feito só "para cumprir procedimento", é possível obter dados que favoreçam a criação de mecanismos de retenção. Ou seja, a melhoria não retorna para o funcionário que ainda está na empresa, como nos exemplos da avaliação de reação ou da pesquisa de clima, mas contribui para melhorar a educação corporativa para os que permanecem. Alguns exemplos de perguntas diretas feitas por um profissional da empresa habilitado em fazer entrevistas (psicólogo, assistente social, pesquisador):

> Os treinamentos de que você participou foram satisfatórios?
> Você pode aplicar na prática o que aprendeu/reciclou nos treinamentos de que participou?

> Houve alguma situação relativa aos programas de educação corporativa que você gostaria de destacar?

Os resultados consolidados dessas entrevistas podem ser apresentados de modo qualitativo ou quantitativo por meio de percentuais – exemplo: 70% dos empregados que pediram desligamento da empresa estavam satisfeitos com os treinamentos oferecidos.

Balanced scorecard e gestão de resultados

Popularizado por Kaplan e Norton na década de 1990 como instrumento de apoio a gestão, o *balanced scorecard* se tornou conhecido por mostrar de modo mais claro os resultados de gestão por meio de quatro perspectivas que apresentam medidas financeiras de desempenho passado (lucros, ganhos e perdas) e futuro (novos objetivos) e outras medidas relacionadas ao consumidor, aos processos internos e ao crescimento e aprendizado. Nessa última perspectiva encontram-se as pessoas.

Alguns anos depois, os departamentos de Recursos Humanos perceberam que, se desejavam se aproximar mais da realidade da organização e traçar políticas de RH alinhadas aos seus objetivos estratégicos, deveriam apresentar seus principais custos e resultados em uma forma facilmente compreendida por seus gestores. Foi aí que no início do século autores como Becker, Huselid e Ulrich sugeriam a criação de *scorecards* para a área de RH nos quais fossem vistos, em um mesmo local, indicadores de eficiência da área, como custos de contratação, custos de pessoal, rotatividade (índice que mede as saídas da empresa), custos com recrutamento e seleção, investimento em T&D, percentual de colaboradores que atingiram o mínimo esperado nas avaliações de desempenho, ou seja, indicadores dos diversos processos de recursos humanos.

Jac Fitz-enz foi outro autor que utilizou o *balanced scorecard* (BSC) para organizar a demonstração do sistema de informações para monitoramento do gerenciamento do capital humano também em quatro quadrantes: incorporação, manutenção, desenvolvimento e retenção, colocando em sua base a satisfação no trabalho e o ânimo dos funcionários.

Para refletir e debater

Com base no que estudamos até aqui, sobretudo no ROI, vamos refletir? Não há menção ao perfil da pessoa ou equipe que mede o ROI de uma amostra de cursos na Universidade Corporativa do estudo de caso. Imagine como seria essa equipe para uma pequena ou média empresa e uma grande empresa. Como você poderia garantir um time multidisciplinar nesse time de avaliação em termos de habilidades e funções na empresa?

Amostra de BSC de gerenciamento do capital humano[5]

Incorporação	Manutenção
Custo por contratação Tempo para preencher vagas Número de novas contratações Número de substituições Qualidade das novas contratações	Custo total da mão de obra como porcentagem das despesas operacionais (incluindo custo da mão de obra temporária) Ordenado médio por funcionário Custo dos benefícios como porcentagem da folha de pagamento Contagem do desempenho médio comparado à receita bruta
Retenção Taxa total de desligamento Porcentagem de desligamentos: isentos e não isentos Desligamentos de isentos por tempo de serviço Porcentagem de desligamentos de isentos entre os realizadores de alta gerência Custo da rotatividade	**Desenvolvimento** Custo de treinamento como porcentagem da folha de pagamento Horas de treinamento totais providas Número médio de horas de treinamento por funcionário Horas de treinamento por função Horas de treinamento por grupo de trabalho Retorno sobre o investimento (ROI) do treinamento
Satisfação no trabalho	**Ânimo dos funcionários**

Na tabela, nota-se no quadrante incorporação o custo por contratação; em retenção, o custo da rotatividade, em manutenção, o custo dos benefícios; e o retorno sobre o investimento (ROI) do treinamento no quadrante desenvolvimento, mostrando o relacionamento entre esses quatro indicadores impactados quando do desligamento de um funcionário. Não perder o investimento feito em treinamento e desenvolvimento pode representar uma economia significativa no ano, com a diminuição da rotatividade.

Para alguns autores, o mapa estratégico é sinônimo de *balanced scorecard* (BSC), mas para outros é considerado sua representação em formato de diagrama. Os quadros de resultados de algumas universidades corporativas brasileiras são apresentados de uma maneira lúdica, em formato de painéis de bordo (avião, relógios, velocímetros) coloridos. Exemplo de escala de cores para painéis de bordo: verde (satisfatório), amarelo (ponto de atenção), azul (necessidade de melhoria), vermelho (necessidade de ajuste urgente ou item considerado crítico no resultado).

---

[5] Adaptado de Fitz-enz (2001).

> **Vale saber**
> Trinta e seis por cento das 287 organizações que responderam à pesquisa "O retrato do treinamento no Brasil 2010", realizada pela ABTD e organizada pela MOT, revelaram que nos últimos dois anos implementaram, ou já haviam implementado, alguma atividade relacionada ao BSC (*balanced scorecard*). Estabelecer indicadores de desempenho alinhados com a estratégia da organização foi considerado prioridade para 32% delas.

No estudo de caso em análise, com a mudança de centro de treinamento e desenvolvimento para Universidade Corporativa, os profissionais que desenhavam e organizavam os programas passaram a estar presentes nas reuniões estratégicas de suas áreas-cliente. No início iam para ouvir, mas com o tempo foi inserido na pauta das discussões técnicas o que precisaria ser encaminhado para a capacitação, com esses profissionais opinando, sugerindo, sendo questionados sobre a melhor forma de transmitir aqueles conhecimentos necessários para garantir funcionários preparados para alcançar as metas desafiadoras da empresa.

O gestor da Universidade Corporativa sugeriu então que sua equipe estudasse o tema "indicadores para educação corporativa" e trouxesse exemplos para a construção do quadro estratégico, demonstrado a seguir.

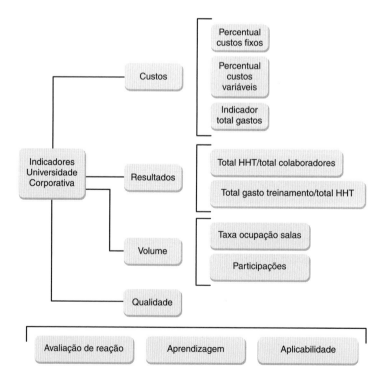

Esse quadro apontava os principais números e indicadores para que os gestores soubessem como corrigir eventuais desvios, bem como com orgulho apresentar seus resultados.

A avaliação dos resultados é uma prioridade da Educação Corporativa, que, por meio de indicadores em seus *balanced scorecards*, mostra que seus investimentos colaboram para a melhoria dos resultados da organização, uma vez que seus programas estão alinhados com o que ela precisa para atendimento das metas estratégicas e desenvolvem competências que garantem sua sustentabilidade.

Resumo executivo

> Para que todos na organização entendam e apoiem práticas de mensuração e avaliação disponibilizando tempo, pessoas e recursos, é necessário compartilhar o conhecimento sobre avaliação e os resultados dos programas, o que contribui também para a aprovação de orçamento, mostrando que a área de Educação Corporativa se preocupa com o impacto produzido por seus programas.
> O alinhamento dos programas de educação corporativa às estratégias do negócio favorece impactos positivos nos resultados da organização, com a teoria alinhada à prática.
> É importante realizar corretamente a avaliação desde o primeiro nível, o que melhora as avaliações dos próximos níveis. Dentre outras, destaca-se o uso de frases assertivas e escalas de concordância nas avaliações de reação e a aplicação de avaliação de aprendizagem em programas de Educação Corporativa.
> É preciso conhecer as principais metodologias praticadas no Brasil e no mundo para mensuração e avaliação de resultados em educação corporativa, treinamento e capacitação, incluindo indicadores e como explicitá-los com o apoio de *balanced scorecards*, estando apto a eleger ou influenciar que sua organização utilize uma ou uma combinação das várias metodologias revisadas.
> O órgão de educação corporativa não é apenas centro de custos. Ele é um impulsionador de resultados, contribuindo para os negócios da organização.

Teste seu conhecimento

1. Por que é importante medir o retorno de um programa de educação corporativa de modo quantitativo e qualitativo?
2. Quais são os níveis de avaliação do treinamento na escala clássica de Donald Kirkpatrick?
3. Quais os estágios a serem percorridos para um cálculo de ROI segundo a metodologia de Jack Phillips?
4. É possível medir em termos financeiros o retorno de um programa de educação corporativa que trabalhe apenas o nível comportamental dos participantes?
5. O que é importante considerar na construção de um indicador de educação corporativa?

Bibliografia

ABTD. Pesquisa "O retrato do treinamento no Brasil". São Paulo: Associação Brasileira de Treinamento e Desenvolvimento, 2007 e 2010.

BECKER, B.E.; HUSELID, M.A.; ULRICH, D. **The HR scorecard**: linking people, strategy, and performance. Boston: Harvard Business School Press, 2001.

BOOG, G.; BOOG, M. **Manual de treinamento e desenvolvimento**: processos e operações / coordenadores. São Paulo: Pearson Prentice Hall, 2006.

BRINKERHOFF, R. **Thinking straight about training... and training evaluation**. Farmington Hills: Triad Performance Solutions, Inc., 2002.

FITZ-ENZ, J. **Retorno do investimento em capital humano.** São Paulo: Makron Books, 2001.

KAPLAN, R.S.; NORTON, D.P. **A estratégia em ação:** *balanced scorecard*. Rio de Janeiro: Campus, 1997.

KIRKPATRICK. D. **Evaluating training programs:** the four levels/Kirkpatrick, D., Kirkpatrick, J. 3. ed. San Francisco: Berret-Koehler Publishers, 2006.

MILIONI, B. **Gestão de treinamento por resultados.** São Paulo: Associação Brasileira de Treinamento e Desenvolvimento, 2004.

PALMEIRA, C. **ROI de treinamento, capacitação e formação profissional – retorno do investimento:** dicas de como mensurar o resultado financeiro de suas ações de treinamento e educação corporativa. 2. ed. Rio de Janeiro: Qualitymark, 2009.

PHILLIPS, J. **Return on investment in training and performance improvement programs**. 2. ed. Burlington: Butterworth-Heinemann, 2003.

Capítulo 9

Relato de Caso Prático: Programa de Formação dos Líderes de Célula da Volkswagen

Raimundo Ramos
Andrea Ramal
Roberta Lima

Introdução

A educação corporativa na Volkswagen do Brasil

A área de Educação Corporativa na Volkswagen do Brasil tem como missão promover a disseminação da cultura de alta *performance* por meio de programas, projetos, ferramentas e sistemas que estimulam os profissionais ao engajamento e à busca por resultados com excelência e qualidade, alinhados ao planejamento estratégico.

Seus principais objetivos são:
- Consolidar a cultura de alta *performance* na excelência dos processos, produtos e serviços.
- Gerar oportunidades de aprendizagem que desenvolvam competências para a melhoria do desempenho de seus profissionais.
- Apoiar a formação de lideranças, propiciando evolução no processo de sucessão.
- Ser agente catalisador na gestão do conhecimento organizacional.

O programa de formação dos líderes de célula

O cenário do mercado automobilístico nacional e internacional demanda, cada vez mais, a busca pela excelência em produtos, processos e práticas de gestão.

Visando atender tais exigências, a Escola de Excelência Volkswagen oferece soluções educacionais planejadas e estruturadas de forma a agregar valores, ampliar conhecimentos e desenvolver continuamente as atitudes necessárias ao desenvolvimento de seus empregados de todos os níveis organizacionais para que eles possam desempenhar bem seus papéis de cidadãos, de profissionais e de seres humanos.

As ações e programas de desenvolvimento buscam, através da motivação e engajamento de seus empregados, o desenvolvimento de forma sustentável e consistente para atingir a excelência nos produtos.

Pensando nisso, foi desenvolvido um programa para capacitar Líderes de Célula em treinamentos técnicos e comportamentais. As ações de desenvolvimento do programa estão associadas às competências organizacionais da Volkswagen. São elas:

Liderança	Inspirar pessoas para alcançar os resultados definidos pela empresa. Oferecer recursos que possam incitar a motivação e o engajamento das pessoas.
Comunicação	Transmitir ideias e informações utilizando linguagem clara e objetiva. Mostrar abertura para ouvir as necessidades e pontos de vista do interlocutor.
Trabalho em equipe	Saber trabalhar em equipe, demonstrando ter disposição para ajudar e ser ajudado.
Visão estratégica	Ter capacidade para prever, relacionar e controlar riscos e oportunidades. Possuir visão global e de futuro.
Foco no cliente	Compreender quais são as necessidades dos clientes internos e externos. Direcionar suas ações para atender e satisfazer as necessidades dos clientes.
Relacionamento interpessoal	Saber lidar com pessoas de diferentes formações e culturas. Ouvir e compreender as necessidades, sentimentos e comportamentos das pessoas, visando ao bom relacionamento e ao bom andamento dos trabalhos.
Habilidade empresarial e empreendedorismo	Ter habilidade para gerenciar a sua área e responsabilidades para com o negócio, agir com autonomia, ser proativo.
Conhecimento técnico profissional	Ter a experiência e o conhecimento necessários para realizar suas atividades e atingir os objetivos da área e da organização.
Negociação	Saber sustentar posicionamentos de maneira firme, ética, baseados em dados e não sendo inflexível.

Este capítulo apresenta o desenho do Programa de Formação de Líderes de Célula desenvolvido pela Escola de Excelência da Volkswagen do Brasil a partir da metodologia ilustrada a seguir.

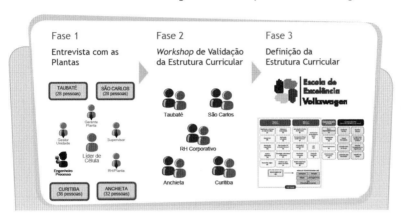

Fase 1
Nessa fase foram realizadas entrevistas com especialistas (Gestor da Unidade, Gerente da Planta, Supervisor, Engenheiro de Processo, Recursos Humanos da Planta e Líder de Célula) das Plantas de Taubaté, São Carlos, Anchieta e Curitiba.

Objetivo: identificação dos conhecimentos técnicos e comportamentais necessários, o perfil, a atuação e as competências a serem desenvolvidos pelo Líder de Célula.

Fase 2
Nessa fase foi aplicado um *workshop* para a validação da Estrutura Curricular pela área de Recursos Humanos Corporativos, com a participação das plantas.

Objetivo: Validação da estrutura curricular.

Fase 3
Nessa fase, após validação da estrutura curricular, houve a consolidação das informações para apresentação final da estrutura.

Objetivo: Apresentação da versão final da estrutura curricular.

Público-alvo
O público-alvo do projeto é constituído por 240 empregados da Volkswagen que atuam como Líderes de Célula, cujas idades e inserções socioculturais são variadas; os níveis de escolaridade de cada um são semelhantes. Os líderes treinados pelo programa de formação estão situados nas seguintes plantas:
- Anchieta (SP).
- Taubaté (SP).
- São Carlos (SP).
- Curitiba (PR).

Modalidades

As modalidades presencial e *on-line* foram sugeridas com base na trilha de desenvolvimento previamente elaborada para atender as necessidades da Volkswagen Brasil.

Na modalidade presencial, todas as ações educativas contaram com a participação de instrutores especializados que conduziram o processo de formação em sala de aula.

Na modalidade *on-line*, os treinandos aprenderam com o auxílio da tecnologia, visualizando recursos e animações multimídia que possibilitaram maior interatividade com o conteúdo abordado.

Cursos *on-line*

Dando continuidade ao Projeto de Formação dos Líderes de Célula da Volkswagen, a ID Projetos Educacionais propôs o desenvolvimento de oito cursos *on-line*:

- Qualidade de vida;
- Trabalho em equipe;
- Língua portuguesa;
- Administração do tempo;
- Relações interpessoais na organização;
- Reuniões eficazes;
- O líder como mediador de conflitos;
- Liderando para resultados.

A imagem abaixo ilustra a metodologia utilizada para os cursos desenvolvidos na modalidade *on-line*.

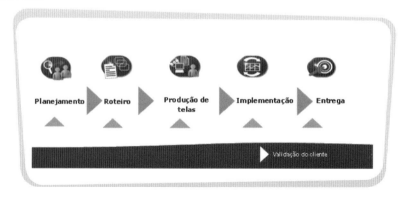

No decorrer do processo de produção dos cursos, a Volkswagen contou com o apoio de uma equipe de validadores para cada curso, cujas principais responsabilidades foram: a realização da validação técnica do *storyboard*, a solicitação de ajustes necessários antes e depois da programação/animação, a validação final do curso e a solicitação dos últimos ajustes antes do fechamento do pacote SCORM.

A modalidade *on-line* foi escolhida para essa etapa do programa por apresentar os seguintes benefícios e resultados:

1. **Ação ágil e eficaz:** rompimento de distâncias geográficas e abordagem dos conteúdos de forma objetiva, interativa e contextualizada.
2. **Cunho educacional:** estratégias didáticas necessárias visando a um melhor aproveitamento do curso.
3. **Inovação:** a mídia *on-line* foi aplicada de modo inteligente, apresentando materiais planejados e sob medida.
4. **Gestão do conhecimento:** fortalecimento da cultura de compartilhamento, criação, retenção e circulação de conhecimento, viabilizando a aprendizagem organizacional contínua.

Metodologia aplicada ao programa

O mercado profissional exige, cada vez mais, a busca pela excelência nos resultados. Pensando nisso, a Volkswagen oferece, atualmente, soluções de aprendizagem através de um modelo estruturado.

Essas ações educacionais foram desenvolvidas pela Escola de Excelência Volkswagen do Brasil com o objetivo de formar o empregado como um líder educador, protagonista de seu aprendizado, visando contribuir para a excelência dos produtos.

Atendendo a essa premissa, o Programa de Formação dos Líderes de Célula contou com treinamentos ministrados em sala de aula e Formações de Instrutores, enriquecendo ainda mais o processo de aprendizagem dos treinandos.

As Formações de Instrutores contaram com uma equipe altamente qualificada de especialistas em Educação, garantindo a utilização das melhores práticas do mercado de Educação Corporativa.

Através dessa formação, os funcionários foram motivados e sensibilizados sobre a importância da disseminação do conhecimento e da multiplicação do mesmo de maneira eficaz. Seu principal objetivo foi contribuir para o desenvolvimento das competências dos multiplicadores, tendo como prioridade a potencialização de suas habilidades comunicativas.

Por isso, no decorrer do Programa, os treinandos receberam aperfeiçoamento didático-pedagógico e aprenderam técnicas voltadas à construção e à manutenção das redes colaborativas de aprendizagem.

Já os especialistas participaram de todas as etapas do programa, desde o desenvolvimento do conteúdo, passando pela definição dos objetivos e da estrutura do curso, até as validações técnicas e as aplicações dos treinamentos.

Organização curricular

O processo de aprendizagem dos Líderes de Célula contou com cursos assim estruturados:

> **Cursos presenciais:** Nessa modalidade, os conteúdos foram desenvolvidos para a elaboração do curso. Durante a Formação de Instrutores, todas as ações educativas contaram com a participação de instrutores especializados, que conduziram o processo de validação e formação técnica em sala de aula.

> **Cursos *on-line*:** Assim como nos cursos presenciais, os conteúdos também foram desenvolvidos para a elaboração do curso propriamente dito. Em seguida, esses conteúdos foram validados pelos tutores e, por fim, foram disponibilizados no Portal da Escola de Excelência Volkswagen. Nessa modalidade exclusivamente, os treinandos aprendem com o auxílio da tecnologia, visualizando recursos e animações multimídia que possibilitaram maior interatividade com o conteúdo abordado.

Trilha de desenvolvimento do programa

Nesse projeto, foram compreendidos como trilhas os percursos que propuseram a formação e o aprendizado contínuo dos profissionais, por meio de uma série de ações de desenvolvimento ao longo de sua trajetória profissional dentro da organização. O pressuposto é que o funcionário seja o protagonista e que tenha uma visão global e integrada das oportunidades de desenvolvimento, com a capacidade de explicitar e organizar os programas de qualificação oferecidos ao longo de sua trajetória profissional na empresa.

A metodologia de construção das trilhas de desenvolvimento considerou as seguintes atividades:

> realização das entrevistas com especialistas das áreas técnicas;
> consolidação dos conteúdos em disciplinas;
> validação das disciplinas junto aos especialistas;
> enquadramento de cada uma das disciplinas nos perfis de curso/programa;
> organização das disciplinas por ordem de complexidade;
> consolidação das Trilhas de Desenvolvimento.

A partir do processo de trabalho mencionado anteriormente, a Trilha de Desenvolvimento para atender as necessidades de treinamento do Programa de Formação dos Líderes de Célula foi estruturada considerando os seguintes eixos:

> **Básico:** cursos que trouxeram embasamento fundamental para a realização de determinadas atividades. Estes puderam ser considerados pré-requisitos na grade para programas mais avançados;
> **Desenvolvimento:** formação ou ações de desenvolvimento que visaram a melhor qualificação do empregado para determinadas atividades;
> **Opcional:** cursos ou programas que, embora não fossem obrigatórios, enriqueceram a formação ao colocar o aluno em contato com temas e realidades associados as suas funções.

Assim, a Trilha de Desenvolvimento do Programa de Formação dos Líderes de Célula consolidou-se na estrutura apresentada pela ilustração a seguir:

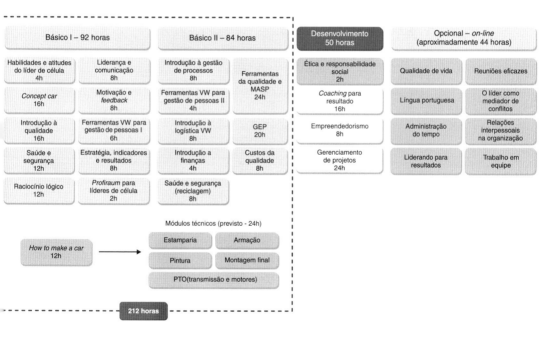

Conteúdo e carga horária

Os objetivos de cada curso e sua respectiva carga horária são apresentados nas seguintes tabelas:

Básico

CURSO	OBJETIVOS	CARGA HORÁRIA
Habilidades e Atitudes do Líder de Célula	Apresentar a importância do Líder de Célula no contexto Volkswagen e introduzir questões como gestão de pessoas, motivação, delegação, *follow up* e *feedback*.	4 h
Concept Car	Treinar os empregados no Sistema de Produção Volkswagen.	16 h
Introdução à Qualidade	Apresentar ao treinando a política da qualidade Volkswagen, esclarecer o conceito de "foco no cliente", apresentar o sistema Regelkreis e introduzir a metodologia PDCA.	16 h
Saúde e Segurança	Transferir *know how* para que os Líderes de Célula e Encarregados possam atuar e administrar adequadamente os assuntos referentes à saúde e segurança de sua área de atuação.	12 h
Raciocínio Lógico	Capacitar o Líder de Célula para a resolução de problemas de lógica quantitativa e abstrata, além da resolução, estruturação e obtenção de resultados.	12 h
Liderança e Comunicação	Levar o Líder de Célula a compreender as teorias que embasam os processos de liderança e comunicação e identificar como implementá-las em sua realidade profissional na Volkswagen.	8 h
Motivação e *Feedback*	Explicar para o Líder de Célula as teorias que embasam os processos de motivação e *feedback* e identificar como implementá-las em sua realidade profissional na Volkswagen.	8 h
Ferramentas VW para Gestão de Pessoas I	Capacitar o Líder de Célula a gerenciar adequadamente as horas de trabalho, explicar o funcionamento da folha de pagamento e do sistema Ronda e orientar sobre flexibilização de jornada e local de trabalho.	6 h

Básico

CURSO	OBJETIVOS	CARGA HORÁRIA
Estratégia, Indicadores e Resultados	Apresentar os objetivos estratégicos da Volkswagen e como eles se refletem nos indicadores, apresentar os principais indicadores da Volkswagen e seus desdobramentos, entender o KPI e como utilizá-lo, compreender a importância e o fluxo da informação dos resultados nas áreas e entender o BSC e sua utilização.	8 h
Profiraum para Líderes de Célula	Apresentar o Profiraum, elucidar questões importantes sobre segurança da informação e explicar o conceito de responsabilidade civil e seus impactos para a empresa.	2 h
How to Make a Car	Apresentar para o Líder de Célula o processo de montagem de um carro e suas etapas de desenvolvimento, considerando fatores internos e externos, desde sua concepção até a montagem e entrega final do veículo.	12 h
Introdução à Gestão de Processos	Apresentar conceitos básicos sobre Gestão de Processos, definindo processos, processos organizacionais e sua importância para a empresa.	8 h
Ferramentas VW para Gestão de Pessoas II	Apresentar as relações trabalhistas e o papel da representação interna de empregados e do sindicato, além de orientar e conscientizar o treinando sobre a utilização de instrumentos disciplinares.	4 h
Introdução à Logística VW	Apresentar conceitos básicos de Logística e introduzir ferramentas simples que propiciem melhor controle de produção.	6 h
Introdução a Finanças	Conceituar Finanças, contextualizar o treinando sobre as finanças da organização e na vida pessoal e apontar os elementos que compõem o orçamento financeiro e operacional.	4 h
Saúde e Segurança (Reciclagem)	Atualizar e aperfeiçoar o *know how* já transmitido aos Líderes de Célula e Encarregados em relação aos conhecimentos de saúde e segurança relacionados à área de atuação dos Líderes de Célula.	8 h

Online

CURSO	OBJETIVOS	CARGA HORÁRIA
Qualidade de Vida	Apresentar o significado de qualidade de vida, abordar as principais maneiras de atingir e/ou manter um estilo de vida saudável e enfatizar a importância e os benefícios da alimentação para uma vida saudável.	2 h
Reuniões Eficazes	Explicar como são feitas convocações para reuniões, abordar como fazer um *checklist* para reuniões produtivas e mencionar as estratégias sobre como fazer reuniões eficazes.	2 h
Administração do Tempo	Explicar técnicas de organização, controle e definição de prioridades visando o aumento da produtividade, cumprimento de prazos e planejamento, estabelecendo prioridades.	2 h
Língua Portuguesa	Apresentar regras importantes da norma culta da Língua Portuguesa, introduzir a importância da utilização correta e adequada da norma culta em processos de comunicação e demonstrar os conceitos básicos de ortografia, acentuação, pontuação e concordância verbal e nominal.	2 h

Online

CURSO	OBJETIVOS	CARGA HORÁRIA
Relações Interpessoais na Organização	Conceituar e explicar, através de exemplos cotidianos, os seguintes temas: hierarquia e influência; efetividade e diversidade de equipes; negociação; excelência no desempenho organizacional; gestão pessoal e gestão de pessoas e conflitos.	2 h
Liderando para Resultados	Conceituar liderança e as práticas exercidas pela mesma, além de falar sobre o desafio do Líder de defender pontos totalmente opostos para alcançar resultados.	2 h
O Líder como Mediador de Conflitos	Explicar a importância do Líder na mediação de conflitos, abordar o diálogo com as partes envolvidas para a obtenção do sucesso e mencionar a importância da tomada de atitude para uma mediação eficaz.	2 h
Trabalho em Equipe	Apresentar o conceito de trabalho em equipe, falar sobre os principais conflitos existentes no trabalho em equipe e abordar a solução de problemas em equipe.	2 h

Ferramentas e metodologia de avaliação de aprendizagem

Para avaliar o processo de aprendizagem dos treinandos do Programa de Formação de Líderes de Célula, foram elaboradas avaliações contendo questões de múltipla escolha, com o intuito de aferir a compreensão do conteúdo no processo de ensino-aprendizagem. O objetivo da avaliação foi aperfeiçoar o Líder de Célula no desempenho da sua função, avaliando o nível de conhecimento adquirido após a realização dos treinamentos presenciais e *on-line*.

Materiais didáticos e recursos de apoio à aprendizagem

A elaboração do material esteve fundamentada nas informações levantadas na etapa de identificação das competências. Nessa fase, foram definidos tanto a estratégia educacional quanto os recursos didáticos a serem utilizados no Programa.

O conteúdo técnico de todos os materiais é validado pelos especialistas da empresa antes de sua implementação. Os materiais didáticos foram desenvolvidos para a capacitação dos profissionais utilizando práticas da educação contemporânea alinhadas às necessidades de desenvolvimento do público-alvo, considerando os seguintes *kits* de materiais didáticos:

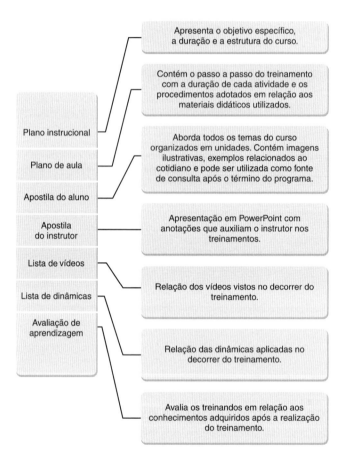

Recursos instrucionais

SAIBA MAIS

Utilizado para acrescentar informações que não estão diretamente relacionadas ao conteúdo, mas que ajudarão o treinando a compreender melhor os conceitos apresentados.

FIQUE ATENTO

Utilizado para destacar informações semelhantes, informando sobre as particularidades de cada uma.

MATERIAL COMPLEMENTAR

Utilizado para apresentar materiais complementares que podem agregar no conhecimento do aluno (vídeos, livros, *websites* etc.).

IMPORTANTE

Utilizado para enfatizar uma informação abordada anteriormente e que precisa ser retomada.

CURIOSIDADES

Utilizado para dar informações que vão além do conteúdo apresentado.

LINKS

Utilizado para mostrar um ou mais *links* de páginas da *Internet*.
Exemplo:
www.vw.com.br

Nos cursos produzidos na modalidade *on-line*, foram utilizados recursos para facilitar a interação dos líderes com o conteúdo, possibilitando explorar a tecnologia e interagir com o conhecimento de uma maneira diferente e inovadora.

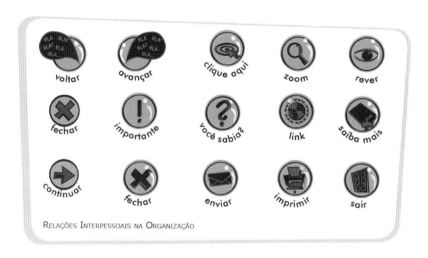

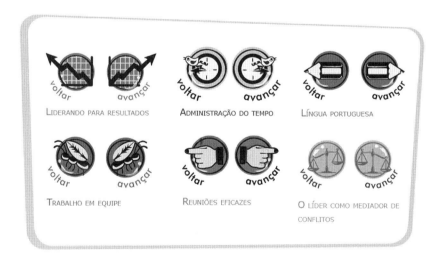

Algumas constatações
Alinhado aos objetivos da área de Educação Corporativa da Volkswagen do Brasil, o Programa de Formação dos Líderes de Célula teve, em sua essência, a gestão do conhecimento e o

desenvolvimento contínuo dos empregados, agregando valor para atingir a excelência nos resultados.

O Programa enriqueceu o cotidiano dos Líderes de Célula através de novas trocas e experiências vivenciadas, proporcionando:

> gestão de conhecimentos altamente especializados;
> valorização dos profissionais, oferecendo uma capacitação qualificada e alinhada ao negócio da empresa;
> criação das bases de um crescimento sustentável;
> ferramentas de suporte à gestão de pessoas, de orientação para a inovação tecnológica e excelência operacional;
> maior retorno para a empresa;
> padronização e excelência na execução das atividades;
> treinamentos mais focados no negócio da empresa, alinhados com o conhecimento e a cultura da organização;
> fortalecimento da cultura de compartilhamento, criação, retenção e circulação de conhecimento, viabilizando a aprendizagem organizacional contínua;
> aceleração da aprendizagem dos novos empregados e retenção do conhecimento, ao mesmo tempo em que se valoriza seu saber e se eleva a autoestima.

Bibliografia

DRUCKER, P. F. **Sociedade pós-capitalista**. 5. ed. São Paulo: Pioneira, 1996.

EASTERBY-SMITH, M.; LYLES, M. **The Blackwell handbook of organizational learning and knowledge management.** Malden: Blackwell Publishing, 2008.

LITTO, M. F.; FORMIGA, M.M.M. (Org.). **Educação a distância:** o estado da arte. São Paulo: Pearson Education do Brasil, 2009.

RAMAL, A. Educação a distância: entre mitos e desafios. In: ALVES, L.; NOVA, C. (Org.). **Educação a distância:** uma nova concepção de aprendizado e interatividade. São Paulo: Siciliano, 2003.

RAMAL, A. A hipertextualidade como ambiente de construção de novas identidades docentes. In: ALVES, L.; NOVA, C. (Org.). **Educação e tecnologia:** trilhando caminhos. Salvador: UNEB, 2003, p. 247-263.

RAMAL, A. Educação com tecnologias digitais: uma revolução epistemológica em mãos do desenho instrucional. In: SILVA, M. (Org.). **Educação on-line** - Teorias, práticas, legislação e formação corporativa. São Paulo: Edições Loyola, 2003.

RAMAL, A. **Educação na cibercultura.** Porto Alegre: Artmed, 2001.

SENGE, P. **A quinta disciplina.** São Paulo: Best Seller, 1990.

TOFFLER, A. **A terceira onda.** 16. ed. Rio de Janeiro: Record, 1980.

ULRICH, D. **Os campeões de recursos humanos.** São Paulo: Futura, 2002.

Pré-impressão, impressão e acabamento

grafica@editorasantuario.com.br
www.editorasantuario.com.br
Aparecida-SP